JN492502

근력 향상을 위한 생활체육 Weight Lifting 가이드북

사)대한체력코치협회 천우호 저

도서출판 디자인21

근력 향상을 위한 생활체육 Weight Lifting 가이드북

사)대한체력코치협회 **천우호** 저

머리말

국내, 외적으로 생활체육의 육성과 크로스핏 운동 보급에 의해 역도, 웨이트 리프팅(Weight Lifting)에 대한 관심이 그 어느 때보다 높은 2020년 현재 역도를 처음 시작하는 사람들에게 필요, 요구되어야 하는 기초적인 운동방법과 기술 이론이 체계적으로 정리된 역도 서적이 많지 않아 기초부터 배워야 하는 역도 프로그램을 전문적이지 않은 무분별한 기술 습득과 운동 프로그램 보급으로 인하여 일부 일반인 역도 초급자들의 부상을 야기하는 경우가 많아지고 있으며 역도 경기가 부상을 줄 수 있는 종목이라는 오해를 불러오고 있어 역도를 처음 시작하는 초급자의 전문 운동 프로그램과 기술 자세 교육이 절실하게 필요한 실정입니다.

고중량을 들어 올려야 하는 역도 경기의 부상 예방과 전문 운동 방법 및 정교한 기술 자세 습득을 위해서는 역도의 생활체육 교육과정이 필요하며 생활체육 자격과정에 의해 자격증을 보유한 지도자로서 일반인을 대상으로 역도 교육을 지도할 때 알아야 하는 기본적인 역도 경기의 기술 방법 등이 정리된 역도 서적의 보급이 필요한 때입니다.

역도 경기는 표면적으로 무거운 무게를 들어 올리는 경기로만 인식되고 있으나 정교한 기술을 습득하며 얻어지는 근력과 순발력, 유연성에 의해 무거운 무게의 바벨을 들어 올린다는 것을 알 수 있을 것이다. 역도는 두 종목(Snatch, Clean & Jerk)의 기술 동작을 정교하게 하여 무게를 들어 올려야 하는 경기이며 기술 동작이 완벽해야 무게를 더욱 증가시킬 수 있는 기술특성에 의해 타 스포츠 종목 대비 부상의 위험이 적은 스포츠 경기입니다.

이러한 특성을 가진 근력과 파워 및 유연성 발달을 증진시키는 역도 경기는 고중량 운동에 의한 정교한 기술 습득으로 얻어진 전문 근력 발달로 건강한 육체와 정신력을 함양하고 산업화 사회에서 보다 활기차게 살아갈 수 있는 건전한 인격과 건강한 체력을 형성하는데 목적이 있습니다.

우리 민족의 우수성을 전 세계에 알릴 수 있는 아시안 게임과 올림픽에서 대한민국의 역사(力士)들이 땀의 결실을 세계 신기록으로 앞으로도 계속 이어가 주기를 바라는 간절한 마음에서 역도선수 출신으로서 다년간 선수들의 체력훈련 현장에서 지도 경험을 바탕으로 '근력 향상을 위한 생활체육 Weight Lifting 가이드북'을 발간하게 되었습니다.

역도를 시작하려는 생활체육인 분들께 역도 경기의 우수성과 리프팅을 통하여 건강한 삶을 영위할 수 있도록, 역도 경기기술에 의해 발달하는 특수한 체력 향상 방법을 보급하고 생활체육 역도 지도자의 교육을 강화하기 위한 일환으로, 역도의 저변 확대와 전문 선수뿐만 아닌 역도 생활체육 지도자 육성을 위해 역도의 기초 지식을 습득하는 데 역점을 두었습니다.

보다 많은 사람들이 건강증진의 스포츠로서 역도를 즐기는 데 도움이 되길 바라며 이 책이 나오기까지 수고해 주신 모든 분들께 다시금 진심으로 감사의 말씀을 드립니다.

2020년 10월 30일

저자 올림

추천사

우리나라 스포츠 사상 가장 오래된 역사와 전통을 지니고 광복 후 빛나는 발자취를 남긴 역도 경기가 그동안 침체를 벗어나지 못하다가 1988년 서울 올림픽을 계기로 다시 중흥의 빛이 보이고 있음은 참으로 반가운 일이 아닐 수 없습니다.

이러한 결과는 그동안 비인기 종목이라는 어려운 환경과 여건 속에서도 역도 경기의 발전을 위하여 꾸준히 노력하여온 현장지도자 노력의 결정이라 믿고 있으며 정부를 비롯한 모든 분들의 지원에 힘입은 바가 절대적인 것이라 믿어 의심치 않습니다.

모든 경기가 모두 그러하지만 특히 역도 경기만큼 새로운 지도 방법의 개발과 과감하고 부단히 응용을 필요로 하는 종목은 따로 없을 것입니다. 다시 말해 역도 경기는 선험적 법칙에 근거한 지도 방법을 탈피하여 연구해야만 하는 지도자가 필요한 상황에서, 천우호 박사가 역도선수로서의 노하우와 다년간 현장에서의 지도 경험을 토대로 심혈을 기울여 '근력 향상을 위한 생활체육 Weight Lifting 가이드북'을 펴내게 되었음은 참으로 반가운 일입니다.

스포츠 강국을 자처하는 우리나라는 역도 관련 지도서가 희소한 상황에서 이러한 저서가 계속 출간되어 연찬하는 풍토가 자리 잡아 역도뿐만이 아니라 대한민국 스포츠 발전에 밑거름이 될 것을 간절하게 바라면서, 역도를 사랑하고 근력을 향상하고자 하는 모든 분들에게 '근력 향상을 위한 생활체육 Weight Lifting 가이드북'을 추천하고자 합니다.

이 '근력 향상을 위한 생활체육 Weight Lifting 가이드북'은 전문체육과 생활체육 현장에서 역도를 지도하는 지도자가 갖춰야할 기본적인 소양은 물론, 자세부터 체력 훈련의 원리와 지도 요령, 경기의 조도원리와 그 요령에 이르기까지 현장 지도자가 알고 익혀야 할 필수적인 모든 면을 수록하고 있는 역저라고 판단되어 자신 있게 추천을 합니다.

2020년 10월 30일

한국체육대학교 총장 이학박사 / 철학박사

안 용 규

추천사

역도에서 기록을 위해 중량을 무겁게 많이 들어 올린다고 훌륭한 선수가 되는 것은 아닐 것입니다. 선수로서 좋은 기술을 이해하고 훈련하여 이를 경기에서 발현해내는 것이 중요합니다.

그러기 위해서는 전문 기술을 100% 발휘할 수 있는 최적으로 나의 몸을 판단하고 훈련을 통해 만들고 최상의 상태를 유지해야 합니다.

제가 선수로 활동했을 때는 오직 지도자 선생님들과 선배님들께서 해주시는 지도와 조언 그리고 본인 경험으로 얻어지는 지식이 정보의 전부이던 것이 생각납니다.

하지만 현재는 SNS와 YouTube를 통해 정보의 홍수라는 시대에서 살고 있는 현 시점에서 가장 중요한 것은 이 많은 정보가 올바른 정보인 것인지? 아닌지가 가장 큰 화두가 되어가고 있다고 생각됩니다. 이러한 시점에서 천우호 박사가 펴낸 '근력 향상을 위한 생활체육 weight Lifting 가이드북'은 역도 전문선수들 뿐만 아니라 역도를 사랑하는 생활체육인분들과 근력을 증강하여 건강하고 활기찬 삶을 살아가고 싶어 하시는 모든 분들께서 필독하셔야 할 책이라고 판단됩니다.

'근력 향상을 위한 생활체육 Weight Lifting 가이드북'은 저자가 수년간 역도 선수로서의 노하우와 다년간 현장에서의 많은 지도 경험을 토대로 실제 국가대표들이 훈련하는 트레이닝과 전문적 역도 기술들을 정리한 책이라고 말씀드릴 수 있습니다.

다양한 역도의 용어들과 여러 동작 군들을 분류하여 전문 선수들과 역도를 접해보지 못한 일반인들도 쉽게 이해하고 트레이닝에 활용할 수 있는 방법들까지 조언해 주고 있습니다.

본 저서가 많은 분들에게 최고의 전문 지침서가 될 것으로 확신하며 강력히 추천 드립니다.

건강으로 모두가 사랑을 얻는 행복한 문화를 기대하며...

2020년 10월 30일

한국체육대학교 교수 / 이학박사

염 동 철

추천사

대한민국의 역도는 오랜 역사를 가졌음에도 불구하고 생활 체육 일반인의 체계적인 훈련과 더불어 누구나 쉽고 재밌게 역도를 즐기실 수 있는 역도 훈련 지도를 위한 가이드북이 많이 부족한 실정입니다.

이러한 부족한 부분을 채워줄 수 있는 '근력 향상을 위한 생활체육 Weight Lifting 가이드북'은 역도를 하면서 느꼈던 궁금한 기술들과 역사, 원리 등등, 천우호 박사님의 역도선수로서의 노하우와 다년간 현장에서의 지도 경험이 잘 설명되어 있어 역도 선수들을 비롯하여 역도 지도자, 생활체육으로서 역도를 즐기시는 모든 분들에게 많은 도움이 될 것입니다.

모든 스포츠가 그러하듯이 성공한 선수들과 스포츠를 즐기는 사람들의 공통점은 철저한 자기 관리와 함께 근력과 더불어 체력을 키워 높은 경기력을 발휘하며 그에 맞는 올바른 트레이닝을 구현해야 한다는 공통점은 자명한 사실이며 이는 기술 구현에 있어 올바른 자세를 비롯한 그에 맞는 이론적 지식 함양이 전무하다면 이는 부상으로 이어지는 악순환이 될 것입니다.

역도를 사랑하시는 모든 분들은 '근력 향상을 위한 생활체육 Weight Lifting 가이드북' 이 한 권으로 좋은 트레이너를 얻으셨다 해도 과언이 아닐 것입니다.

천우호 박사님은 그동안 많은 국가대표들의 체력을 지도하고 관리해오며 역도를 통해 일반인들도 근력 증강을 통해 건강한 삶을 유지하도록 많은 재능기부를 통한 교육을 실시하며 쌓인 노하우와 그의 생각들이 절실히 담겨 있는 책입니다.

역도를 하며 보다 전문적이고 완벽한 기술을 구현하고 더불어 이론적 지식까지 습득하고 싶다면 이 책을 꼭 읽어보시기 합니다.

또한 이 책은 체력 트레이닝을 하기 위해 필요한 다양한 Weight Lifting으로 구성되어 있어 선수 트레이너 및 체력 코치, 각 종목별 지도자 분들도 쉽게 이해할 수 있도록 만들어졌습니다.

'근력 향상을 위한 생활체육 Weight Lifting 가이드북'이 우리나라의 역도와 국민들의 근력을 통한 체력증진에 기여할 수 있는 지침서가 되기를 희망하며 건강한 삶을 살아가기 위한 모든 분들에게 자신 있게 추천해 드립니다.

2020년 10월 30일

사) 대한체력코치협회 사무국장 / 체육학박사

이 동 률

Contents 차례

I.

Weight Lifting의 이해

1 Weight Lifting의 역사

1) Weight Lifting의 역사

인류 역사와 더불어 인간은 생존과 종족보존의 수단으로 무거운 물건이나 돌을 잡고, 당기고 들어 올리는 동작을 생활 수단으로써 또는 힘을 겨루기 위한 활동으로 해 왔으며 이것은 역도의 기본 개념으로서 환경에 적응하기 위한 인간의 기초적 신체발달 활동이었다.

〈그림 1〉 고대올림픽의 한 종목인 one hand twist다.

〈그림 2〉 크로토나의 말로의 훈련과정 (Crotona Milo)

〈그림 3〉 구츠무츠(Johann Christian Friedrich GUTS Muths, 1759~1839), 얀(F.L Jahn 1788~1852)

이는 무거운 물체를 들어 올리는 동작을 통하여 건강하고 강한 신체와 정신을 증진시키는 운동으로서 실시해 온 것이다. 이러한 자연스러운 신체 활동은 오늘날 스포츠 역도 경기로서 발전하게 된다. 역도 경기의 역사는 고대 그리스 시대부터 전해져 내려오고 있다.

'무거운 물체를 들어올리기', '무거운 물체를 던지기' 경기가 알려져 있으며 기원전 6세기경 바이본(Bybon)은 사암(砂岩, sandstone) 무게 143kg을 한 팔로 머리 위까지 들어 올려서 던진 기록이 전해지며 역도의 기원을 추정하며 주로 무거운 돌과 같은 것을 활용하여 경기를 진행했을 것으로 추측하고 있다.

기원전 6세기 후반부터 5세기에 이르기까지 수많은 역사(Lifter)가 출현하여 이 시대를 체육사에서'힘의 시대'라고 일컫는다.

B.C.558년 이 시대에서 특히 유명한 크로토나의 말로(Crotona Milo)는 제60~66회까지 올림피아의 레슬링 경기에서 우승하며 올림피아 경기장에서 송아지가 4살짜리 소로 성장할 때까지 어깨에 짊어지고 매일 걸어 다니는 훈련을 하였다고 전해지고 있다.

송아지는 성장이 매우 빨라 무게 또한 매일 빠르게 늘어나 조금씩 매일 들어 올리지 않으면 들어 올릴 수 없게 된다.

이와 같이 가벼운 저 중량으로부터 시작하여 무거운 무게중량으로 근육을 서서히 단련시켜 나가는 방법은 현대의 점증 부하(The Progressive Overload Principle)의 원리로사용되어지며 역도 경기의 근본 훈련법으로 그 원리가 사용된다.

역도 경기가 근대적인 형태를 갖추기 시작한 것은 1800년대부터라고 할 수 있다.

독일의 체육교사 구츠무츠(Johann Christian Friedrich GUTS Muths, 1759~1839)는 청년의 체조를 만들며 얀(F.L Jahn. 1788~1852)과 덤벨 운동을 체계적으로 지도하며 대중에 방법을 알린다. 이후, 얀의 제자 아이젤린(1793-1846)에 의해 1833년'덤벨 체조 소서'가 발간된다. 이는 근대 역도의 태동으로 볼 수 있는 계기가 된다.

〈그림 4〉 한 손가락으로 535파운드를 들어 올리는 루이스
(Louis cry, 1863~1912)

덤벨의 발달은 체조를 개입시켜 더욱 성장하며 무거운 덤벨, 바벨에 의해 역도경기가 형성되기 시작하여 유럽에서는 각종 힘을 과시하는 장사가 뮤직홀이나 서커스의 무대를 장식하였다.

그중에서 특히 유젠 산도우(Eugen Sandow, 1867~1825 독일)는 체중 82kg의 균형 잡힌 몸매를 과시하며 육체미의 포즈나 오른손 한손으로 덤벨 약 81.4kg를 머리 위로 들어 올리며 역기를 소개해 젊은 청년들과 근력에 관심 있는 사람들의 지지를 얻으며 덤벨 운동방법의 보급으로 덤벨과 바벨, 잡지와 서적의 판매 등 근력운동의 산업을 형성한다.

유젠 산도우 이후 아서 섹손(Arthur Saxon, 1878~1921)은 벤트 프레스(Bent Press : 한 손으로 밀어 올리기) 한 손으로 168.5kg의 (약 372 파운드)바벨을 머리 위로 들어 올리며 사람들의 관심을 크게 집중시켰으며, 그의 명성은 현재까지 이어지고 있다.

이때 영국에서는 여러 지역에서 빈번하게 역기를 드는 장사의 힘겨루기가 행해지고 있었다고 하며 그 힘겨룸의 내용은 바벨과 같이 덤벨이나 바벨에 의한 것도 있었지만 모래를 넣은 자루라든가, 맥주통을 들어 올리는 유사한 것도 많았다고 한다.

이와 같이 덤벨이나 바벨에 의한 역기가 성행되었지만, 20세기 초반까지의 바벨 형태는 큰 결함

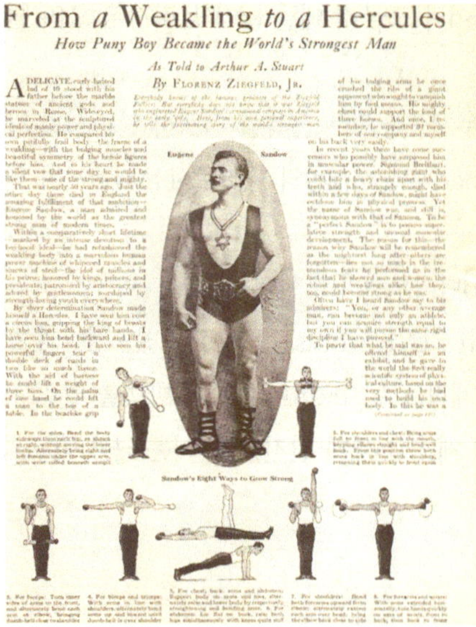

From *a* Weakling *to a* Hercules

How Puny Boy Became the World's Strongest Man

As Told to Arthur A. Stuart

By Florenz Ziegfeld, Jr.

〈그림 5〉 유젠 산도우(Eugen Sandow, 1867~1925) 덤벨 운동

〈그림 6〉 아서 섹손(Arthur Saxon) 168.5kg 바벨

〈그림 7〉 바벨 앞에 선 어니스트 캐딘 (Ernest Cadine, 1893~1978)

이 있었다. 그것은 그 당시 사용되고 있던 바벨은 글러브 엔디드 바벨(Glove Ended Barbell)이라고 하여 바벨이 두꺼워서 운동하기가 어려울 뿐만 아니라 바벨의 양쪽 끝에 철구가 붙어 있으므로 대부분은 그 중량이 고정되어 있었다.

가령 중량 조절이 필요할 때에는 철구 내부의 납덩어리의 양을 변경해야 하므로 중량 조절을 할 때마다 철을 제련하는 제철소 작업장으로 이동하여 많은 시간이 필요한 작업을 하였다.

풀럼(Pullum. W. A)에 의하여 20세기 초엽에 원판(Plate)을 끼워서 중량을 조절할 수 있는 현재와 유사한 바벨(Disc-Loading Barbell) 형태가 탄생하였으며 1904년 미국에서 개최된 제3회 세인트루이스 올림픽 대회의 역도 경기에서 사용된 바벨의 플레이트는 같은 크기의 디스크 로딩 바벨(disc-loading barbell)로 사용되었고, 그 후 1920년대에 들어와서는 미국의 알란 캘버트(Alan Calvert, 1875~1944)에 의하여 보급되며 역도 경기를 수월하게 진행할 수 있는 플레이트(Plate) 형태의 현대적 역도 장비의 시초로서 역도 경기를 위한 목적의 장비를 성장시키게 한다.

2) 근대올림픽대회 이후 Weight Lifting

역도 경기의 체계적 보급 과정은 근대올림픽 대회에서 나타난다. 1896년은 근대 스포츠의 새로운 역사가 시작된 제1회 아테네 올림픽 대회가 열린 해로 역도는 이 대회부터 실시되었다.

실시 종목은 용상(Clean & Jerk)을 한손(One hand Clean & Jerk)과 양손(Two hand Clean & Jerk)으로 바벨을 들어 올리는 두 종목이었으며 양손으로 하는 경기의 경우 스플릿 클린과 스플릿 저크를 실시하였다. 이때에는 체급제가 채용되지 않았으며 육상 경기장이나 체조 경기장에서 역도 경기가 진행되었으며 육상 경기 프로그램의 일부, 또는 체조 경기의 일부 프로그램으로서 진행되었다고 전해진다.

〈그림 8〉 제1회 아테네 올림픽대회(역도)

1920년 제7회 안트워프 올림픽 대회에서 역도 경기 그 자체가 독립하여 정식종목으로 5체급(페더급, 라이트급, 미들급, 라이트 헤비급, 헤비급)경기가 실시 진행되었으며 같은 해에 제7회 올림픽을 맞아 프랑스 국적의 줄스 로제트(Jules Rosset)에 의하여 국제 역도연맹인 현재의 IWF(Federation Halterophile International, 약칭 FHI, IWF)가 창설되었다. 이때 역도 경기 종목은 원 핸드 스내치, 투 핸드 클린 앤 저크, 원 핸드 클린 엔 저크의 3종류였다.

1924년 제8회 파리 올림픽경기에서는 역도 경기가 투 핸드 프레스, 투 핸드 스내치가 추가되어 5종목의 역도 경기가 실시되었으며 역대 올림픽 역도 대회 중 가장 많은 종목을 실시하였다.

1928년 제9회 암스테르담 역도 경기 대회에서 인상(Snatch), 추상(Clean & press),용상(Clean & jerk)의 거상 종목만이 행하여지게 된다.

〈그림 9〉 원 핸드(스내치)

이후 45년간 실시해오던 추상 종목은 심사 기준

의 정확성이 떨어져 1973년부터 폐지하고 이후 대회에서 나머지 두 종목 현재의 인상과 용상만 실시하게 된다.

순위 결정은 2종목의 합계로 결정하며 개별 종목 우승자에게도 메달을 수여하기로 결정한다. 역도 종목의 체급은 1948년 제14회 런던 올림픽 대회 이후 5체급, 6체급, 7체급, 9체급으로 세분화되는데 제22회 모스크바 올림픽(1980) 대회부터 역도경기는 10체급으로 실시되어 왔다.

근대 스포츠 종목인 역도는 남자만의 경기였으나 2000년 시드니 올림픽부터 여자선수의 경기가 도입되어 남자 8체급과 여자 7체급으로 15체급에 15개의 금메달이 걸려 있다.

3) 한국의 Weight Lifting

한국의 역도는 역도는 1910년 한일합방 이후 각 학교로 부임해 온 일본인 체조교사들에 의해 아령과 철봉운동 등이 소개되면서 보급되기 시작했다.

하지만 근대적인 한국역도가 처음으로 실시된 것은 문곡 (文谷) 서상천(徐相天)선생이 일본 체육회 체조학교를 졸업(1925)후 귀국, 선천 신성 학교에서 교편을 잡으며 일본 유학 중 1922년 영국에서 발행된 '건강과 체력(Strength Health)'과 '중량운동(Weight Lifting)' 서적의 연구를 통해 사회체육에 대한 연구 및 아령, 바벨, 익스팬더(Expander) 등의 운동을 보급하기 시작하면서부터이다.

서상천(徐相天)선생은 우리가 일제 침략의 사슬에서 벗어나는 길은 오직 체육을 통해 힘을 기르는 것 이라고 역설하며 실천했다. 또한 일본 유학시절 체조학교 동문인 이규현과 이병학동문과 같이 힘을 모아 1926년 11월 30일 화동자택(종로구 화동 42)에서 '조선 체력 증진법 연구회'를 조직하며 발족한다. 이때 역도의 한국 명칭은 역기(力技)라는 명칭을 사용하였다. 이는 유럽에서 행해지던'Weight Lifting'을 번역하여 사용한 것이다. 그러나 8.15광복 이후부터 역도라고 개칭되어 진다. 역도가 한국에서 처음 선을 보인 것은 중앙 YMCA(Young Men's Christian Association: 기독교청년회)체육부가 1928년 2월 24일 개최한 제1회 전 조선 역기 대회로 7명의 선수가 출전하여 힘을 겨룬 것이 한국의 최초 역도 경기였다.

〈그림 10〉 바벨을 드는 서상천(1903~납북 후?)

1930년 9월에 서상천(徐相天) 선생과 몇몇 유지들이 사재를 털어서 '중앙 체육연구소'라는 이름으로 20평의 역도장을 차린 것이 한국 역도 운동의 시조가 된다.

1930년 11월 8일 조선 체육회 주최 제1회 전 조선 역기대회가 경량급과 중량급으로 나누어 천도교 기념관에서 진행되었으며, 1936년 조선 역기 연맹이 조직된다. 그 해 5월 3일 일본에서 열린 제1회 일본선수권대회에서 김용성(金容星), 김성집(金晟集)선수가 각각 우승하였다.

특히 1938년 10월의 제3회 일본 선수권대회에서 남수일(南壽逸)선수가 60kg급 인상과 추상에서 315kg을 들어 올려 세계신기록을 세우며 참가선수 모두 6체급에서 1위를 차지한다.

하지만 같은 해 조선 체육회가 조선 총독부의 압력으로 해산되면서 조선 역기 연맹이 조선 중량거 연맹으로 명칭을 개명한다. 1939년 제10회 메이지 신궁(明治神宮)경기대회 역도 종목은 3종목으로 추상, 인상, 용상에서 5체급(54, 57, 60, 67.5, 82.5)에서 4체급을 우승하며 특히 남수일 선수는 합계 335kg(추상 기록 105kg, 인상 기록 102.5kg, 용상 기록 127.5kg)을 들어 다시 세계 신기록을 세웠다. 그러나 조선 중량거 연맹은 1940년에 해산되었다.

〈그림 11〉 조선의 역도 선수들

〈그림 12〉 필라델피아 세계 역도선수권대회

1945년 해방이 되며 역도 경기 관계자들은 해산 상태에 있는 역도 연맹을 재건한다. 1946년 역도 연맹은 제1회 전국역도선수권 대회를 개최하며 다시 역도 경기 활동을 시작한다. 제1회 전국역도선수권 대회는 1937년~1942년 4회까지 계속되었으나 중지되어 다시 부활시켜 1946년 제1회 대회로 다시 시작하였다.

1947년 8월 조선 역도 연맹은 미국 체육회의 초청으로 필라델피아(Philadelphia)에서 열린 세계 역도 선수권 대회에 한국 역도 사상 처음으로 3명의 선수를 파견하여 김성집 75kg급 3위, 남수일 60kg급 2위, 박동욱 56kg급 4위를 하며 대회에 참가한 15개국 가운데 종합 성적 2위를 차지하였다.

이 대회를 계기로 IWlF(International Weight Lifting Federation : 국제역도연맹)에 가입하였고, 1948년에는 역기 연맹에서 KWF(Korea Weight Lifting Federation : 대한역

〈그림 13〉 제14회 런던올림픽 미들급 용상 3위를 차지한 김성집 선수

도연맹)으로 명칭을 바꾸었다. 1948년 제14회 런던(London) 올림픽경기 대회에는 대한역도연맹에서 처음으로 7명의 선수가 참가하였으며, 75kg급 김성집 선수가 합계 380kg(추상 122.5kg, 인상 112.5kg, 용상 145kg)를 들어 올려 3위를 이규혁 선수가 4위, 김창희 선수가 6위를 차지하였다. 이후 6.25전쟁으로 어려운 역경 속에서 1952년 제15회 헬싱키(Helsinki) 올림픽경기 대회에서는 4명의 선수가 참가하여 미들급(75kg급)의 김성집 선수가 총 382.5kg으로 2회 연속해서 3위에 입상하였고, 2명의 선수가 4위의 상위권에 랭크되었다.

1956년 제16회 멜버른(Melbourne) 올림픽경기 대회는 라이트급(67.5kg)의 김창희가 합계 370kg으로 3위에 입상하였다. 그 밖의 참가 선수들도 4, 5위의 상위권에 진입한다.

1958년 대한역도연맹은 AWF(Asia Weight Lifting Federation : 아시아역도연맹)에 가입하였

〈그림 14〉 제24회 서울 올림픽 동메달을 딴 이형근 선수

〈그림 15〉 한국 역도 사상 처음 금메달을 딴 전병관 선수

〈그림 16〉 제 26회 애틀랜타 올림픽 4등을 한 김태현 선수

〈그림 17〉 제 27회 시드니 올림픽 4등을 한 김순희 선수

〈그림 18〉 제28회 아테네 올림픽 은메달을 딴 이배영 선수

〈그림 19〉 제31회 리우데자네이루 올림픽 동메달을 딴 윤진희 선수

다. 이시기 1950~1960년대는 한국 역도의 황금기였다.

이후 한국 역도는 국제 스포츠 정보에 민감하게 대응하지 못하며 과학적인 훈련 방법의 도입을 못해 선수의 경기력이 떨어지며 국제대회에서 성적을 이뤄내지 못한다.

1988년 제24회 서울 올림픽경기 대회 이후 차츰 경기력이 향상되며 52kg급에서 전병관 선수가 은메달을 82kg급에서 이형근 선수가 동메달을 획득한다.

이후 1992년 바르셀로나(Barcelona) 올림픽 대회에서는 한국 역도 사상 처음으로 56kg급의 전병관 선수가 인상 132.5kg, 용상 155kg으로 금메달을 획득하였으며, 이 외 많은 국제 역도대회에서 좋은 성적을 거두며 제2의 부흥기를 맞이하였다.

그러나 1996년 애틀랜타 올림픽, 2000년 호주 시드니 올림픽에 여러 선수들이 출전하였으나, +105kg급의 김태현 선수(인상 190kg, 용상 247.5kg), 75kg급의 김순희 선수(인상 105kg, 용상 135kg)가 4위를 하였을 뿐, 메달 획득에는 실패하였다.

이후 각고의 노력으로 2004년 제28회 아테네 올림픽경기 대회에 출전한 69kg급의 이배영 선수가 인상 152.5kg, 용상 190kg, 75kg급의 장미란 선수가 인상 103kg 용상 172.5kg으로 은메달을 획득하였다.

제29회 베이징 올림픽에서 77kg급의 사재혁 선수가 인상 163kg, 용상 203kg, +75kg급의 장미란 선수가 인상 140kg, 용상 186kg으로 금메달, 53kg급의 윤진희 선수가 인상 94kg, 용상 119kg으로 은메달을 획득하여 한국 역도 사상 최고의 성적을 이뤄냈다.

이후 역도선수층의 저변확대에 실패로 제30회 런던 올림픽 노메달과 제31회 리우데자네이루 올림픽에서 53kg급의 윤진희 선수가 인상 88kg, 용상 111kg으로 동메달을 획득하며 한국 역도는 다시금 부흥을 위한 노력을 시작하고 있다.

II.

Weight Lifting의 특성

1 Weight Lifting 경기의 특성

역도 경기는 인체가 무게를 들어 올릴 수 있는 가능한 무거운 바벨을 머리 위로 들어 올리는 스포츠로서 개인의 근력과 기술을 동원하여 인간의 한계치를 측정하는 경기이며 경기의 기본 원칙은 바벨의 저항에 대하여 선수가 최대의 힘을 발휘하여 그 저항을 극복하고 규정된 역도 동작을 성공적으로 수행하는 데 있다(주명덕, 1998).

중량의 무게를 들어 올려야하는 역도 경기의 특성상 역도 경기 중 반복적인 무게 증가에 따라 경기 기술 동작이 변형되는 것을 주의해야 하며 상당 기간의 반복 기술 연습이 필요하다.

역도 경기는 세계역도연맹(IWF)의 규정인 사방 4m의 정사각형 역도경기대 위에서 인상과 용상의 순서로 경기를 운영해야 하며 모든 선수들은 규정된 경기대 위에서 경기를 해야 한다. 경기는 최소 3명의 심판이 있어야 하며 2/3 이상 과반수가 성공을 인정해야 성공이 인정된다.

경기는 양손으로 행해져야 하며 경기 중 선수는 심판이 바벨을 내려놓으라는 지시를 할 때까지 머리 위에 들고 있어야 한다. 심판의 지시에 따라 바벨을 내려야 한다.

하지만 역도 초급자의 경우 때때로 심판의 지시를 이해하지 못하고 바벨을 먼저 내려놓거나 떨어트리는 실수를 범할 수 있으며 이때는 실패로 처리된다.

〈그림 20〉 역도 경기장 용상경기

〈그림 21〉 역도 시합 워밍업 장

역도 경기는 인상과 용상 종목별 각 3회의 시기 중 최고 기록의 합계(Total)로 순위를 결정짓는 경기이다. 이러한 역도 경기는 두 종목(Clean & Jerk, Snatch)의 시합에 따라 최대 중량을 3번의 시기로 경기 운영을 한다.

하지만 3번의 중량 시기를 위해 워밍업 장에서 여러 번의 워밍업 동작으로 20kg부터 시합 최고 중량까지를 들어 올리는 반복 워밍업 후 선수에게 주어진 시간 안에 개인 최고의 무게 중량으로 역도 시합 3회 시기를 최상의 컨디션으로 반복해야 하는 역도 경기의 특수한 특성을 가지고 있다.

역도(Snatch, Clean & Jerk) 두 종목 중 한 종목 1회 시기의 경기 시간은 5~10초로서 육상 100m 선수보다 빠른 시합 시간을 보일 수 있으며 육상 100m 질주에서 10초간 40회 이상의 팔과 다리를 움직여 근 수축을 반복하며 추진력을 증가시켜 달리는 육상선수의 근 수축 형태와 달리 역도 경기의 경우 용상 5~10초의 경기 시간 대부분의 근 수축 형태는 전신의 근 수축과 이완 상태의 근육 군들이 중량의 무게를 이동시키고 버티기 위한 짧고 빠른 시간의 동적(Isotonic)운동에 버티며 무게를 들어 올리는 긴 시간의 정적(Isometric) 근 수축 운동을 경기 시간으로 사용한다.

〈그림 22〉 스내치 퍼스트 풀 (Snatch First Pull) 자세

또한 역도 전체 두 종목의 경기 시간은 한 종목 3회의 경기 중 개인 최고 중량의 시합을 하기 위한 워밍업 과정과 개개인의 최고 중량을 들기 위한 연습동작으로 점진적인 방법을 사용하여 무게를 증가하며 5초 이상의 운동시간과 1분 이상의 휴식으로 30분 이상 여러 번의 반복 워밍업 연습을 한다.

때문에 3회의 시합 이전에 역도선수는 시합을 준비하는 워밍업 장에서 장시간의 시합 준비를 하며 이러한 과정은 시합을 종료하는 시점까지 1시간에서 2시간 이상 경기가 운영되는 경우가 많아 선수는 파워뿐만 아니라 강한 체력과 강력한 등척성 근 수축의 최대근력이 필요하다.

이러한 반복적인 등장성 근 수축과 등척성 근 수축의 혼합 형태로 근 수축과 에너지를 소비하는 경기와 훈련은 강력한 근육 발달과 폭발적인 신체 근력을 형성하며, 유사한 시합 시간을 가지고 있는 타 종목과는 다르게 역도선수의 신체는 파워적인 근력 발달의 형태가 나타난다.

이는 일반인 및 타 종목 선수의 근육과 근력 발달 목표 트레이닝을 위한 무게 %트레이닝의 특수성 근 발달에서 나타나는 형태의 근육과 근력 트레이닝을 경기 현장과 연습으로 실시하는 역도 종목은 근력 발달 특성을 가지고 있는 종목이다.

이러한 역도 경기는 워밍업과 두 종목(Snatch, Clean & Jerk)의 시합을 반복하며 선수 개개인의 한계치의 무게 중량을 연속으로 3회 증가시키며 파워풀한 시합을 지속시키기 위해서 신체 에너지 소비를 집중적으로 사용해야 하며 또한 신체 에너지를 최소화시켜 역도 시합에 집중해야 한다.

〈그림 23〉 용상 라스트 풀(Clean Last Pull)자세

역도 경기의 충분한 시합 운동량과 강도를 소화하기 위해서는 매 경기마다 빠른 기술 속도를 유지 활용해야 하며 역도 두 종목의 시합으로 6번의 역도 경기를 위해 최대한 집중하며

최소한의 힘을 사용하여 무거운 중량을 반복하여 머리 위로 들어올리기 위해서는 바벨의 중심이 인체의 중심에서 멀리 벗어나지 않도록 효율적이고 정교한 동작을 요구하며 민감하면서도 고도의 기술이 필요하다(김용재, 1998).

역도 경기는 선수가 최대 힘을 발휘하여 규정된 시간 안에 동작을 성공적으로 수행하는 데 있으며 시합 동작은 인상 종목과 용상 종목을 5~10초 이내에 모든 동작이 끝나기 때문에 근력 및 스피드와 폭발적인 파워가 요구되는 경기이다.

역도 경기는 선수가 바벨을 들어 올리는 가장 유리한 요소들과 방법을 매 시기마다 총 동원하는 것이며 역도 기술의 기본 원칙은 가장 적은 힘을 소비하여 가장 무거운 중량을 들어 올리는 것이라고 기술하고 있다(신동철, 1986).

역도 경기는 두 종목(Snatch, Clean and Jerk)으로 나누어 여러 번의 시합 시기를 개개인의 한계 중량으로 들어 올려야 하는 종목으로 경기의 현장은 장시간의 경기와 시합 및 적절한 휴식과 회복을 반복해야 하는 경기이다.

이러한 경기의 특성상 선수는 상당한 집중력과 강한 정신력을 갖추어야 하며 최대한의 근력 발현과 최소 에너지의 사용으로 정확하고 빠르게 시합과 연습 동작을 실시해야 한다. 때문에 역도 경기는 고도의 집중력과 기술로 정교한 자세를 조절하며 반복적인 한계 중량을 극복하고 장시간의 폭발적인 시합을 유지하기 위한 적절한 휴식관리와 무산소성 운동 능력의 근력과 파워 발달이 필요한 종목이다.

1) 계체(Weight-In)

역도 경기는 개개인 선수들의 체중에 따라 체급을 나누어 경기를 실시하는 종목이다. 경기 2시간 전에 각 체급 선수들의 체중을 계체 실시하고 인상과 용상 1차시기에 대한 기록카드를 작성 심판에게 제출해야한다. 본인의 시합 최고 기록보다 20kg을 초과해 허위로 작성하면 안 된다. 이후 워밍업 카드를 받는다. 1차 계체 시에 체중 통과를 못한 선수는 2시간까지 여분의 시간을 주며 2차 계체를 통과하지 못하면 시합에서 실격 처리가 된다.

2) 인상 경기(The Snatch)

역도 경기에서 맨 먼저 시작하는 첫 경기인 인상 종목은 양손을 사용하여 하나의 연속된 동작으로 바벨을 머리 위로 들어 올려 시합을 진행해야 하며 역도 종목에서 기술과 근력의 균형이 절대적으로 필요한 종목이다.

이러한 역도 경기는 보이지 않는 미세한 자세의 변화에도 선수들의 경기력은 많은 차이를 발생시키기 때문에 근력과 더불어 고도의 기술을 습득해야만 좋은 기록을 낼 수 있는 종목이며, 인상은 용상에 비해 보다 많은 기술력을 필요로 하는 경기로 알려져 있다(문영진, 2004).

또한 먼저 시작하는 시합으로 선수들의 심리적 압박감이 매우 심한 종목이며 단일 동작에 의하여 인간이 발휘할 수 있는 최대 힘을 겨루는 경기이다(주명덕, 1996).

역도 경기의 두 종목 중 가장 빠른 동작과 기술이 필요한 종목으로 경기 시간은 3~5초 내에 시합이 이루어진다. 일반적인 인상 기록은 용상 기록의 80% 수준이며 국내 10체급 선수들의 인상 기록의 평균은 165kg으로 아시아 및 세계 정상급 선수 179kg인 것을 비교해볼 때 크게 뒤떨어져 있어 국내 선수들의 인상 종목 경기력 향상을 위한 과학적 분석과 지속적인 노력 및 지원이 필요하다.

〈그림 24〉 인상 라스트 풀(Snatch Last Pull) 자세

인상 경기는 체중 계체 시 제출한 인상 기록표에 의한 전체 선수의 기록을 확인하여 기록이 낮은 선수부터 규격화된 역도 경기대 위에서 경기를 시작하게 된다.

인상은 바벨을 잡을 때 그립의 너비를 넓게 잡고 머리 위로 들어 올리는 과정에서 끊기는 동작 없이 한 동작으로 바벨을 들어 올리는 연속 동작으로 전신의 근력은 물론이고 스피드와 고관절, 견관절의 유연성 및 기술 동작 연결에 필요한 반사 신경과 테크닉이 요구된다(김동희, 1998).

보통 인상 시합의 1차시기는 인상 최고 기록의 93~95% 정도로 정한다. 경기 상황에 따라서 낮을 수도 높을 수도 있다. 선수가 역도 경기대에서 바벨을 들어 올릴 수 있는 시기는 3번이다. 3번의 시합시기를 모두 실패하면 기록은 0점 처리된다.

4년마다 개최되는 올림픽 경기나, 아시안 게임의 국제경기대회는 인상과 용상의 두 종목 기록을 합(Total)으로 순위가 결정되기 때문에 역도 경기의 첫 종목인 인상 경기에서의 실격은 경기력에 결정적인 영향을 준다.

국제경기대회에서는 출전 선수가 많을 경우 그룹을 나누어 경기가 진행된다. 올림픽경기, 세계선수권대회는 기록이 높은 선수 10명을 따로 가장 늦은 시간에 경기를 운영 진행하는 경우도 있다.

3) 용상 경기(The Clean & Jerk)

용상 경기 종목에서 우수한 성적을 발휘하려면 최대 근력을 증강하는 것이 절대적이며 역도 경기에서 힘을 대변하는 경기로 알려져 있다. 이러한 용상 경기의 국내 10체급 남자 선수와 국내, 외 선수들의 기록을 비교하여 평균을 구한 용상 기록의 평균은 201kg으로 아시아 및 세계 정상급 선수 210kg인 것을 비교해볼 때 세계대회 입상의 가능성을 보이고 있다.

하지만 국내 10체급 여자 선수들의 용상 기록 평균은 145kg으로 아시아 및 세계 정상급 선수

〈그림 25〉 용상 클린 앉아받기(Clean)자세

〈그림 26〉 용상 올림 동작(Jerk Up)자세

〈그림 27〉 용상 저크 스플릿(Jerk Split)자세

164kg인 것을 비교해볼 때 크게 뒤떨어져 있어 우수선수의 양성과 지속적인 관리 및 지원이 필요한 실정이다.

역도 용상 동작은 두 동작으로 나누어져 있으며 첫 동작 클린 동작과 두 번째 동작인 저크 동작으로 구분된다. 역도 용상 경기에서 실패를 가장 많이 하는 동작은 저크 동작으로 클린 동작에 비해 2배 정도 높다.

클린 동작은 인상과 비슷한 기술 동작을 사용하여 선수 다리 앞에 수평으로 놓인 바벨을 손바닥이 밑으로 향하도록 하여 어깨 바깥쪽 넓이로 바벨을 잡고 끌어 올려 한 번의 동작으로 가슴 가까이 전면 삼각근 위 로 들어 올린다. 이후 바벨을 쇄골과 가슴 상단 어깨 부위에 완전히 팔로 의지하며 고정 프런트 스쿼트 동작으로 클린을 마무리한다(그림 25).

저크 동작은 클린 자세가 완벽히 끝난 후 바벨을 가슴 상단 어깨 위에 올려놓고 고정 시킨 상태에서 시선은 전방을 향하고 서서 안정된 자세로 호흡을 멈춘 상태에서 저크 스타트 자세로 두 팔이 고정된 자세에서 무릎과 골반이 아래로 내려가는 동작(Jerk Dip)과 올리는 동작(Jerk Up)을 상하로 움직여 저크(Jerk) 동작을 만든다(그림 26).

저크 스플릿(Jerk Split) 동작은 다리가 일직선 전후로 벌어지며 앞무릎은 90°각도로 맞추고 뒷다리는 골반 힘을 실어주어야 한다(그림 27).

바벨과 어깨, 골반의 중심을 낮추어서 바벨 아래로 몸이 내려가는 신체의 움직임이 큰 저크(Jerk) 기술 동작을 사용해야 하므로 바벨의 탄성을 이용할 수 있는 타이밍과 템포가 반드시 필요하다.

이러한 용상경기의 특성은 역도경기 중 인상경기이후 두 번째로 시합을 실시하며 인상 경기가 끝나고 10분 휴식 후 경기가 시작된다. 이때까지 선수들은 인상 경기에 집중하며 시합이 끝나기를 기다린다.

인상 경기가 끝나야 현재 본인과 상대 선수들의 기록 순위를 알 수 있기 때문이다.

이후 용상 경기를 준비하는 지도자와 선수들은 치열하게 보이지 않는 전술을 짧은 시간 동안 여러 가지의 상황이 일어날 수 있는 시합 가상 시나리오를 만든다.

역도 경기의 대표적인 특성은 인상 경기 종목의 순위 기록에서 하위권에 있다 하더라도 용상 경기에서 상대 선수와 상당한 기록 차이가 없다면 합계 기록에서 순위를 역전시킬 수 있는 기회를 만들 수 있다 는 것이다.

역도경기는 1차 시기에서 2번의 기록을 변경할 수 있다. 때문에 인상 종목보다 용상 종목에서 더욱 치밀한 전술이 필요하다.

상대 선수와 같은 중량 기록과 같은 체중일 경우 합계 기록이 우세한 선수가 앞서기 때문에 경기 상황에 따라 변수가 많은 것이 용상 경기이다.

예를 들면 2004년 아테네 올림픽 경기 중 장미란 선수는 첫 번째 시합 인상 기록(130kg)으로 중국 선수(122.5kg)보다 7.5kg의 무게를 앞서고 있는 상황에서 두 번째 시합 용상 기록(172.5kg)로 합계 기록(302.5 kg)무려 13kg를 앞서며 금메달을 확신하였다. 중국 탕공홍 선수는 용상 2차 시기에서 172.5kg를 들어 올린 상태에서 자신의 최고 기록 175kg보다 더욱 무게를 증량하여 용상 3차 시기에서 182.5kg를 도전하며 개인 최고 기록의 무게를 들어 올림으로써 합계 기록(305kg)로 금메달의 순위를 결정짓게 한 것이 용상 경기이다.

역도역사상 가장 숨 조이는 경기 또한 용상 경기였으며 1996년 미국 애틀랜타 64kg급 역도경기의 나임 슐레이마놀루(터키) 선수와 발레리오스 레오니디스(그리스) 선수의 명승부경기로 인상에서 슐레이마놀루는147.5kg로 레오니디스 선수 145kg 보다 2.5kg를 더 들어 올린 상태에서 개인 몸무게의 3배 가까운 인간 한계의 무게로 용상 경기를 시작하며 그리스의 발레리오스 레오니디스 선수가 기록을 앞서기 위해 180kg에서 187.5kg를 들어 올리며 190kg 까지 도전 선전하였으나 실패하며 슐레이마놀루 또한 187.5kg를 들어 올리며 합계 기록(335kg)로 힘들게 1위 금메달을 달성하며 올림픽 3연패를 달성한다.

역도 경기는 상대 선수의 인상 경기 신청 기록에서부터 역도의 시합 전술이 시작된다. 하지만 용상 경기에서 합계 기록에 따라 승패를 판가름할 수 있는 기회가 있어 역도 경기의 치밀한 전술 변화를 볼 수 있는 것이 용상 경기이다.

② Weight Lifter의 특성

역도선수는 바벨의 최대 무게 저항에 대하여 최대 힘을 발휘하며 규정된 기술 동작으로 바벨의 무게 저항을 극복해야 한다.

신체는 최대 파워를 형성해야 하며 바벨의 균형을 유지해야 하며 기술적 능력을 길러야 한다. 때문에 파워를 형성하기 위해서는 신체의 근력을 발달시켜야 하며 장기간의 정교한 기술 습득이 필요하다.

이러한 역도(Weight Lifting)는 장기간 여러 형태의 무게 저항 훈련과 정교한 기술 연습을 습득한 선수들이 몸무게에 따라 체급을 나누어 각 체급의 최대 무게 중량한계를 극복하며 개개인의 최대 무게의 바벨을 정확한 역도 경기 기술 동작을 통하여 머리 위로 바벨을 들어 올려 순위를 정하는 스포츠 종목으로 강인한 체력 및 고도의 정신력과 효율적인 기술을 구사해야 한다.

때문에 고중량의 무게를 들어 올려야 하는 역도 종목의 특성상 부상이 많을 것이라는 오해를 만들 수 있으나 개개인의 능력에 따라 규정된 기술 동작에 의한 근력이 허용하는 범위에서 무게 운동과 경기 상황의 시합을 준비하며 점진적 무게 증가의 워밍업 운동 형태 무게 연습을 하며 경기를 실시한다는 점에서 타 종목대비 부상률은 상당히 적다.

이는 역도 경기를 위한 현장에서 정교한 기술 동작과 충분한 준비 운동으로 시합 최고중량의 바벨을 들어올리기 까지 경기 목표 무게를 들기 직전 상당 시간을 가벼운 무게부터 점진적으로 최대 중량 무게로 증가시키며 1~2회를 실시하고 또 무게를 증가시키며 최고 무게를 들 수 있도록 신체를 활성화 시키는 훈련을 역도 경기 워밍업 장에서 진행을 준비하기 때문이다.

〈그림 28〉 클린 퍼스트 풀 (Clean First Pull) 자세

반복적인 역도규정 기술동작과 점진적으로 중량을 증가시키는 운동의 경기 방식으로 신체는 관절의 부상을 줄이며 근력의 발달과 근 신경을 촉진시켜 빠른 기술 동작을 더욱 정교하게 한다. 이러한 역도 경기 방식은 역도선수의 기술과 전문 근력의 증진을 효율적으로 발달시킨다.

1) Weight Lifter의 체력적 특성

체력(Physical Fitness)은 신체적 능력과 정신적 능력으로 구분되며 신체기능의 자원으로 신체 활동을 유지하는 능력을 말한다. 때문에 체력증진은 인간 개인 삶의 질을 향상시키는 중요한 요소로서 생존과 생활의 기초가 되는 신체 능력을 증진시킬 목적으로 계획적인 과정을 통하여 신체에 무리를 주지 않는 범위의 일정한 자극을 주어 신체 조직의 기능을 개선하는 것이다.

이러한 체력 향상을 목적으로 하는 운동을 트레이닝이라 하며 신체의 운동 수행능력을 증진시키는 트레이닝에 의하여 신체 구성요소가 향상되는 체력의 의미는 주로 신체적 요소의 행동 체력을 말한다.

Ishiko(1970)는 행동 체력과 관련시켜 운동의 발현 능력은 운동을 실제로 일으키는 근원적인 능력으로 보고 운동의 주체를 근육계가 기본이 된다고 하였다.

이러한 행동 체력은 개개인의 사회생활에서 활동하는데 직접적으로 필요한 신체적 활동 범위의 능력을 말하며 적극적이며 능동적인 활동으로 일을 수행해가는 능력을 말한다.

이에 Larson(1951)는 체력을 행동 체력의 차원에서 지구력, 근력, 민첩성, 평형성, 스피드, 협응성, 리듬 등의 7개의 요소로 구분하였으며 Nicks와 Fleishman(1962)는 체력의 구조를 다음과 같이 정리 하였다.

- 근력의 영역으로 순발적 근력(Exposive Strength), 동적 근력(Dynamic Strength), 정적 근력(Static Strength)
- 유연성, 스피드 영역에는 동적 유연성(Dynamic Flexibility), 신전될 수 있는 유연성(Extensible Flexibility), 방향 전환의 스피드(Speed of Limb Movement)
- 정적·동적 평형성(Static Dynamic Balance)과 평형성 유지(Balancing Object)

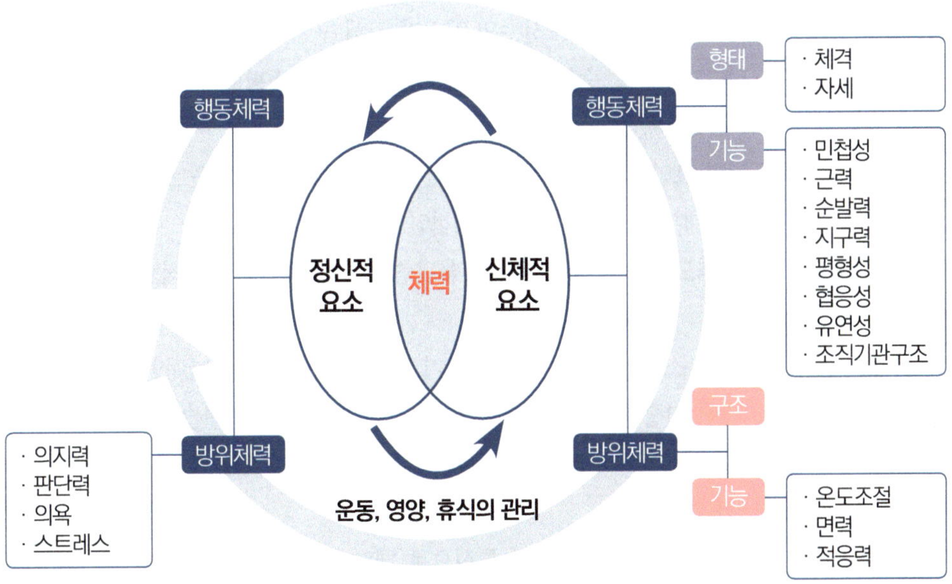

〈도표 1〉 체력 = 신체적 + 정신적 + 사회적 적응능력

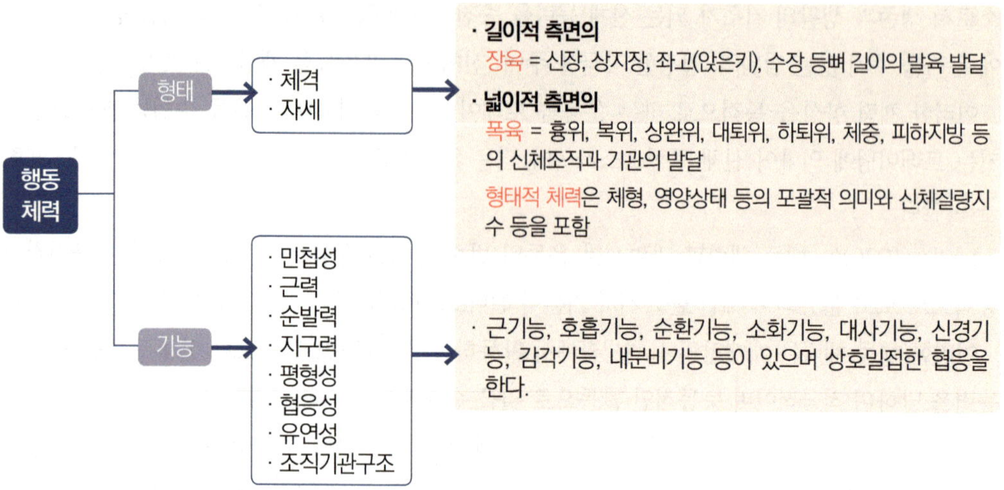

〈도표 2〉 행동체력의 형태와 기능

- 협응성의 영역으로 사지의 협응성(Multi-limb Coordination), 대근 활동의 협응성(Gross Body Coordination)
- 지구성의 영역으로 구분하였다(도표 2 참고).

1886년 제1회 아테네 근대올림픽의 부활 이후 체력 증강은 생존수단이나 군사 목적, 생산력 향상의 수단에서 체계적이고 과학적인 스포츠의 경기력 향상과 인류 건강의 역할을 담당한다(김기영, 2011).

이러한 건강과 경기력 향상 면에서 역도선수의 체력과 신체 구성요소의 발달은 운동 능력과 기능 운동을 발현하는 근육계와 호흡, 순환 기능이 적용되며, 신경계의 평형성, 민첩성, 교치성, 유연성 등이 상호 작용하여 역도 전문 기능 발달이 이루어진다(양무신, 1990) 하였으며 역도 경기력의 결정요인에 해당하는 체력 요인은 근력, 순발력, 유연성 등 전반적인 요인을 포함하며 이러한 요인 중 근력과 순발력 등은 대부분 근육 기능의 직접적인 영향을 받게 된다.

따라서 근육의 기능은 역도선수의 경기력 향상과 관련된 체력 요인의 핵심적 요인이다(김상철, 1995).

또한 역도 경기의 특성상 스포츠적인 면의 중, 장기 지구력을 제외한 전반적인 체력 증진이 이루어지며 역도 경기 및 반복 연습으로 이루어지는 역도 자세에 의한 무게 연습으로 인하여 전신의 근력 및 순발력과 발목 관절에서부터 고관절, 견관절 등의 유연성 및 협응력 반사 신경과 평형성이 발달된다.

이러한 역도 경기의 체력과 관련된 가장 큰 특성으로 체력 요소 중 근력에 의해 경기력이 결정될 가능성이 가장 높은 종목이며, 경기 중 자신의 최대 근력을 발휘해야 하는 종목이다(박영민,

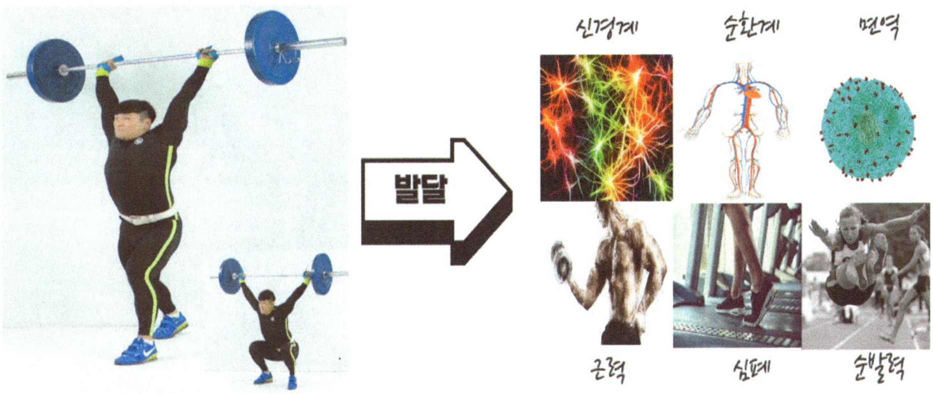

〈그림 29〉 역도 경기 및 훈련에 의한 체력 요소 발달

2000).

때문에 무게 증가에 따른 신체의 적응으로서 근력 증가를 위한 운동은 정적인 근 수축 운동과 동적인 근수축 운동으로 나눌 수 있으며, 동적 근 수축 운동(Dynamic 또는 Action Strength)을 파워(Power 또는 Muscular Power)라고 하며, 정적 근 수축 운동을 단순히 근력이라고 하는 것이 일반화 되어있어, 역도 경기에서 나타나는 고중량의 동적과 정적인 근 수축 운동을 근력 운동이라 본다면 역도 경기 또는 훈련 자체가 근력과 파워를 증가시키는 트레이닝 또는 신체 발달을 위한 체력의 특정 요소인 근력 발달 트레이닝 방법이라 할 수 있다.

이러한 역도 경기 및 훈련에 의한 중량 운동으로 나타나는 신체의 변화는 체력 요소의 직접적인 발달로 나타난다. 체력의 운동 요소(근력, 유연성, 민첩성, 순발력, 심폐능력 등)들은 상호 의존성이 있다(Bompa, 1996).

이렇듯 체력 요소들은 협응성을 나타내며 근력과 파워의 발달은 체력 요소들을 발달시키며 신체를 긍정적으로 변화시킨다.

고중량의 웨이트 리프팅 훈련의 무산소성 파워 훈련은 근골격근의 크기를 증가시키고, 섬유형태의 전환을 촉진시키는 것 외에도 인체 대사에 필요한 생화학적 성분들을 증가시킨다.

이러한 변화는 선수들의 경기력을 향상시키는데 주요한 요인이며 근력, 순발력, 근지구력 등이 증가한다.

고강도 무게 운동 중 발생하는 통증은 근섬유 파괴와 손상으로 나타나기도 하는데 이는 근육 성장을 위한 자극이기도 하다.

근섬유가 재형성되는 과정은 개인의 훈련 상태 및 단백질의 합성과 분해 등의 조절 기전을 포함할 수도 있으며 단백질 합성의 순서는 물 섭취, 비수축성 단백질 합성 그리고 수축성 단백질 합성으로 이루어진다.

고중량의 무게 훈련은 근원섬유량, 세포질 밀도, 근소포체와 T-관 밀도 그리고 소듐-포타슘

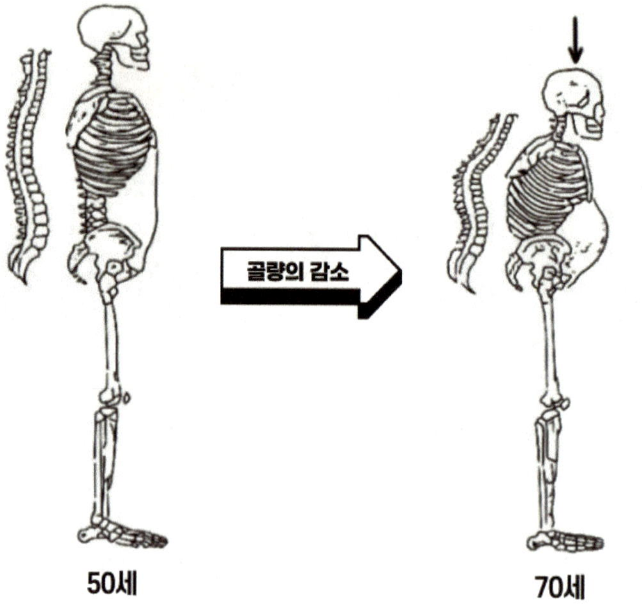

〈그림 30〉 노화에 따른 골량의 감소

ATPase의 활성을 증가시킨다.

전체적으로 이러한 변화들은 근비대를 초래하고 근육 기능을 향상시켜 최대근력 발현을 가능하게 한다. 근력과 근비대는 뼈에 가해지는 힘을 증가시킨다.

더 강한 근 수축력은 뼈에 주어지는 기계적 부하를 증가시키고, 뼈는 비대해진 근육들을 지지하기 위해 골량과 힘을 증가시킨다. 골 미네랄 함량에 영향을 미치며, 운동 무게 부하 %의 힘이 작용하는 양에 따라서 골 량이 증가하거나 감소한다.

Booth와 Gould(1975)는 골둘레, 골길이, 골밀도는 트레이닝 강도에 의해 영향을 받으며 매우 낮은 강도의 트레이닝에는 효과가 적고, 고중량의 강한 강도 트레이닝은 골밀도를 향상 시킨다고 보고 하였다.

운동 중 낮은 강도의 지구성 운동보다는 강한 근 수축에 따른 운동 형태와 운동 강도, 체중을 부하하는 저항운동이 근육을 강화시키는데 밀접한 관계가 있어 역도의 무게 운동은 골격근과 골격 발달에 매우 우수한 운동 방법이다.

또한 역도는 뇌 활동과 신경 시스템에 영향을 주어 노인들의 건강관리 또한 많은 도움이 되며 노인의 협응성을 통한 신체 움직임 또한 향상시키신다.

40대부터 시작되는 근육량 감소의 근 감소증을 예방하는 데 도움을 주며 역도의 근력 운동은 노화와 동반되는 관절 가동성을 향상시킨다. 노화는 근육량의 감소와 관련이 있으며 노화와 관련해 신체 근육량이 감소하는 것은 보통 25세부터 시작해 평생 진행된다.

하지만 노화와 관련 근육량 감소의 비율은 25~50세에 근육량의 10%가 감소되는 느린 근육 감소 기간이 있으며. 이후 빠른 근육량 감소가 진행되며 50~80세에 추가적으로 40%의 근육량이 감소된다.

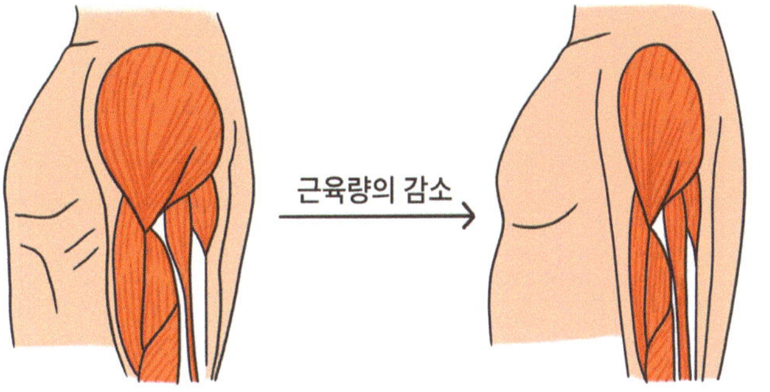

〈그림 31〉 노화에 따른 근육 량의 감소

80세에는 총 골격근량의 절반이 감소된다. 또한, 노화는 속근 섬유의 감소를 가져오는데 특히, Type IIx형 속근 섬유가 감소된다. 그로 인하여, 노인들의 낙상 증가와 행동의 독립성을 떨어뜨린다.

이러한 이유로 속근 발달의 중요 요소인 근력은 신체 밸런스 능력과도 연관성이 있어 평형력의 기능 발달에 도움을 준다.

역도의 근력운동은 일반 타 종목 운동선수들의 파워를 증가시키면서 동시에 근육의 협응성을 증가시킨다.

〈그림 32〉 노화에 따른 신체 현상

Nilsson 등은 역도 선수 군과 일반인과의 골 미네랄 함량의 비교에서 경골과 비골에 있어서 역도 선수 그룹에서 높게 나타났다.

역도의 고중량 운동이 전문적인 신체에 부하를 주는 트레이닝 형태로 체력을 증가시키는 운동이며, 일반인에 비하여 요추 골밀도와 대퇴골, 경골의 밀도가 높게 나타났다.

역도의 저항 트레이닝은 높은 무게 부하 % 부하를 발생하여 근 수축의 골조직의 대사를 촉진하는 골의 재형성에 영향을 미친다. 뼈는 지속적인 스트레스 유형에 의해 골아세포를 촉진하므로 압력에 비례하여 뼈의 강도가 변화 하며 부하를 받게 되면 두꺼워진다.

골격근 세포의 성장과 근력의 발달을 촉진하여 성장 호르몬을 분비하여 단백질의 합성을 촉진한다(Rauch & Schoenau, 2001).

저항 트레이닝은 신경 내분비계를 활성화시켜 내인성 동화호르몬과 성장인자의 분비를 자극하여 골격근을 성장시키고 근력을 발달시킨다.(Fry et al, 1994) 역도는 단시간 고강도의 기능적, 복합적, 통합적 운동프로그램으로서 요구되는 모든 체력 요소를 한 번에 획득하여 일반적인 체력 향

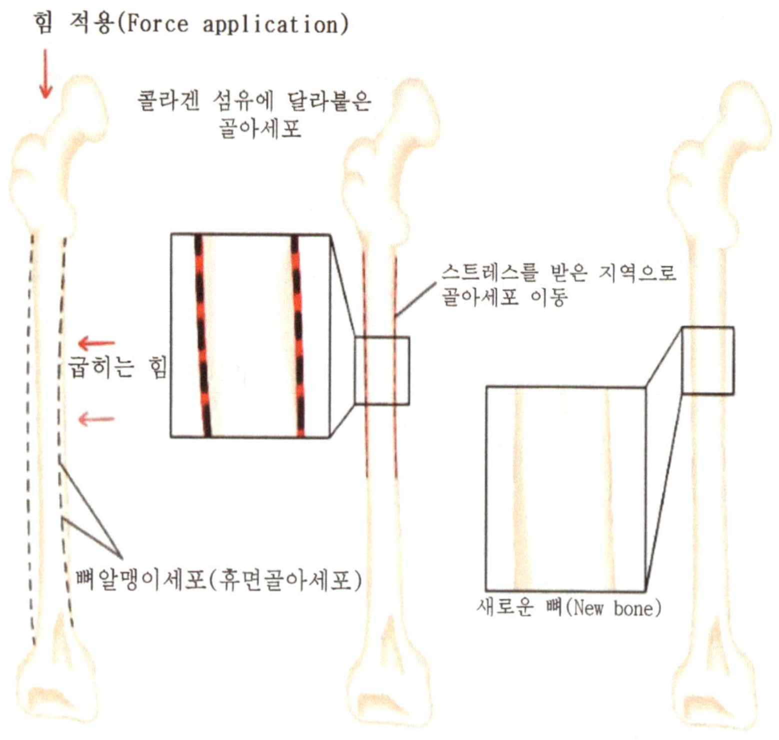

〈그림 33〉 근력운동에 대한 대퇴골 골지세포이동과 골밀도변화

상 프로그램보다 시간은 단축되며, 효과는 2배 이상되며 노화와 관련해 속근 근육의 근육량이 특히 Type Ⅱx형 감소를 지연시키기에 유용한 체력 증진 운동 방법이다.

또한 규칙적인 운동은 지질대사 개선, 내당 능력 향상, 염증성 싸이토카인 수준을 감소시키며 대사성 증후군과 심혈관계 질환의 발병률을 감소시킨다(Wilson et al, 2006).

〈그림 34〉 노화와 관련된 체력 증진 운동 방법

이러한 중량 역도 운동은 근력 발달에 매우 훌륭한 전신운동으로 근력과 파워를 필요로 하는 타 종목 스포츠의 기초 트레이닝에 속한다.

최근 역도는 일반인들의 건강 운동인 크로스핏, 건강 관련 프리 웨이트 운동으로 유행하면서 파워 스내치나 클린 앤 저크 푸시 저크와 같은 용어를 쉽게 접할 수 있으며 이는 바로 역도의 인상, 용상 종목이다.

즉, 역도의 트레이닝 원리를 적용한 체력증진과 반복적인 훈련 기술 및 무게 부하를 정교한 기술 동작으로 들어 올리는 심리적 한계에 도전하는 운동으로 신체는 기능적(신경근육), 의지력 및 집중력, 근력, 유연성 발달을 유도하는 스포츠로서 또는 경기로서 실시되며 체력을 증진시키는 종목이다.

2) Weight Lifter의 신체적 특성

역도선수의 신체적 특성을 이해하기 위해서는 역도 종목의 운동 특성을 고려해야 한다. 역도 선수는 규정된 기술 동작으로 저 중량에서 고 중량의 바벨을 점진적인 방법으로 바벨의 무게 저항을 최대 힘과 속도를 발휘하여 들어올리기 위해 정확한 1RM의 무게 부하 %로 지속적인 반복 연습을 하며 경기력과 신체를 강화시킨다.

때문에 역도 선수의 근력과 유연성 순발력 등, 체력 요소의 신체 발달이 역도 동작 연습과 역도 경기에 의해서 나타나는 발달과정이라는 것이다.

이는 O'shea(1973)의 Super Quality Strength Training, Power Training이나 최대부하 2~3회 반복 4~5세트를 권장하며 최대 근력의 발달은 최고의 운동수행능력의 발달을 유도하며 이는 Macqueen(19504) 등에 의해서 역도 기술 동작과 최대근력% 운동이 신체 근력과 파워 형성에 매우 중요한 운동임을 말하고 있다.

〈표 3〉 근력 운동의 무게 부하 %에 따른 신체능력발달요인

최대강도 maximum	최대근력의 100~120% : 최대근력, 착지/반발/투척파워의 발달 요인
고강도 heavy	최대근력의 80~100% : 최대근력, 투척/도약/출발/감속파워/파워지구력 발달 요인
중강도 medium	최대근력의 50~80% : 파워훈련, 파워/단기/중기/근지구력 발달 요인
저강도 low	최대근력의 30~50%부하 : 장기 근지구력 발달 요인

역도의 중량운동이 근 수축 효과에 미치는 영향으로 근력 트레이닝은 스피드를 저하하며 투척 선수의 기록을 저하시킨다고 믿었으나 오히려 스피드는 증가하고 선수들의 유연성 강화에도 좋은 효과가 있는 것으로 나타났다(현우영, 1973).

〈그림 35〉 무게부하운동에 따른 근력 발달

이러한 역도선수의 근력 운동은 50~60%의 저 강도의 고 반복 운동을 지향하지 않으며 역도 시합 형태와 유사한 80~90% 그 이상의 중량으로 빠르고

정교한 동작을 통하여 적은 반복 횟수(1~3회)와 많은 세트 수(6~10세트)로 충분한 휴식과 역도 시합 규정 기술 자세와 무게 중량의 %로 빠른 동작의 기술 습득과 적응을 위한 훈련을 실시한다.

또한 경기력 향상과 신체 회복을 위해 총 운동량의 무게 부하를 신체가 극복할 수 있도록 조절하며(트레이닝 일지를 통한 운동량의 무게 톤수의 조절)프로그램화하여 훈련한다.

이러한 무게 부하의 역도 경기와 훈련은 역도 특성상 빠른 동작의 기술 자세로 전신을 활용한 최대 근력과 순발력의 기계적인 각도 동작의 동시 발현으로 신체는 말초신경계(Peripheral Nervous System)의 빠른 신경전달에 의해 뇌와 척수로 구성된 중추신경계 (Central Nervous System)를 자극하며 근 신경계 반응과 발달을 유도하여 기술 동작의 정확성 및 속도 조절과 평형감각, 협응성의 운동 감각을 발달시켜 운동 동작을 정교하게 하며 인체는 지속적인 파워운동에 의해 적응하며 발달한다.

또한 점진적이며 폭발적인 빠른 속도의 중량 부하 훈련을 반복하는 주 운동인 역도 두 종목(Snatch, Clean & Jerk)의 기술 요인에서 신체적 특성이 나타난다. 역도 경기 종목인 두 종목(Snatch, Clean & Jerk)으로 무게 증가와 폭발적인 속도의 기술 동작에 의한 신체 관절은 바벨의 균형을 유지하기 위해 관절 가동 범위와 유연성을 증가시키며 근육 및 인대와 건에 지속적인 기계적인 무게 부하의 적용으로 근력을 증가시킨다.

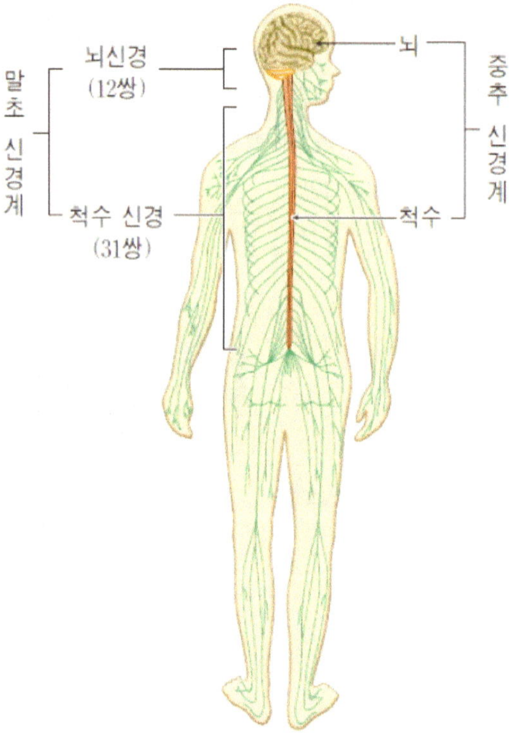

〈그림 36〉 말초 신경계와 중추 신경계

역도 규정에 의한 동작 자세를 유지해야 하므로 반복적이며 규정된 동작에 의한 최대 가동 범위의 신체 관절 각도를 만들며 기술이 향상된다.

또한 신체에 고중량 부하를 주는 두 종목(Snatch, Clean and Jerk)동작의 앉고 일어서는 최대가동범위의 운동으로 신체는 효율적 평형력, 유연성, 근력 발현과 적응 발달 로 역도기술 동작에 의한 빠른 속도 증가를 신체반응하며 더욱 근력과 파워를 발달하게 한다.

때문에 기술에 의한 정교한 관절의 각도를 유지해야 한다. 역도 경기에서 우수한 성적을 발휘하기 위해서는 근력을 증강하는 것이 절대적이나 역학적 원리에 입각한 자세의 연구 및 습득 또한 매우 중요한 요인으로 즉 같은 질량의 물체를 같은 근력의 소유자가 무게를 들어 올린다고 할 때 그 물체를 들어 올리는 방법에 따라 그 결과는 많은 차이로 나타난다(황덕호, 1974).

역도 경기 또는 연습과 훈련의 휴식 시간은 1분에서 그 이상의 긴 휴식과 짧은 5~10초의 시간 안에 최대 무게를 들어 올리는 운동을 반복하며 점진적인 중량의 무게를 증가시키며 바벨이 인체 중심선에 최대한 가깝게 움직이게 하는 기술 동작으로 효율적인 신체 에너지 사용과 시합 집중력의 유지로 신체의 부상 요인이 줄며 장시간의 역도 연습 및 훈련을 지속하게 한다.

〈그림 37〉 무거운 바벨을 들기 위한 많은 근육 군들의 협응

무거운 바벨을 들기 위해 짧은 시간에 수많은 근육 군들이 서로 협응하며 타이밍을 맞추어 빠르게 반응하고 들어 올려 져야 하며 반복적 동작으로 기술 자세를 완성하여 신체를 발달시키는 것은 매우 중요하기 때문이다.

역도 기술동작의 반복 운동으로 근육과 신경에 자극을 주며 신체를 성장시키는 과정에서 지도자는 선수 특성에 따라 정확한 기술 동작을 습득시켜야 하며 개인별 신체의 특성을 고려해야 한다.

역도 두 종목의 기술 스타트 자세 또는 스쿼트 자세에서 개개인의 신체 특성에 따라 고관절과 발목 관절 유연성에 따라 역도 스타트 자세의 양발 위치가 11자 형태에서 힘의 발현이 유리해지거나 八자 형태의 발 위치가 기술과 힘의 발현에 유리해 지는 자세로 나누어질 수 있으며 역도 스타트 자세의 변화를 준다.

또한 다리의 길이가 길거나 짧을 경우 역도 시작 자세에서 무릎과 엉덩이의 일직선의 수평 자세가 다리가 길 경우 무릎보다 엉덩이의 높이가 높아지며 다리가 짧은 경우 무릎보다 엉덩이 높이가 같거나 아래에 위치하는 것이 기술 발현에 유리하기 때문이다.

이때 양발의 위치 또한 다리가 길 경우 일반적으로 중 족지관절의 수직으로 그 위에 바벨이 위치하도록 올려 스타트를 하지만 좀 더 특수하게 다리의 길이가 길 경우 발가락 쪽으로 바벨을 이동시키며 역도 시작 자세를 수정한다.

이와 반대로 다리가 짧을 경우 중 족지관절의 수직으로 바벨이 위치한 상태에서 좀 더 몸 쪽으로 바벨을 이동시켜 역도 시작 자세를 준비하는 것이 데드리프트 동작에 유리하다.

과체중에 팔이 짧거나 저체중에 손이 작은 경우에는 역도 기술 발현에 매우 불리하며 팔 다리가 동양인 특성의 일반적인 체형으로 몸통이 두꺼우며 상체가 길고 하체가 정상적으로 짧을수록 기술적 측면에서 유리하다.

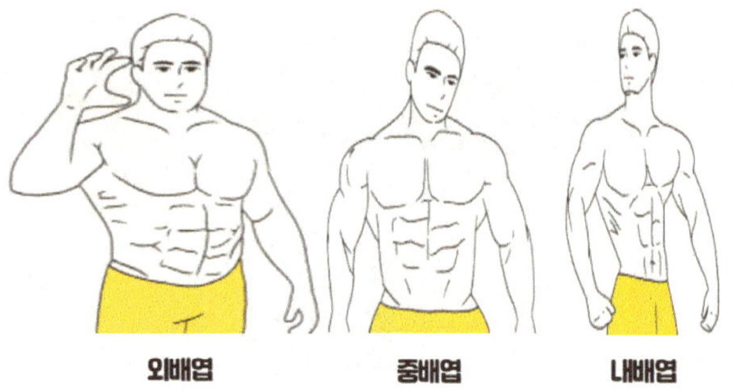

〈그림 38〉 체격에 따른 개별적인 체형

팔 다리가 길고 상체가 짧은 선수에 비해 균형적인 동양인의 정상 체형이 기술 발현에 오히려 유리하다.

역도 선수의 훈련 초기 경기력 향상을 위한 기술 연습으로 각 선수의 신체 구조와 상관없이 일방적인 기준으로 기술 훈련을 선수들에게 적용하는 경우가 종종 발생한다.

역도선수들의 각기 다른 신체의 상대적 기준에 따라(체중, 팔, 다리, 몸통의 길이와 너비 등) 특성에 따라 자세의 습득 연습이 필요하며 정교하게 습득시키는 기준이 필요하다.

또한 기초적으로 일반인과 다르게 역도 선수의 발달된 근육 형태에서 체형을 분류해야 한다. 체중이 같다 하더라도 선수들의 체격에 따라 개별적인 체형으로 구분된다.

외배엽(짧고 넓은 몸통에 비해 상대적으로 팔과 다리가 긴 유형), 중배엽(조화로운 발달을 보이는 유형), 내배엽(팔과 다리가 짧고 몸통이 가늘고 긴 유형)의 구분으로 나누어질 수 있으며 이에 따라 기술 동작의 관절각도 변화 및 신체 발달정도와 관절의 가동성 등 선수에게 맞는 합리적인 역도 기술이 적용되어야 한다.

같은 체급이라도 신체의 길이와 너비의 특성에 따라 체형이 나누어지며 이에 따라 역도 기술 동작의 관절 각도가 달라질 수 있다.

상대적인 신체 타입을 고려하지 않고, 절대적인 기술 기준에 맞춰 선수의 경기력과 기술을 평가하는 것은 우수선수의 양성이나 선수의 기록 증가를 방해하며 저하시킨다.

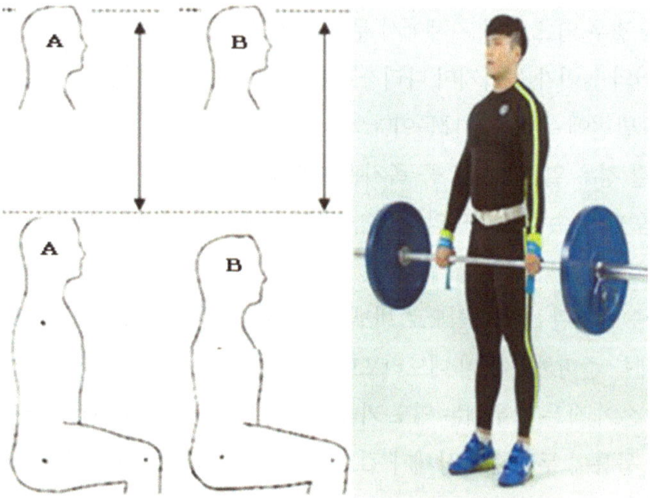

〈그림 39〉 앉은 키 차이(A선수가 선수체형으로 상체가 길다)

개개인에 따른 합리적 기술 적용은 그 선수의 내적 외적인 힘의 상관관계 모두 고려해야 하며 이것은 신체의 체격 면에서 나타난다.

국내, 국외를 막론하고 우수한 기록을 보유한 역도 선수의 체격 형태는 똑바로 서 있는 같은 키에서 앉은키가 크다(그림 A, 선수체형으로 상체가 길다).

그리고 몸통이 두꺼우며 팔 근육은 이두근과 전완근의 삼두근이 잘 발달되어 있으며 상체의 몸통은 어깨를 중심으로 삼각근, 승모근, 대흉근이 잘 발달되어 있어야 한다.

하체의 근육은 대퇴 및 골반 주위의 근육이 잘 발달되어 있는 것이 큰 특징이다.

전반적인 역도선수의 신체는 상, 하체 모두 근육질로 매우 잘 발달되어 있으나 좀 더 하체의 근육이 두드러지게 발달되어 있다. 역도 선수는 역도(Snatch, Clean and Jerk)기술 및 보조운동(Back squat, Push press, Dead lift 등)을 통하여 역도 종목의 특수한 신체 조건으로 더욱 발달한다.

3) Weight Lifter의 정신적 특성

역도 경기는 선수 개개인의 기록 향상에 최대 목표가 있으며 이를 달성하기 위해서는 과학적인 접근이 요구된다. 역도선수의 구체적인 훈련 계획으로는 선수의 체력, 기술, 심리적 기술의 훈련 과정이 필요하다. 한계점에 있는 무게를 성공적으로 들어 올리기 위해서는 신체적인 요인과 심리적인 요인을 합리적으로 조절하며 활용해야 하기 때문이다. 이러한 역도 경기는 고도의 정신력과 집중력이 요구된다.

역도 경기는 개인의 운동기능과 기술만으로 겨루는 종목이 아니며 심리적 극복이 필요한 종목으로 실패에 대한 시합의 불안 요인을 제거하고 적극적이며 긍정적인 사고 및 의지력을 키우는 등 심리적 요인의 발전이 필요한 종목이다.

이것은 역도선수가 시합을 준비하기 위해 수년간 반복적으로 무게중량을 증강시키려는 노력으로, 점진적 과부하 트레이닝으로 만들어진 신체의 한계점에서 여러 불안 요소가 내재된 경기장의 상황으로 다시 최대 무게를 순간적으로 들어 올려야 하는 과정에는 근력 외에도 고도의 집중력과 정교한 기술 동작을 유지하기 위한 특수한 심리적 기술 트레이닝이 필요하다.

〈그림 40〉 무게를 성공적으로 들어올리기 위한 정신력과 집중력요구

이러한 역도선수의 심리적 기술 트레이닝은 반복적인 고중량을 저반복 횟수 운동으로 정교한 자세와 빠른 속도를 유지하고 집중할 때 역도 종목의 특수한 집중력인 역도 기술에 대한 생각을 이미지화하여 신체 활동에 적용하는 심리적 기술 형태로 나타나는데 이는 역도 경기의 특수한 심리적 기술 트레이닝이라 할 수 있다.

이는 시합 상황에 따른 기술과 자세 유지를 위한 정신집중 활동을 말하며, 이러한 순간적인

〈그림 41〉 바벨 앞에서의 이미지 트레이닝

역도선수의 정신 집중력은 장기간의 역도 연습과 경기에 의해 증진될 수 있다.

이것은 역도 기술의 심리적 기술 이미지 트레이닝으로 역도 두 종목(Snatch, Clean & Jerk)시합장에서 무게를 들기 전이나, 직전에 역도 기술을 생각하고 이미지화하여 시합 동작을 순서대로 각각의 단계를 인지하여 단시간에 기억으로 역도 동작을 회상하여 시합 동작에서 강하게 힘을 적용하는 동작 자세와 버티는 자세 등을 나누어 기술 동작에 적용할 수 있도록 경기 수행 능력을 극대화하는 정신집중 방법으로서 엘리트 역도선수들은 수시로 이러한 기술 이미지 트레이닝을 반복하게 된다.

우리는 역도 시합장에서 선수가 플랫폼에 올라서서 바벨 앞에 서서, 바벨을 잡고 시작 자세에서 몇 초간 잠시 멈추어 있는 모습을 볼 수 있을 것이다.

이것은 그들이 모두 잠시 시합 경기 동작을 생각하며 이미지로 그리며 기술 동작을 적용 시키는 것을 말한다.

예를 들면 인상(Snatch)과 용상(Clean & Jerk)에서 어떤 형식으로 몸을 움직이고 힘을 강하게 주거나 빼지를 생각하며 기술 동작을 단계별로 나누어 이미지화하여 생각을 신체 기술 동작에 적용하는데 이를 단계를 나누면 다음과 같다.

1단계- 특정 신체 부위에 힘을 주어 길게 또는 짧게 끈다.

2단계- 강하고 빠르게 풀(Pull)을 하여 최대한으로 짧은 신전을 이룬다.

3단계- 다리 벌려 앉아 바벨을 강하게 받아내기나 버티며 앉아 받아 일어선다.

위와 같이 역도 경기 현장이나 역도 반복 연습 속에서 시합 동작의 주요 구성요소의 기술 동작 이미지를 짧은 시간 내에 2~3회 상상 반복한다.

이러한 강력한 집중력을 구사하기 위해서 인상(Snatch)은 16초, 용상(Clean and Jerk)은 15초 이내여야 하며 이러한 역도 이미지 트레이닝의 반복을 통하여 빠른 집중력과 정서적 안정을 만든다.

시합의 정적인 자세로 역도 스타트 동작에서 집중력이 25초~1분을 초과할 경우 시합 동작에서 노출된 근육군(등, 허리, 다리)과 근신경계를 지치게 만들어 권장하지 않으며. 역도선수들은 시합과 연습의 시합 이미지 트레이닝의 반복에 의해 빠른 집중력과 인내심 및 정서적 안정을 만들어내는 특성을 갖는다.

그러나 운동 경력이 비교적 짧은 어린 선수 및 초보 역도선수들의 경우 이러한 집중력이 떨어져 주의력을 이탈시키는 방해 요인들로 노출이 된다.

시각적 자극물, 심판과 무게에 대한 공포, 새로운 경기장의 여건, 피로 상태 등이 있으며, 초보 역도 선수들은 동작에 대한 훈련과 주의력 집중 향상을 위한 심리 트레이닝 방법 교육도 병행되어야 한다.

역도 경기의 총 시합 시간은 2시간에서 3시간을 지속하며 역도의 두 종목 경기 시기 및 인상(Snatch)과 용상(Clean & Jerk)의 시합 사이 육체적, 정신적 휴식과 다음 경기를 준비하며 시합에 집중하는 시간과 가벼운 무게 부하에서 최대 무게 부하로 준비 운동을 하는 시간 등 무게 부하를 버티는 일뿐만 아니라 장시간 시합을 하기 위한 인내력 또한 역도선수의 가장 대표적인 특성이라 생각된다.

역도 경기에서 나타나는 특유한 심리는 경기 시작에서 경쟁하려는 스포츠 열정과 스포츠 승리의 환희, 순위, 패배의 쓰라림 등이 있으며, 시합 중에 역도선수가 경험하는 최대의 긴장은 최고 기록의 도전과 성공에 대한 긍정적 심리의 감정만이 아니라 기록 실패의 고통스러운 감정도 나타난다.

이러한 경우 열정적 역도경기를 위한 결정을 내리는 스포츠 경기 운영에 대한 행동은 대부분 심리 안정에 달려 있다.

그것은 곧 결국 동기부여(흥미, 욕구, 자신감 등)에 달려있는 것이다.

개개인의 최대 중량을 들어 올려야 하는 무게 도전에 대한 심리적 불안으로 상당한 신체적, 정신적 에너지를 소비하며 결국 자신감을 잃어버리는 경우도 나타난다. 또한 시합 준비과정에서 경기를 포기하고 시합을 부정적으로 운영하는 형태 또한 나타난다.

개인의 능력에 따라 적합한 정신 강화 훈련은 역도선수의 경기 준비과정에서 점점 더 큰 비중을 차지하고 있다. 역도 선수는 경기 기록을 세우기 위해 순위에 도전하는 선수들의 경기 준비 상황에서 정신적 시합 불안에 의한 심리적 안정성을 강화시키는 것은 매우 중요하다.

때문에 경기 준비 상황에서 시합 불안 요인에 대한 국가대표급 엘리트 선수들을 비교 하여 대표선수들의 경기 운영

〈그림 42〉 동작 실패 이후 선수의 감정 표출

〈그림 43〉 동작 이전 선수의 심리적 자신감 표출

중 시합 불안 요인의 상태를 알아보면 국가대표급 선수들의 시합 현장은 일반 선수와 다르게 상당한 심리적 안정성을 보이는데 이러한 국가대표 급 엘리트 선수들의 심리안정 요인은 상당 기간의 정교한 기술의 적응과 강도 높은 운동량에 의한 신체의 훈련 상태와 목표 기록의 적응이 심리적 자신감으로 나타나며 경기의 성적으로 나타난다는 것을 볼 수 있다. 또한 시합을 우승하거나 신기록을 달성하는 과정에서 여유로운 심리상태를 보이기도 한다.

즉 시합에 대한 철저한 준비상태에 따라 선수의 심리적 안정성이 좋아지거나, 나빠진다는 것을 볼 수 있다.

기술적 자신감과 반복된 고중량의 연습에 의해 적응된 최대 무게에 대한 심리적 자신감으로 시합의 동기부여(흥미, 욕구)와 가능성을 만들어 낸다는 것이다.

개개인이 목표한 최대 무게를 들어 올려야 하는 역도선수들의 심리적 상태는 경기를 준비하는 과정에서 심리적 안정성을 증가시키기 위한 안정된 기술과 1차 목표기록의 적응 및 최고의 신체적 준비 상태가 필요하다.

경기 중 자세의 기술적 이미지를 강하고 빠르게 그리며 신체를 최대한 능률적으로 활용하여 경기를 운영하는 심리적 기술로 동작의 이미지를 그려 신체가 그 동작에서 빠르거나, 느리거나 강하게 움직이도록 이미지화하여 정신의 집중력으로 활용하는 역도선수들의 심리적 특성이 나타난다.

4) Weight Lifter의 기술적 특성

역도(Snatch, Clean & Jerk)는 무거운 무게의 관성을 이겨내며 바벨을 들고 신체를 굽히고 펴는 전신의 다관절 운동으로 가장 적은 힘을 소모하면서 가장 무거운 중량의 바벨을 머리 위로 들어 올리는 경기이다. 또한 역도 경기는 최대 중량만을 들어 올리는 경기가 아니며 역도 두 종목(Snatch, Clean & Jerk)의 규정 자세를 정확하게 유지하고 개개인의 최대 목표 무게를 들어 올리는 경기로서 기술 자세를 정교하게 만들어 개인의 능력에 따라 최대 무게를 들어 올리는 경기이다.

때문에 모든 역도선수는 개인 최고 기록의 무게를 가볍게 들어 올리기 위해 바벨을 몸에 가깝게 이동시키는 기술을 사용한다.

이러한 역도 선수의 기술은 신체의 해부학적, 형태적 특징과 기술 상태, 연령, 지도자의 지식과 경험의 수준에 의해 평가된다. 전문적인 역도 기술적 동작의 평가는 바벨의 연속성, 방향, 속도, 기본 기술 동작으로 구성되며 그중 기본 기술 동작은 정교한 풀(Pull) 동작을 의미한다. 바벨을 들어 올리는 시작 자세 데드리프트(Deadlift)와 끝 자세 클린(Clean), 스내치(Snatch)의 앉아 받고 일어서는 동작은 정적인(ISOMETRIC) 근 수축 운동의 근력 특징으로 신체 능력과 기술을 평가한다.

〈그림 44〉 클린 앉아 받은 자세 후 일어서기는 순간

한국의 역도는 상당 기간 기술 연구의 축적으로 과학화된 역도 기술의 발전을 보았으며 국제 대회에서 큰 성과를 이루어 기술에 대한 완벽하고 정교한 면을 보이고 있다. 이러한 역도 기술의 기본 원칙은 최대 무게 저항에 대하여 규정된 기술 동작으로 힘을 발휘하며 바벨의 무게 저항을 극복하는 데 있다.

때문에 역도 종목의 정적이며 역동적인 기술 구조에 대하여 올바른 이해와 습득이 필요하다.

역도 기술의 기본은 물체 무게 중심의 균형을 이루면서 신체는 무게 저항을 수직으로 빠르게 이동시키며 움직이는 바벨의 저항선을 유지하도록 최대한 신체 중심선에 가깝게 이동하는 바벨의 곡선을 만드는 데 있다.

이는 역도자세의 균형유지는 효율적인 최대근력발현에 매우 중요한 요소로서 역도 두 종목의 시작 자세에서 바벨은 몸 쪽으로 이동하며 수직의 곡선을 만들고 머리위로 들어 올리는 것이 기술발현에 유리하다(그림 45 참고).

이러한 수직으로 이동하는 바벨의 곡선이 신체 중심선에서 너무 멀어지거나 신체 중심선을 이동하게 할 경우 신체는 안정성을 유지하기 위해 더 많은 에너지를 소비하게 되며 긍정적인 역도 기

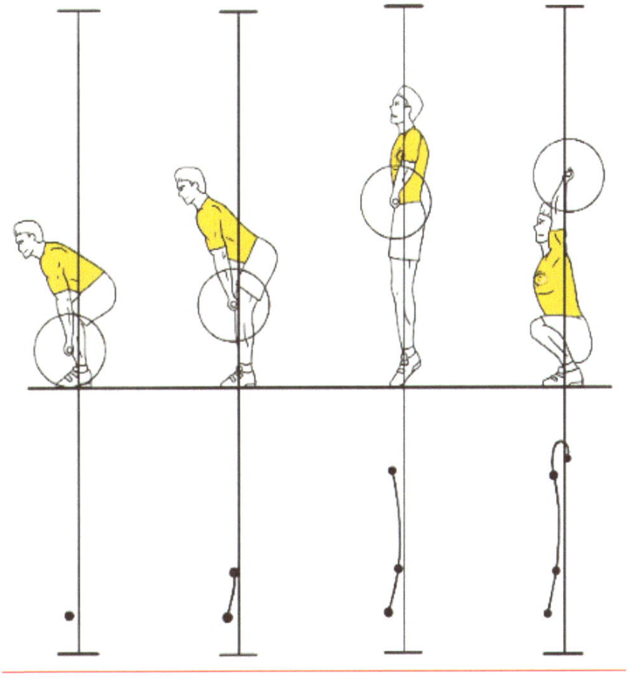

〈그림 45〉 효율적인 바벨의 수직곡선

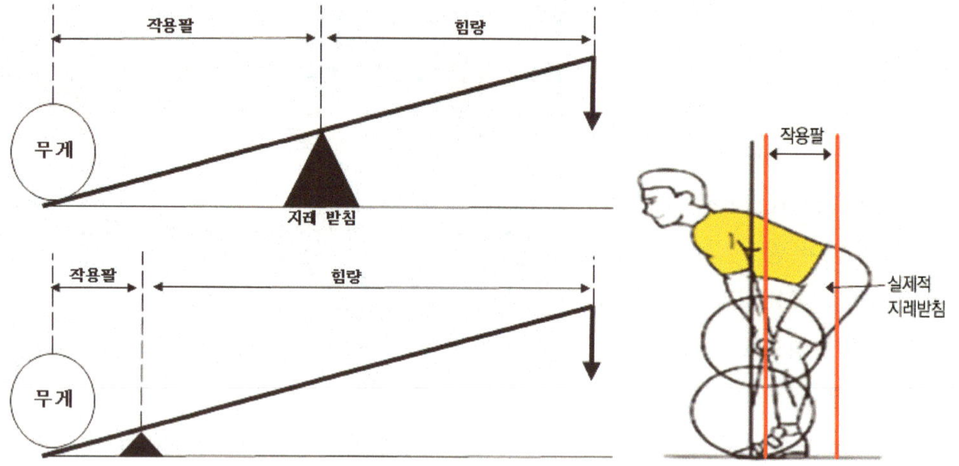

〈그림 46〉 역학적 자세를 위한 작용팔의 강화

록 향상에 불리한 요소로 작용한다(그림 46 참고).

또한 역도 시작 자세부터 라스트 풀 자세까지 가능한 최대 역학적 효율성을 만들기 위해 최대한 작용 팔을 줄여야한다.

이는 작용팔의 길이 증가는 효율적인 근력발현에 매우 불한 요인들을 만들며 신체 중심선으로 움직여야하는 바벨을 이동시켜 신체에너지의 과소비를 만들기 때문이다.

역도 기술에서 가장 속도와 파워를 증가시켜야하는 지점 세컨드 풀 자세에서 신체 대근군인 고관절의 힘점(지레받침) 역할(정교한각도와 높이)을 고려해야하며 이로 인해 능률적 파워발현의 기술 동작인 무릎의 이중 굽힘(Two Bending Technique)으로 바벨의 최대 상승효과를 만들어 낼 수 있어야 한다.

〈그림 47〉 바벨이 신체 중심선에 가깝게 움직이는 연습

누구나 무게를 들어 올리기 유리한 기술 동작으로 바벨이 신체 중심선에서 가깝게 움직이는 동작을 구사하려 하지만 개개인의 신체적, 기술적, 체력적인 특성에 따라서 변화하는 기술 동작과 또는 최대 무게의 증가로 나타나는 기술의 변형 동작을 고려해야 하며 수정해야 한다.

이러한 개개인 대상에 따라 변화, 변형되는 기술을 교정하기 위한 보조운동 종목의 선택은 개개인의 운동 방법의 차이로 나타나며 이는 운동 종목과 강도, 세트 및 횟수 등 교정을 위한 집중된 기술 동작 훈련에 의한 개인별 트레이닝 방법의 형태가 개인마다 달라지기 때문이다.

역도 선수의 훈련 프로그램은 개개인의 변형된 기술 동

〈그림 48〉 특성에 따른 기술의 변형 동작 수정 트레이닝

작을 보완하며 완성하기위한 훈련 프로그램의 수정으로 개인의 개별화된 특성을 가진 훈련프로그램으로 달라지는 것이 보편적이다.

〈그림 49〉은 두 선수의 자세차이는 바벨과 엉덩이의 궤적 에 따른 신체 중심이동의 차이로 나타난다. 바벨의 궤적이 뒤로 이동하는 2번 선수의 경우 풀(Pull) 동작이 느리고 신체 중심을 뒤로 이동시키며 상체를 과 신전시켜 길게 당기는 동작으로 중량의 바벨을 머리 위로 들어 올리는 스내치 앉아 받기 동작을 하는 과정에서 바벨이 뒤로 넘어가는 것을 저항하며 받아내기 위해 신체를 뒤로 이동시키는 동작을 한다.

때문에 바벨의 균형을 유지하기 위해 불균형적인 움직임을 만들며 양발이 뒤로 이동하며 역도

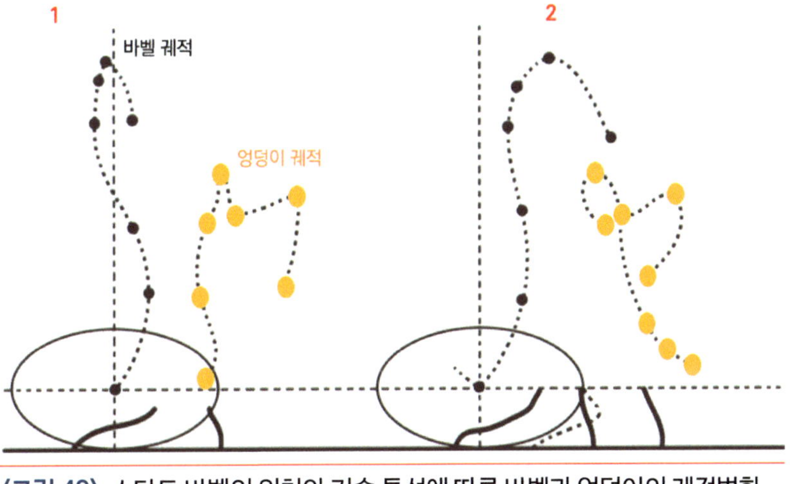

〈그림 49〉 스타트 바벨의 위치와 기술 특성에 따른 바벨과 엉덩이의 궤적변화

앉아 받기 동작을 만든다.

이러한 자세는 신체 에너지를 과 사용하게 하며 근육과 관절에 무리한 부하를 줄 수 있다.

제자리에서 바벨의 궤적이 수직으로 이동하는 1번 선수와 다르게 불필요한 동작을 하는 2번 선수는 긍정적인 역도 경기를 하기 위해 더 많은 에너지와 체력 증가가 필요해진다. 초급자의 정교한 자세를 만들기 위해서는 이를 수정하기 위한 노력이 필요하다.

하지만 프로 엘리트 선수의 경우 정교한 라스트 풀의 최대 신전 운동에 의해 조금씩 뒤로 양발의 위치가 이동하는 경우가 있으며 이는 국가대표 급 선수의 기술최대가동범위 증가에 따른 자세 변화로 정교한 기술동작에 의해 나타나야한다.

선수 개개인의 차이에 따라서 라스트 풀 동작 등, 앉아 받기의 가동 범위 등에 따라 기술 자세의 차이가 있어 최상의 기술 또는 우수 선수를 판단하기는 어렵다.

때문에 초급자 수준의 역도선 수의 경우 더욱 기초 자세의 역도 기술 습득을 고려해야 한다.

근력과 기술 수준에 따라 개개인의 필요 역도 보조 종목을 선택하며 선수 개개인의 독특한 훈련 프로그램형태가 나타난다.

이에 따라 개인의 기술 동작을 수정하고 필요 근력을 증강시킨다. 이러한 이유로 한 가지의 프로그램과 특정 각도의 동작을 전체 선수에게 적용하는 것은 선수의 경기력 향상에 부정적일 수 있다.

때문에 더더욱 기술 동작을 습득하는 훈련 초기의 선수들을 위한 집중적이며 반복적인 개개인의 특성을 이해하며 정교한 역도 자세를 습득시키는 과정은 매우 중요하다.

이러한 특성의 역도 기술 습득은 모든 선수에게 적용돼야 하며 같은 기초 자세의 기술 동작을 하며 역도 동작을 구성하는 데드리프트(Dead lift) 시작 자세에서 풀(Pull), 드롭(Drop), 클린(Clean), 딥(Dip), 업(Up), 저크 오프(Jerk Off)하는 마무리 자세까지 역도 두 종목인 인상과 용상 동작을 실시하는데 있어 개인의 신체적 특성과 경력에 따라 모든 선수들은 고유의 기술 자세가 조금씩 다르게 나타나는 현상을 이해해야 한다.

이는 세계적인 역도선수라 하더라도 바벨 궤적과 기술 동작의 관절각도는 조금씩 다르게 나타나며 국제적으로 나라별 역

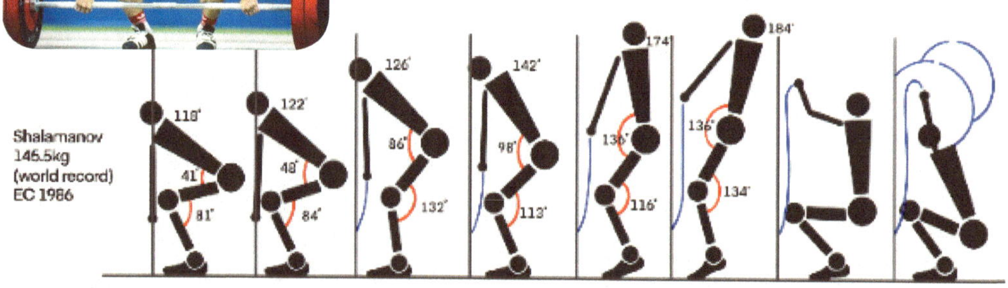

〈그림 50〉 나임 슐레이마놀루의 인상 관절의 각도 자세와 바벨의 궤적

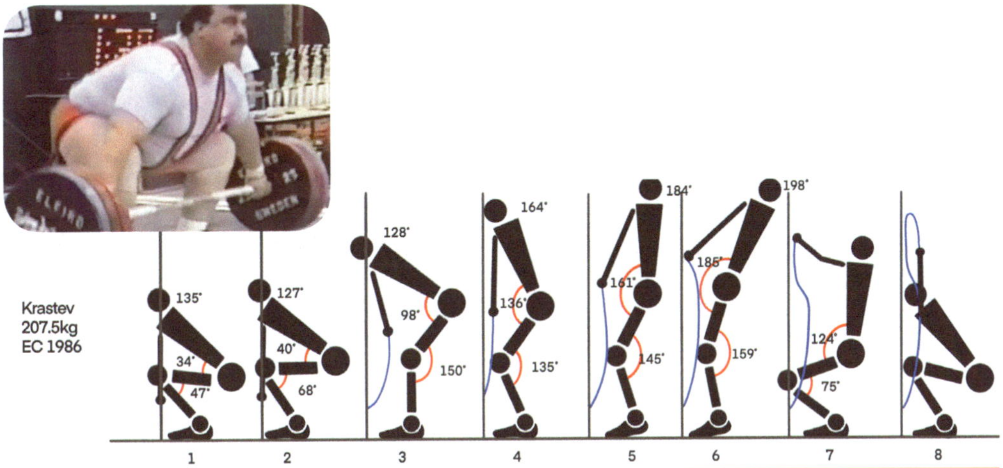

〈그림 51〉 안토니오 크라스테프의 인상 관절의 각도 자세와 바벨의 궤적

도의 기술 자세는 조금씩 다르게 나타난다. 이에 따라 개개인의 장, 단점을 수정 보완하며 개인의 특성에 따라 프로그램을 적용시켜야 한다.

터키의 나임 슐레이마놀루는 1988년 서울 올림픽에서"인간은 자신의 몸무게의 3배를 들어 올릴 수 없다"라는 통념을 깨고 60kg급에서 체중 3.18배의 용상(Clean & Jerk) 190kg를 들어 올려 세계 신기록을 수립한 선수이다. 터키의 나임 슐레이마놀루의 인상(Snatch) 145.5kg 기록의 관절의 각도 자세와 바벨의 궤적이다.

불가리아의 안토니오 크라스테프 (Antonio Krastev)는 슈퍼헤비급 선수로 올림픽 역도 선수로 1987년 체코 오스트라바에서 열린 세계선수권대회에서 인상 216kg으로 기록을 수립한 선수이다. 안토니오 크라스테프의 인상(Snatch) 207.5kg 기록의 관절의 각도 자세와 바벨의 궤적이다.

이처럼 같은 시대(1986년) 세계적인 두 역도선수 인상 기록의 기술 자세는 신체적 특성에 따라 체급과 종목에 따라 조금씩 다르게 나타나는 현상을 볼 수 있다.

이는 인체 해부학적으로 다양한 신체 구조에 따라 중량을 들어 올릴 수 있는 공통적인 기본 기술을 습득하는 과정에서 나타나는 개인적인 유전적 잠재능력과 운동 경력 및 개개인이 주로 장시간 시간을 투자하는 주 종목(Snatch, Clean & Jerk)과 보조운동 스쿼트(Squat), 풀(Pull), 프레스(Press), 데드리프트(Dead lift)등의 종목이 다르기 때문이며 같은 종목의 개인 간 양발의 위치나 바벨을 잡는 손의 너비 등의 차이가 있기 때문이다.

일반적인 역도 기초 풀 동작임에도 개인의 능력에 따라 활용하는 속도, 방향, 강도의 정도는 다르며, 대회에 참가한 모든 선수들의 데드리프트 시작 자세부터 클린과 스내치 받는 자세를 보더라도 바벨을 들어 올리는 각도, 속도 등 모든 선수의 기술 자세가 다르다는 것을 볼 수 있을 것이다(그림 52).

〈그림 52〉 선수들의 기술 자세 차이

〈그림 53〉 개개인 선수들의 기술 적용의 차이변화

또한 특정 기술 동작을 잘하는 선수와 하지 못하는 선수들을 볼 수 있으며 그것은 기술의 적응과 적용에 따라 다르게 나타나기 때문에 정교한 역도 기술 동작을 습득하고 활용하는 것은 매우 중요한 경기력 요인이며 역도 경기력에 긍정적인 작용을 하는 자세와 기술적 원리는 같다.

하지만 개개인의 기술 습득과 활용은 다르게 진행될 수 있다. 하여 역도 기술의 원리는 같다 하더라도 그 기술 동작을 개개인 선수에 적용하는 것은 쉬운 일이 아니며 정확한 기초 기술 동작을 중심으로 개개인의 특성을 고려한 훈련의 선택과 연습을 적용시키는 것이 경기력 향상에 중요하며 기술의 동작과 각도를 선수에게 적용하는 것이 아니라 개개인의 신체 조건에 따라 정교한 자세 또는 바벨의 위치를 찾아 적용시키고 수정하는 것이다.

개별적인 동작을 하는 선수들의 개개인 자세와 근육의 사용, 기술 상태를 정확하게 평가하기 위해서는 바벨을 정교하게 들어 올리는 스타트에서부터 자세 각도, 속도, 위치 등을 알아야 하며 이는 선수의 기술 평가와 자세 수정에 매우 중요하다.

선수 개개인에 따라 적합한 기술의 접근 방식이 필요하다. 또한 개인별 선수 특성에 따라 역도 기술의 접근 방식을 다르게 해야 하는 이유는 선수 자신만의 독특한 훈련 방법(스타트 자세, 그립 너비, 동작 스타일 등)과 경험 등 신체 해부학적 특징, 운동 경력, 체력적 요소가 다르기 때문이다.

역도의 기술 자세를 유지하며 무게를 들어 올리기 위한 개개인의 합리적인 기술 지식은 그 대상에 따른 개인적 특성을 고려해야 하며 역도 기술을 쉽게 습득하며 배울 수 있도록 도움이 되어야 한다.

이러한 이유로 역도 기술의 습득을 위한 특정 방법으로 역도 두 종목의 기술습득 방법은 전습법(Whole Method of Learning)과 분습법(Part Method of Learning)을 동시에 사용하고 있다.

하지만 역도 기술 습득을 위한 대표적인 습득 방법은 한 종목의 기술 동작을 여러 단계로 나누어 습득시키는 특성이 있어 많은 역도 지도자들은 선수의 기술 습득을 위한 전달 방식으로 기술을 부분적으로 나누어 습득시키는 분습법(Part Method of Learning)을 주로 활용한다.

즉, 전습법(Whole Method of Learning)은 습득시키고자 하는 내용의 전체 동작을 완전히 습득할 때까지 반복해서 하는 것이며, 분습법(Part Method of Learning)은 습득 내용을 여러 부분으로 나누어 습득시킨 후 전체적인 습득 내용을 확인하는 것을 말한다.

역도 두 종목의 기술 동작은 한 동작으로 전습법의 교육이 유리할 수 있으나 자세를 수정하기

〈그림 54〉 분습법에 의한 트레이닝 방법

위한 동작의 반복은 무거운 중량의 무게를 들어 올려야 하는 역도 훈련의 특성상 무게 부하가 높아질수록 자세의 변형을 유발하여 무게에 의해 전체 기술 동작의 습득 반복 훈련은 매우 어려우며 개인의 신체적, 경력 등의 특성으로 역도를 배우는 과정은 특정 기술 동작(기초 동작에서 습관에 의해 변형되거나 근력이 약해서 나오는 자세)등의 개인 특성에 따라 기술 습득을 고려한 분습법을 위주로 기술을 습득시킨다.

때문에 역도의 기술과 연습 동작을 세분화시킨 훈련 명칭들이 매우 다양하며 그 동작에 따라 훈련의 필요 의미(동작의 근력 발달과 수정 부위 자세의 관절각도 설정 등)를 부여하고 있다. 개개인의 능력에 따라 활용하는 역도 기술의 속도, 방향, 강도의 신체 움직임은 다르게 나타난다.

하지만 역도 경기는 규정된 역도 두 종목의 기술 동작으로 무게를 정교하게 들어올리기 위한 최상의 역학적 바벨의 위치와 관절의 각도가 존재하며 이러한 과학적 근거의 역도기술을 활용하는 것은 역도선수의 기록과 기술을 발전시키는 중요한 요소로 나타난다.

때문에 역도는 기초 동작을 정확하게 습득하는 것이 매우 중요하다. 역도에서 전습법을 활용한 기술 습득 과정은 초급자의 역도 기술을 반복 습득으로 배우는 과정에서 저 중량으로 많은 횟수를 사용하며 활용하는 경우가 많으며 중, 상급자의 경우 워밍업의 기술 동작 몸 풀기 과정에서 저 중량의 기술 동작을 반복하며 기계적인 자세의 동작을 통한 감각과 신경의 적응 발달을 위한 경우 전습법의 기술 습득 법을 사용한다.

이러한 이유로 전국의 역도 지도자들은 일반 초급자 및 선수들에 대한 기술 습득 과정과 전달 방식이 각자 매우 독특하며 다르게 이루어지는 특성을 보아며 같은 동작의 기술습득과정에서 어떤 형식(전습법과 분습법)의 교육방법을 실시하느냐에 따라 보조운동의 선택에 따라 훈련 프로그램이 변형되는 것을 볼 수 있다.

III.

Weight Lifting의 기술

1 Weight Lifting의 기본 기술

역도 경기는 자신의 능력한계의 무게와 경쟁하는 경기로서, 자신의 힘을 이용하여 바벨을 머리 위로 무작정 들어 올리는 것이 아니라 바벨의 무게 중심이 인체에서 멀리 벗어나지 않도록 하는 기초 기술이 필요하다.

역도 종목은 인상과 용상으로 구분되며 기술의 기본 원칙은 최대의 저항에 대하여 최대 힘을 규정된 기술 동작으로 그 저항을 극복하는데 있다(스포츠과학연구소, 1984).

이러한 역도 경기는 자신의 육체적, 정신적, 잠재적인 능력을 효율적으로 발휘할 수 있도록 개개인의 정교한 동작을 요하는 경기이다.

때문에 역도 기술에 대한 기본자세를 정확하게 하며 기초 기술을 습득하는 것은 매우 중요하다.

1) Weight Lifting 바벨(Barbell)을 잡는 방법

역도 경기에서 바벨을 잡는 방법은 역도 자세의 균형 유지와 반복적인 기술 유지에 매우 중요하며 개개인의 평소 훈련과 같은 그립 형태를 유지하는 것이 역도 경기에 매우 유리하다.

또한 바벨을 잡는 너비에 따라서 또는 손바닥의 크기와 손가락의 길이에 따라 역도 기술 유지에 변화를 줄 수 있다. 예를 들면 손가락이 짧은 경우 풀(Pull) 구간에서 바벨을 놓치는 경우가 나타나 양 팔에 힘이 들어가며 이런 경우 데드리프트(Dead lift) 구간에서 어깨나 승모근 등 팔 부위에 힘이 들어가 하체의 대근육군의 사용에 제한을 주며 역학적으로 다리로 지면을 강하게 누르는 지면 반력을 강하게 사용해야 하는 풀(Pull) 구간에서 하체 근력과 관절 각도에서 나오는 힘을 효과적으로 발휘할 수 없어 풀(Pull)이 짧아지는 경우를 볼 수 있다.

〈그림 55〉 훅 그립 스내치(Snatch) 동작 수행

역도 경기에서 규정된 동작을 정교하게 수행하기 위해서는 데드리프트(Dead lift) 구간에서 풀(Pull) 구간까지 양 팔을 수직으로 핀 상태를 유지하기 위해 바벨을 잡은 손은 훅 그립을 사용하는 것이 바람직하다.

또한 역도 훈련을 위한 여러 가지의 트레이닝 방법을 습득하는 과정에서 정교한 그립방법의 습득은 기술과 근력 발현에 중요한 역할을 한다.

바벨을 잡는 그립 방법의 변형은 역도 기술을 변형시킬 수 있어 지속적인 그립 방법을 유지 사용해야 한다.

이러한 역도 연습과 훈련에서 바벨을 잡는 그립 방법은 크게 5가지 형태로[언더 그립(Under Grip), 리버스 그립(Reverse Grip), 오버 그립(Over Grip), 훅 그립(Hook Grip), 섬리스 그립(Thumbless Grip)로 나누어지며 그중 역도선수들의 시합이나 연습에서는 3가지 그립 형태(오버 그립, 훅 그립, 섬리스 그립)를 많이 사용하며 특히 훅 그립을 가장 많이 사용한다.

(1) 오버 그립

손바닥 면을 몸 쪽으로 향하게 하며 바벨을 잡는 방법으로 훅 그립과는 다르게 엄지손가락이 집게손가락을 감아쥐는 그립 형태이며 훅 그립과 섬리스 그립 형태는 오버 그립에 속한다.

역도선수의 경우 스내치와 저크 받기 동작에서 동작 및 푸시 프레스, 밸런스 동작에서 많이 사용하고 있는 것으로 나타난다.

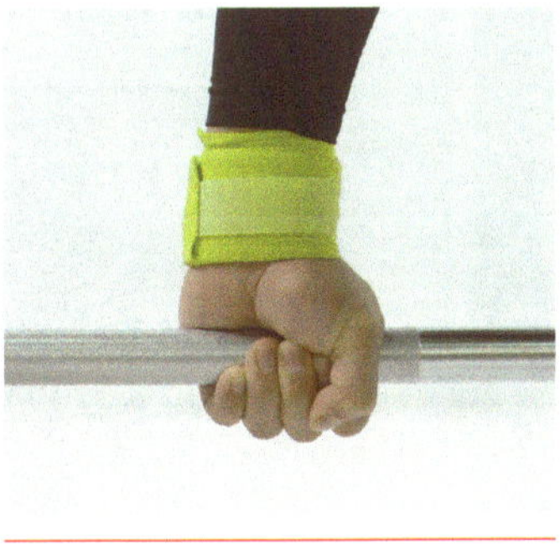

〈그림 56〉 오버 그립

(2) 훅 그립

오버 그립과 형태는 비슷하나 바벨을 잡을 때 집게손가락과 중지 손가락으로 엄지손가락을 감아쥐는 그립 방법으로 역도 경기에서 모든 선수들이 사용한다. 역도 경기 중 무게 부하를 직접 맨손으로 잡아끌어서 버티며 풀(Pull) 동작을 해야 하는 기술적 자세로 고중량의 바벨을 잡는 그립 형태를 유지하기 위해서는 손의 악력만으로 버티는 다른 형태의 그립으로는 역도 기술을 유지하기 힘들며 바벨이 손에서 빠져나가는 것을 막기 위해서 또는 기술적인 스타트 동작에서 팔 근육의 힘 조절이 가능한 훅 그립을 사용한다.

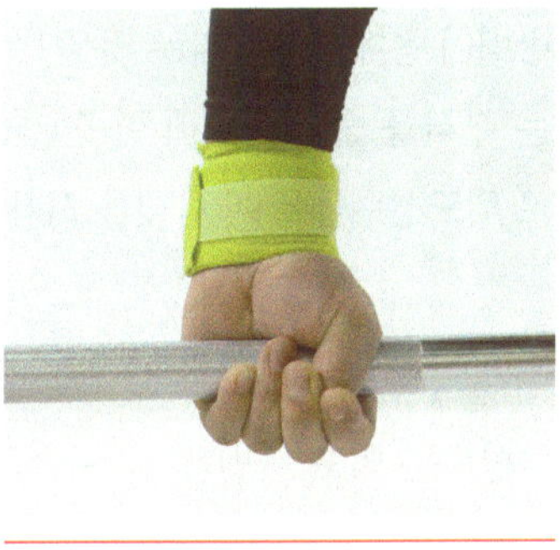

〈그림 57〉 훅 그립

(3) 섬리스 그립

엄지손가락으로 바벨을 감아쥐는 형태 없이 다섯 손가락을 가지런히 하여 바벨을 잡는 그립 방법으로 일부 역도선수가 저크(Jerk) 동작에서 사용하는 경우가 있으나 추천하지 않으며 오버 그립을 추천한다.

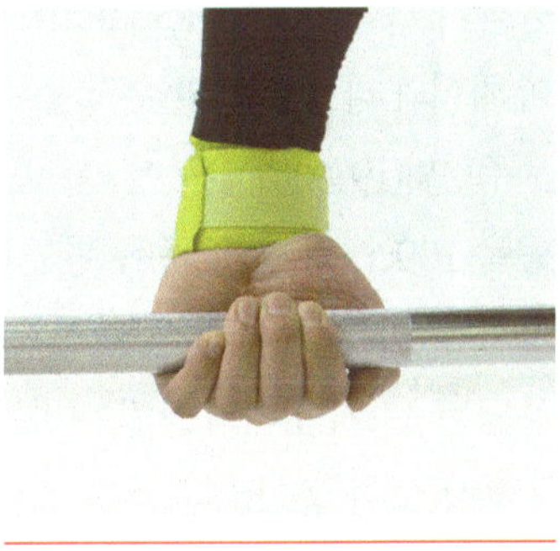

〈그림 58〉 섬리스 그립

〈그림 59〉 언더 그립

(4) 언더 그립

손바닥을 몸 바깥쪽으로 향하여 바벨을 잡는 그립 방법으로 엄지손가락이 집게손가락을 감아쥐는 그립 형태이며 역도선수의 경우 역도 이외 보조 운동 바벨 컬, 언더 그립 친업(Chin Up)등에 사용하는 그립 방법이다.

〈그림 60〉 리버스 그립

(5) 리버스 그립

양손 중 한 손은 언더 그립으로 다른 한 손은 오버 그립으로 바벨을 잡는 방법으로 파워리프팅이나 보디빌딩 선수들이 중량 부하의 컨벤셔널 데드리프트(Conventional Dead lift), 루마니안 데드리프트(Romanian Dead lift),스모 데드리프트(Sumo Dead lift) 운동 중 바벨이 몸에서 떨어지는 것을 방지하며 수직 운동을 할 수 있도록 하고 운동 중에 허리 부위로 오는 부하를 줄이기 위해 한쪽 가슴과 어깨를 펴서 기능적 자세를 유지하며 사용하는 그립 방법으로 역도선수들은 이 방법을 사용하지 않는다(그림 60).

(6) 바벨을 잡는 그립의 너비

선수는 역도 바벨을 잡는 손의 그립 너비의 폭을 항상 인지하고 연습 및 경기에서 지속적이며 정교하게 사용해야 한다.

바벨을 잡는 그립 너비의 변형은 기술 동작의 변형으로 나타나기 때문이다. 즉, 역도 클린(Clean) 동작의 그립과 스내치(Snatch) 동작의 그립 너비에 따라 데드리프트 자세의 상체 각도 및 힙의 높이 차이와 라스트 풀의 수직 높이 위치가 달라지는 기술 동작의 변형이 나타나기 때문이다.

주명덕(1998)의 연구에 따르면 인상과 용상 스타트 자세에 따른 양손 그립의 너비는 평균 인상 종목 109cm와 용상 종목 평균 65.50cm이라 하였으나 체급에 따라 대상의 신체 조건에 따라 큰 차이가 있으며 이러한 역도 경기에서 선수 개개인의 신체 조건에 따라 바벨을 잡는 그립 너비로 사용되는 3가지 형태의 그립 너비는 다음과 같다.

용상 클린 동작(Clean)을 위한 양쪽 어깨 바깥쪽 너비의 내로우 그립(Narrow Grip)이다(그림 61).

어깨 바깥쪽 양쪽 팔꿈치 너비의 미디엄 그립(Medium Grip)이다(그림 62).

그리고 인상(Snatch) 동작 그립인 와이드 그립(Wide Grip)으로 각자 개개인의 한쪽 어깨 끝 부위에서 반대쪽 팔을 벌려 중수 수지관절까지의 너비를 기초적인 와이드 그립(Wide Grip)으로 사용하며 대표적으로 스내치 와이드 그립의 바벨을 잡는 경우 양쪽 어깨너비에서 손바닥 한 뼘 정도 간격의 그립 너비를 사용한다(그림 63).

그립의 너비는 개인의 신체적인 특성(팔, 다리의 길이와 손의 크기 등)과 유연성, 근력 및 역도 기술의 형태에 따라 달라지며 선수 경력에 따라 그립의 너비를 조금씩 넓게 하는데 이는 장기간의 역도 기술 동작이 신체의 손목 유연성과 어깨와 팔의 근 발달로 신체가 적응하며 상체 관절의 근력 증가로 나타나는 현상으로 역도 기록 향상을 위한 기술의 유리한 조건을 만들어 높은 라스트 풀(Last Pull) 위치의 선점 또는 낮은 앉아 받기 자세로 변화를 주기 위해서이다.

〈그림 61〉 역도 종목의 내로우 그립 (Narrow Grip)

〈그림 62〉 역도 종목의 미디엄 그립 (Medium Grip)

〈그림 63〉 스내치 그립인 와이드 그립 (Wide Grip)

바벨을 잡는 그립 방법을 조금씩 넓히며 넓게 변화를 주는 이유는 좁게 바벨을 잡는 내로우 그립으로 바벨을 잡을 경우 미디엄그립 또는 와이드 그립보다 기술 동작에서 풀(Pull)의 높이가 아래로 낮게 나와 좀 더 넓게 바벨을 잡는 미디엄 그립보다 무게를 지탱해야 한다.

이는 수직으로 움직이는 하체 근육의 사용 % 비율을 감소시키며 무게를 버티는 상체와 팔은 최적의 앉아 받기 동작을 수행하기 위해 데드리프트(Dead lift)이후 수직 상승한 바벨의 적정 높이를 미디엄 그립 높이와 같게 유지하기 위해서 수직 상방향의 뒤로 좀 더 당기는 동작을 해야 하는

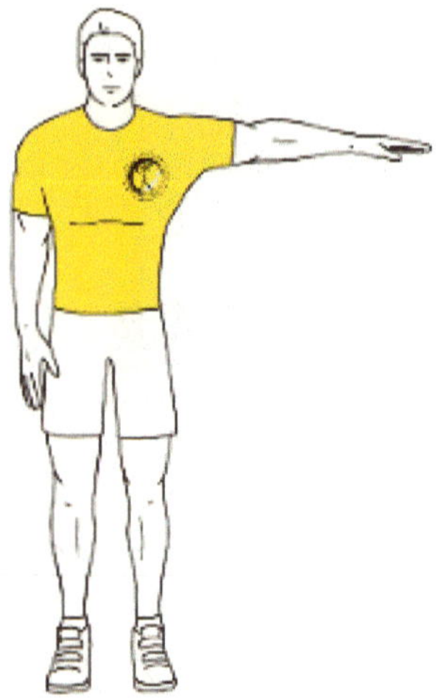

〈그림 64〉 인상 동작 바벨을 잡는 그립 너비 측정 방법

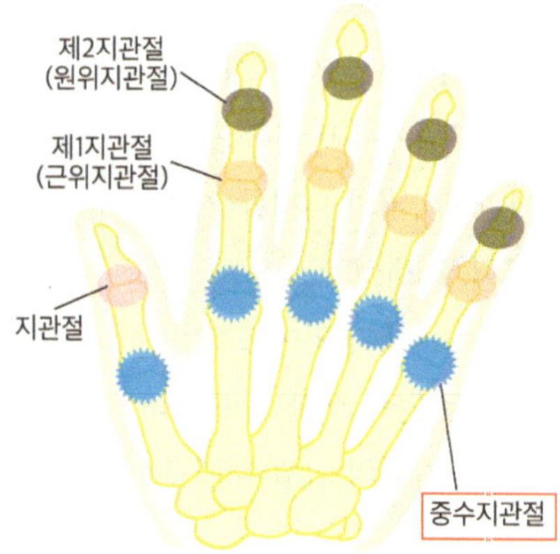

〈그림 65〉 바벨을 잡은 손의 적절한 위치

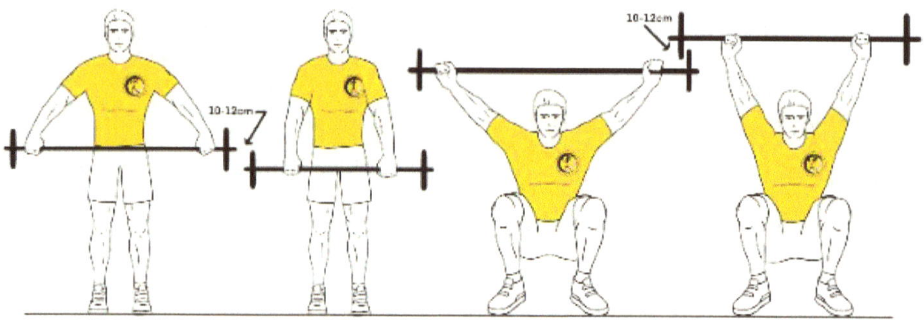

〈그림 66〉 그립으로 인한 바벨의 높이 차이

〈그림 67〉 스내치 퍼스트 풀 (Snatch First Pull) 자세

기술의 변형과 신체의 과도한 에너지를 소비시키기 때문이다.

즉, 데드리프트(Dead lift) 동작에서 바벨을 좁게 잡은 너비의 그립 형태로 인하여 바닥에서 앉아받기 동작적정 높이까지 바벨을 좀 더 길게 끌어 올려야 하기 때문이다.

대부분의 선수는 이런 이유로 그립의 너비를 조금씩 넓게 수정하며 잡는다. 경력 또는 체급과 발달된 신체 및 근육과 근력으로 그립

〈그림 68〉 데드리프트(Dead lift)의 종류

너비의 수정에서 오는 부정적인 불균형 요소들을 긍정적으로 신체에 적응하게 하며 신체를 발달시킨다.

또한 개인의 신체적 차이로 인한 그립의 너비는 개인별 차이를 보일 수 있으나 역도 기술 보조운동으로 사용되어지는 와이드 그립의 스내치 데드리프트와 양쪽 어깨 바깥쪽 너비의 내로우 그립의 클린 데드리프트의 그립 너비의 차이 이외 역도선수 신체의 특수한 근육과 근력을 발달시키기 위한 개개인의 데드리프트 보조운동으로 컨벤셔널 데드리프트, 스모 데드리프트, 루마니안 데드리프트, 스티프 데드리프트 등의 그립 너비는 클린 데드리프트 그립과 너비를 동일하게 하는 것이 역도 기술력 발달과 균형적인 신체 발달에 유리하다.

때때로 데드리프트 보조운동 동작 중 상체 근육의 자극을 더욱 증가시키기 위해 데드리프트 운동들의 그립 너비를 미디엄 그립(Medium Grip)과 스내치 그립의 와이드 그립(Wide Grip)으로 수정하며 훈련하는 경우도 있다.

(7) 역도 스트랩의 사용

역도 경기에서는 규정에 따라 스크랩을 사용할 수 없으며 맨손으로 바벨을 들어 올려야 한다.

하지만 반복적으로 바벨을 잡고 역도 연습을 해야 하는 상황에서는 정교한 기술 발현을 유지하기 위해 스트랩을 사용하여 바벨을 잡는 것이 유리하다.

특히 중량을 사용하는 기술(Pull, Dead lift 등) 동작과 중량의 바벨로 횟수를 해야하는 역도 훈련 동작에서 손의 그립이 풀리며 바벨을 떨어뜨리는 것을 방지하고 악력에 따른 기술 동작의 변형

〈그림 69〉 스트랩의 사용 순서

을 막기 위해서 또는 손바닥의 부상으로 바벨을 잡는 악력을 유지하기 어려울 때 스트랩을 사용한다.

2) 발의 위치

역도 경기는 경기대에 수평으로 놓인 바벨을 잡고 정교한 동작으로 두 종목(Snatch, Clean & Jerk)의 중량 바벨을 머리 위로 팔을 완전히 뻗어 그 상태를 유지하며 일어서는 것이다.

고중량의 바벨을 완전히 들어 올려 똑바른 자세로 서기까지 다리는 정확한 균형을 유지하고 바닥을 지지해야 한다.

이러한 균형 잡힌 자세를 유지하기 위해서 양발이 놓여있는 시작 위치는 매우 중요하며, 선수들의 경력 및 기술 특성과 신체적 조건에 따라 발이 놓여있는 위치가 변화한다.

일반적으로 발의 위치는 발바닥의 중 족지관절 위에 바벨이 수직으로 놓여있는 상태이며 양발 끝은 수평으로 한다(그림 70).

또한 발의 위치에 따라 선수의 기술 자세가 달라지며 역도 경기에서 가장 먼저 진행되어지는 기술 동작으로 데드리프트 시작 자세의 규칙적인 발의 위치는 선수 개개인의 역도 기술을 지속적으로 유지시킨다. 일반적으로 인상(Snatch) 데드리프트 자세의 발 위치와 용상(Clean & Jerk) 데드리프트의 자세의 발 위치는 동일한 자세로 진행된다. 하지만 신체 조건과 경력에 따라서 변형되며 클린 동작보다 스내치 동작에서 양발의 위치가 좀 더 넓게 진행된다.

또한 역도 두 종목의 기술 시작 자세 데드리프트(Dead lift)와 끝 자세 스쿼트(Squat)의 발 너비는 스내치와 클린(Snatch, Clean)동작에 의해 반복적으로 이동하고 원 위치 한다. 개개인 역도 선수들의 신체 관절의 각도에 따라 기술과 신체 조건에 따라서 정교하게 발의 위치를 이동시키며 원위치시키고 균형을 유지해야 한다. 이러한 발의 위치 변화는 선수들의 신체적 근육 발달의 차이로

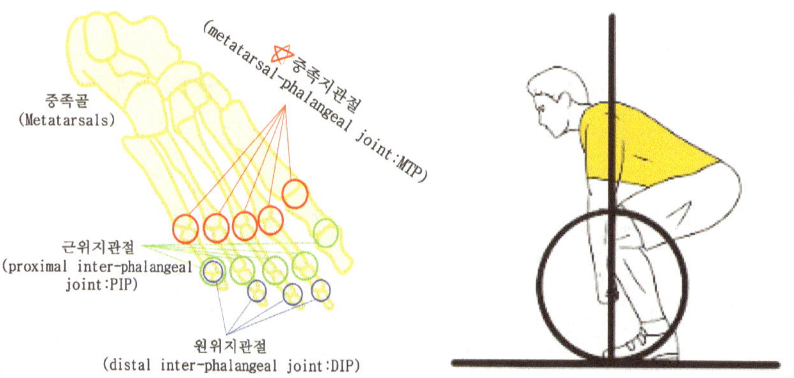

〈그림 70〉 바벨의 위치(중족지관절)

나타나며 데드리프트(Dead lift)와 앉아 받기의 스쿼트(Squat)의 발 위치 자세의 변화에 따라 역도 두 종목의 발 위치에 따라 근육과 기술 발달에 영향을 준다.

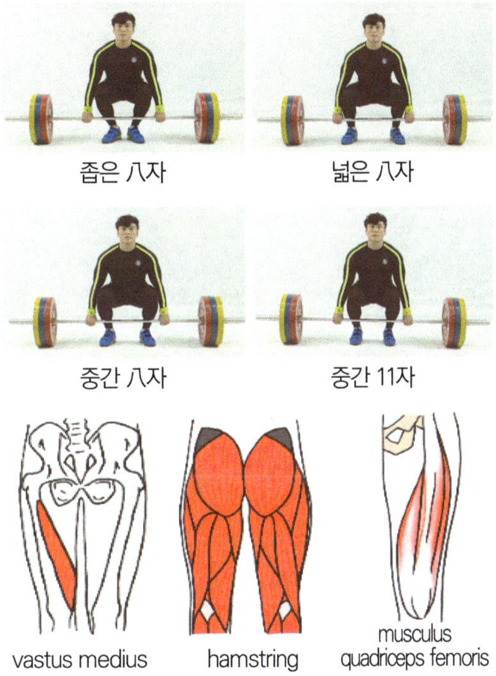

〈그림 71〉 발 너비에 따른 신체적 근육 발달

(1) 역도 바벨(Barbell)의 위치

역도 데드리프트(Dead lift)시작 자세 발의 위치에 따라서 역도 바벨의 위치는 바벨의 수직선상에서 중 족지관절에 일치하도록 놓이게 하는 것이 기본이며 이는 바벨이 몸에서 떨어지거나 기술적 신체의 균형이 중량에 의한 바벨의 무게에 끌려가는 것을 방지하여 수직 운동을 할 수 있게 한다. 하지만 각각 선수의 체형과 경력 또는 자세가 다른 역도의 두 종목(Snatch, Clean & Jerk)에 따라 조금씩 수정된다. 인상(Snatch)의 경우 중 족지관절 또는 족지관절 앞쪽으로 1~2cm 위치를 수정하며 용상(Clean & Jerk)의 경우 중족지관절 또는 족지관절 뒤쪽으로 1~3cm 위치로 수정하는 것이 이상적이다. 아래 사진에서 나타나듯이 발끝은 수평을 유지해야 한다.

또한 바벨의 위치는 역도 두 종목의 기술 동작에 따라 개인의 특성에 따라 위치가 변한다.

그러나 기본적인 역도의 기술 특성으로 역도선수 모두 무거운 중량의 바벨 중심이 인체의 중심에서 멀리 벗어나지 않도록 해야 한다.

이는 적절한 신체 에너지의 사용 및 최대 무게 증가를 위

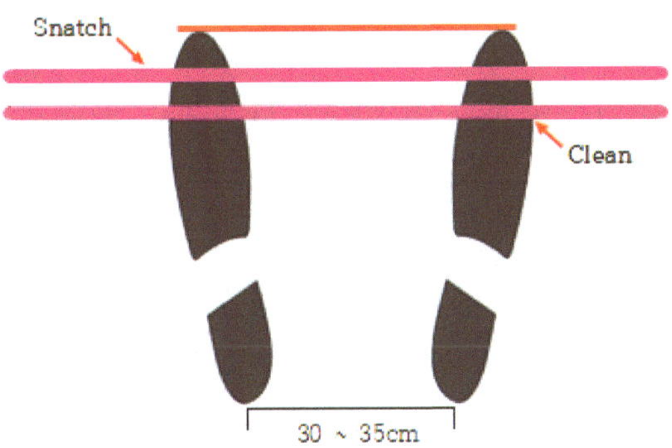

〈그림 72〉 발 너비에 따른 신체적 근육 발달

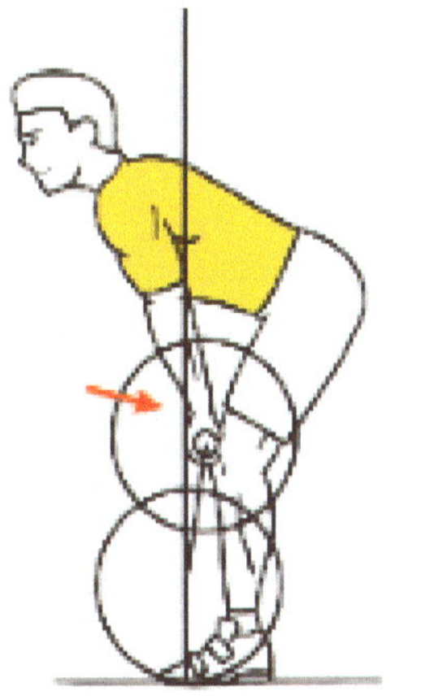

〈그림 73〉 바벨의 이동 동선

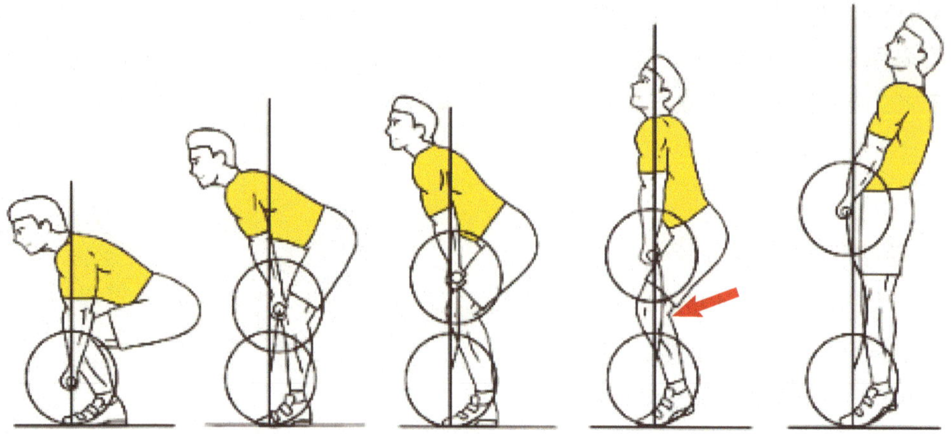

〈그림 74〉 무릎 이중 굽힘(Two Bending Technique)에 의한 풀 동작

한 효율적인 기술 자세로 바벨을 들어 올려야 하기 때문이다.

이로 인하여 역도 데드리프트(Dead lift) 시작 자세에서 바벨은 몸 쪽으로 이동하며 들어 올려져야 한다.

바벨을 최대한 몸에 밀착시켜서 움직일 때 인체는 가장 적은 에너지를 사용하여 무게를 들어 올릴 수 있으며 이러한 효율적인 신체 에너지의 사용을 위한 역도 기술의 중요 동작인 무릎의 이중 굽힘(Two Bending Technique)에 의해 바벨을 더욱 몸에서 가까이 움직이며 강하게 수직 상승시킬 수 있게 된다.

이때 바벨이 몸에서 떨어져 움직일 경우 바벨의 궤적이 크게 신체에서 벗어나 경기 실패 요인으로 나타날 수 있다.

때문에 퍼스트 풀 구간에서 세컨드 풀 구간까지의 자세를 유지해야 하며 개개인의 신체 특성에 따라 정교한 무릎 이중 굽힘 동작을 실시해야 한다(그림 74 참고).

(2) 양발의 너비

역도 데드리프트 자세 양발의 너비는 기본적으로 서양 선수의 경우 11자 모양, 동양 선수의 경우 八자 모양으로 발끝이 몸 바깥쪽으로 20~30°발 각도의 뒤꿈치 간격은 30~35cm이며 체급 또는 신체적인 특성과 유연성에 따라서 선수 개인의 어깨너비나 골반 너비로 자세를 잡는다.

또한 발의 형태적 위치에 따라서 발 너비의 폭이 조정된다. 일반적으로 인상(Snatch) 데드리프트 자세의 발 너비와 용상(Clean & Jerk) 데드리프트의 자세의 발 너비는 동일한 자세로 진행된다.

하지만 경력에 따라 달라지며 우수선수는 양발의 폭이 인상의 경우 용상의 평균 43.8cm보다 약 5.4cm 가량 넓게 벌린 평균 49.2cm로 양발의 폭이 넓다.

용상보다 넓은 이유는 인상의 경우 바벨의 최대 수직 상승을 최대한 낮게 유지한 상태에서 앉아 받기를 성공적으로 수행할 수 있어 효율적이며 이를 위해서는 양손과 양발을 상대적으로 넓게 벌려야 유리하기 때문이다(주명덕, 1998).

하여 개개인의 역도선수들의 신체 관절의 각도에 따라 기술 특성과 신체조건에 따라서 정교하게 발의 너비를 수정하며 원 위치시키고 균형을 유지해야 하며 역도 기술 동작에 지속적으로 실시 적용돼야 한다.

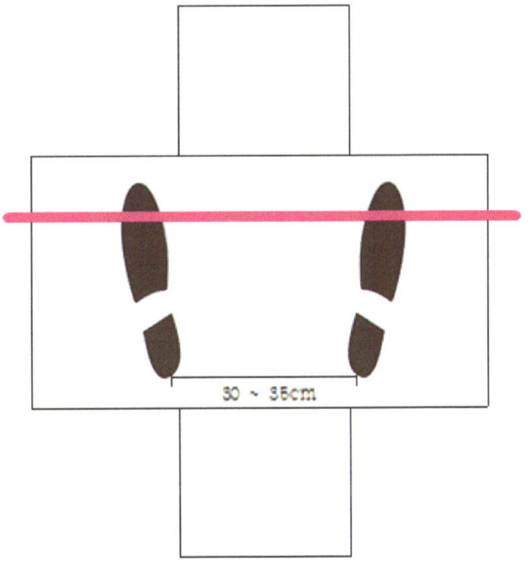

〈그림 75〉 길이 30cm, 너비 55cm 사각모형

(3) 발의 위치 형태

발의 위치 형태에 따라 두 가지 발 위치 형태, 메뚜기 형(Regular style) 11자 모양의 발 위치로 구미와 유럽의 역도선수들이 많이 사용하며 개구리 형(Frog leg style) 八자 모양의 발 위치로 아시아 선수들이 주로 사용하는 발 위치로 나누어지고 있으나, 이 두 가지의 중간형도 사용한다.

중간형은 위 두 가지 발 위치 유형의 복합 자세이다. 또한 개개인의 발목과 고관절의 유연성에 따라서 11자 형이나 八자형으로 수정시키며 사용한다.

현재는 11자 형과 중간형(11자와 八자의 복합)을 많이 쓰며 이 중에서도 중간형을 더욱 선호하는 편이며 양발의 각도에 따라 몸 바깥쪽으로 20~30°의 발 각도를 八자형의 중간형 자세가 11자 형보다 둔근과 대퇴사두근을 활성화시키는 것으로 나타나 근 활용도에 의한 능률을 높이기 위해 많이 사용하는 것으로 나타난다.

이러한 발의 위치 형태 유형은 하체 근육의 발달 형태를 다르게 만들 수 있으며 선수의 근력과 골격, 유연성 등 신체기능과 경력에 따라 다르게 결정지어지며 역도 선수의 기술 특성으로 나타난다.

① 메뚜기 형 - 두 발을 11자로 곧게 취하고, 무릎이 양 팔의 안쪽에 이르도록 자세를 잡는 동작으로 다리가 길고 상체가 짧은 서양 선수들이 많이 사용한다(그림 76).

② 개구리 형 - 두발 발끝을 바깥쪽으로 벌리고, 두 발꿈치를 좁게 모으며 양 무릎을 넓게 발꿈치와 양팔의 바깥쪽으로 내밀게 하여 개구리 다리 같은 자세를 잡는 자세로 다리가 짧고 상체가 긴 동양 선수가 많이 사용하며 특히 바벨을 몸에 더욱 밀착시키기 위해 일본 선수들이 많이 사용

〈그림 76〉 11자 형

〈그림 77〉 좁은 八자 형

〈그림 78〉 중간 八자 형

〈그림 79〉 넓은 八자 형

하였다. 현재는 양 팔의 안쪽에 이르도록 자세를 잡고 八자 모양으로 사용하고 있으나 발꿈치의 바깥쪽으로 무릎을 벌리는 동작을 하는 외국 선수들도 있다(그림 77).

③ 개구리 형과 메뚜기형의 중간형 - 발은 개구리 형의 八자 모양으로 벌리지만 무릎을 발꿈치 바깥쪽으로 내밀지 않는 자세로 한국 선수들이 가장 많이 사용하며 체급에 따라 중간 八자형과 넓은 八자형으로 사용한다(그림 78, 79).

(4) 역도 두 종목(Snatch, Clean & Jerk)의 스쿼트(Squat)를 위한 발의 위치

역도 종목 클린과 스내치의 기본적인 스쿼트(Squat) 발 위치는 골반 너비의 데드리프트(Dead lift) 시작 자세에서 개개인별 어깨 너비로 발을 벌려 균형을 유지하며 스쿼트(Squat) 동작을 시행한다(그림 80 참고).

개개인의 발목관절과 고관절의 유연성 또는 체급에 따라 역도 스쿼트(Squat) 자세의 발 너비의 위치가 달라질 수 있으며 역도 경기력을 위한 기술에서 유리한 스쿼트는 엉덩이가 바닥에 닿지 않는 범위 안에서 깊게 앉아 역도 바벨의 높이를 낮게 만드는 것이다.

역도선수의 기술 향상을 위해서는 발의 위치 변화 또는 바벨의 위치 등을 고려해야 하며 이러한 신체의 위치 자세에 따른 변화 상태를 인식시켜야 한다.

〈그림 80〉 스내치와 클린의 발의 위치변화

〈그림 81〉 관절의 유연성 또는 체급으로 인한 스쿼트 자세의 차이

역도 연습에서 지속적인 기술 자세를 유지시키며 신체 발달을 정교하게 하는 일은 매우 중요하다. 때문에 정교한 기술을 만들기 위해서는 지속적인 기술 자세의 반복에 의한 근육과 근 신경의 발달이 필요하며 같은 기술 동작으로 반복적이고 지속적인 훈련이 되어야 한다.

이에 따라 정교한 기술의 분석과 초급자의 운동 방법으로 "Murray Crossrr"에 의해 만들어진 동명칭의 바벨과 신체 위치를 정교하게 기록할 수 있는 모형을 사용하는 것이 유리하다(그림 82 참고).

이것은 30cm 길이, 55cm 너비 사각선 안에 양발이 들어간 상태로 체급에 따라서 신체 특성과 관절의 유연성을 고려하여 너비를 수정하며 발의 위치를 정확하게 기록하고 평가하는 방법으로

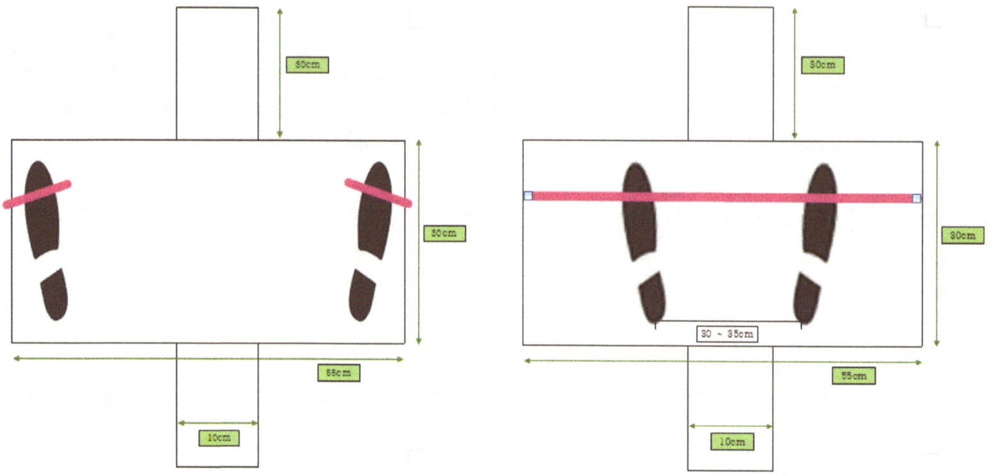

〈그림 82〉 발의 위치

〈그림 83〉 발목 관절의 유연성으로 인한 보충 장비 활용

훈련대상과 특성에 따른 발의 위치를 이해시키며 역도 기술 동작을 균일하게 활용 지속시켜 역도 기술 습득을 수월하게 하는 모형이다.

또한 초급자의 경우 앉아 받는 스쿼트(Squat) 자세에서 발목관절 유연성이 떨어져 정상 발목 각도가 나오질 않아 발꿈치가 뜨거나, 앉은 자세에서 허리나 등이 둥글게 말리는 경우 역도화의 뒷굽 자체를 높이거나 발꿈치를 높여줄 수 있는 여러 높이 형태의 보충 장비(높이가 18~20mm의 2.5~5kg 원판이나 나무판자)를 활용하여 앉은 자세의 관절 각도를 만들며 발의 위치를 수정하여 트레이닝 되어야 한다.

이러한 트레이닝에 의한 장시간의 신체 무게 부하 적응은 고관절과 무릎관절 및 발목관절의 유연성을 증가시킬 수 있다.

스쿼트 동작에서 발목관절의 각도가 전혀 나오질 않는 경우 우수한 역도선수로서의 기본 트레이닝과 기술 및 역도 전문 근력을 형성하는데 상당한 어려움이 있으며 장기간의 발목 유연성 증가를 위한 노력이 필요하다.

즉, 발목관절 및 고관절의 유연성과 하체 근력 발달을 위해서는 발목관절 각도를 수정하며 발꿈치를 높여주는 보충 장비에 의해 하이 바 백 스쿼트(High Bar Back Squat)나 프런트 스쿼트(Front Squat)를 연습시킨다.

그러나 이러한 자세 연습으로도 심각한 발목관절 및 고관절의 유연성에 문제가 있어 동작과 자세가 정자세로 연습을 할 수 없는 선수의 경우 레그 프레스(Leg Press), 로우 바 백 스쿼트(Low Bar Back Squat)형태의 트레이닝을 추가로 연습하며 하지 근력을 발달시켜야 한다.

또한 로우 바 백 스쿼트(Low Bar Back Squat) 형태 자세에서 발의 위치는 하이 바 백 스쿼트(High Bar Back Squat)보다 양발의 너비를 좀 더 넓게 위치시켜야 한다.

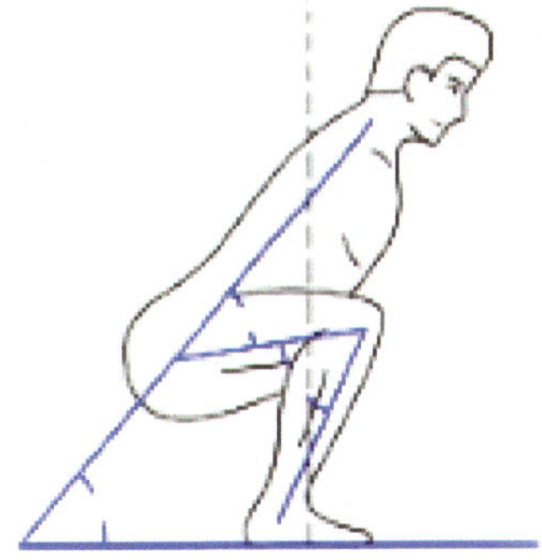

〈그림 84〉 Low Bar Back Squat

이러한 자세의 발달은 특수한 경우이며 대부분의 역도 선수들은 유리한 역도 경기의 기술 동작을 위해 깊은 앉아 받기 동작을 해야 하므로 로우 바 스쿼트(Low Bar Squat) 동작은 하지 않으며 프런트 스쿼트(Front Squat)와 하이 바 백 스쿼트(High Bar Back Squat)를 주로 사용하여 근력과 유연성을 증가시킨다.

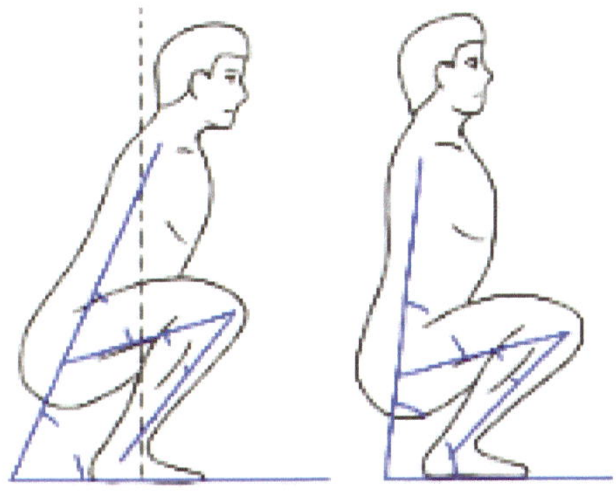

〈그림 85〉 High Bar Back Squat / Front Squat 관절각변화

깊은 앉아 받기를 하며 무게 바벨을 지탱하기 위해서는 척추는 곧게 세워져 있어야 하며 이러한 자세를 만들어 내기 위해서는 개인의 신체적 특성에 따라 발의 위치를 수정해야 한다.

바벨의 무게에 의한 척추 관절의 손상을 근육과 관절의 각도에 의해 기술적인 자세로 보호해야 하기 때문이다. 허리가 구부러진 상태에서 앉아 받기 자세로 무게를 내리거나 들어 올리는 것은 부상으로 이어지는 역도 기술에 불필요한 자세이므로 관절의 유연성과 신체의 위치와 각도를 정교하게 하며 기술을 유지해야 한다.

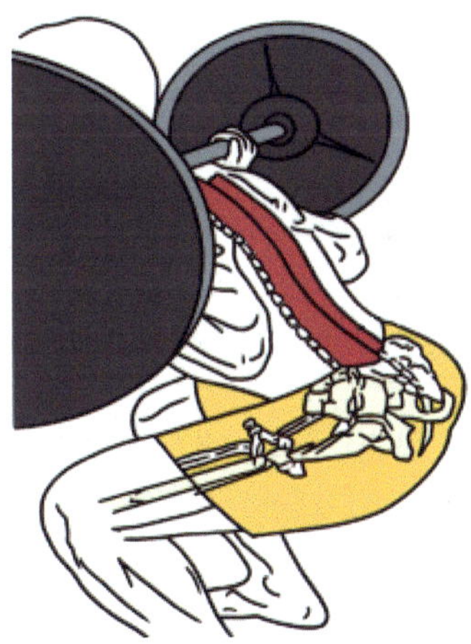

〈그림 86〉 스쿼트 동작 시 무게 부하를 받는 주요 척추관절부위

이러한 이유로 역도선수의 신체 위치, 관절의 각도 등에서 나타나는 발목관절 및 고관절의 유연성은 역도선수의 부상 및 기술 자세와 경기력에 직접적인 영향을 준다.

특히 스쿼트(Squat)의 발 위치와 직접적인 연관성을 가지고 있는 발목관절의 유연성 저하는 발의

〈그림 87〉 프런트 스쿼트(Front Squat)

위치를 넓히거나 변형시켜야 하므로 정교한 역도 기술 동작과 자세에 의한 무게의 증가뿐만 아니라 우수선수로서의 성장을 방해한다.

이는 발목관절의 유연성 저하의 각도에 의해 발 위치의 변화(90°무릎 각도로 서 있는 정강이 형태)로 역도선수로서 정교하게 앉아 받기 스쿼트(Squat) 자세나 데드리프트(Dead lift) 동작의 자세를 변형시키기 때문이다.

즉, 발목관절의 유연성 저하는 스쿼트(Squat) 자세뿐만 아니라 기본적인 역도선수들의 데드리프트(Dead lift) 자세에서 중심을 후면으로 이동시키며 등이 둥글게 말리는 현상이나 발목 각도에 의해 신체 중심의 불균형을 만들며 고중량의 바벨을 들어 올릴 수 없는 자세를 만들어 부상을 줄 수 있다. 역도운동 초급자들의 발목 유연성을 신중하게 측정하고 마찬가지로 신체 관절의 유연성을 신중하게 고려해야 한다.

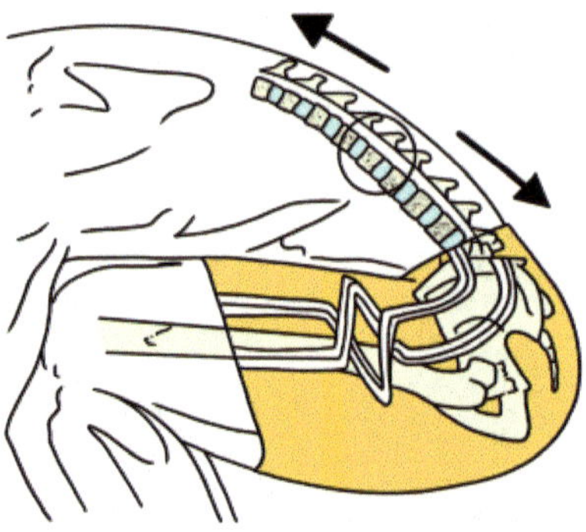

〈그림 88〉 등이 말릴 시 손상 부위

또한 스쿼트(Squat)자세에서 발의 위치에 따라 기술과 근육 발달의 차이를 주며 개개인의 신체적 특성을 만든다.

〈그림 89〉 허리를 세운 자세(좌),
등이 말린 자세(우)

Paoli(2009)는 30°각도의 八자형 발의 너비가 둔근과 대퇴사두근의 발달을 증가시킨다고 하였다.

이러한 이유로 최대 근력의 동원 능력을 발달시키며 신체의 가장 큰 근육을 사용해야 하는 역도 기술 자세의 기본 동작인 데드리프트(Dead lift)와 스쿼트(Squat)의 발 위치 자세는 개개인의 특성에 따라 달라진다.

개구리 형(Frog Leg Style)좁은 八자형은 내측광근에 좀 더 많은 자극을 주며 중간 八자형이나 메뚜기 형(Regular Style)11자 모양의 발 위치로 11자형의 발 위치는 대퇴 사두근의 자극을 강하게 준다.

고관절의 가동 범위와 유연성에 따라 달라질 수 있으나 좁은 11자 형태의 스쿼트 자세는 고관절의 가동 범위를 줄여 깊게 앉아 받는 자세에서 엉덩이와 기립근의 협응을 방해하며 무릎 관절의

〈그림 90〉 발끝의 위치와 무릎의 위치 수직

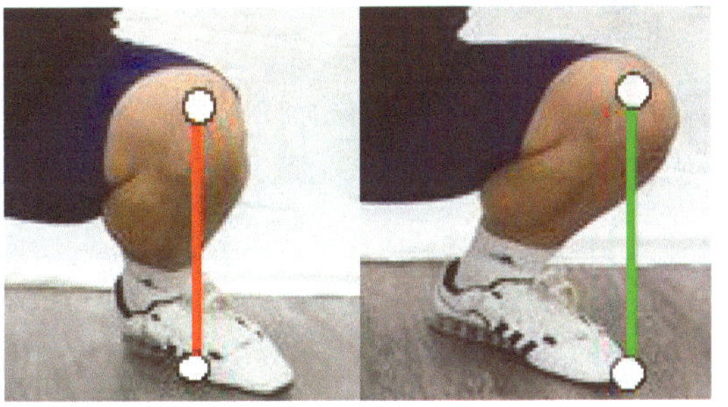

〈그림 91〉 발끝, 무릎의 위치가 잘못된(좌) 바람직한(우)

무리를 줄 수 있다.

때문에 넓은 11자 형태의 스쿼트 자세나 넓은 八자형의 자세가 둔근과 대퇴후면의 자극을 좀 더 강하게 주며 발달시킨다. 선수 개개인의 고관절의 유연성에 따라 스쿼트(Squat) 자세 또는 데드리프트(Dead lift) 자세에서 발의 위치가 변화하며 신체적 또는 기술적 특성으로 나타난다.

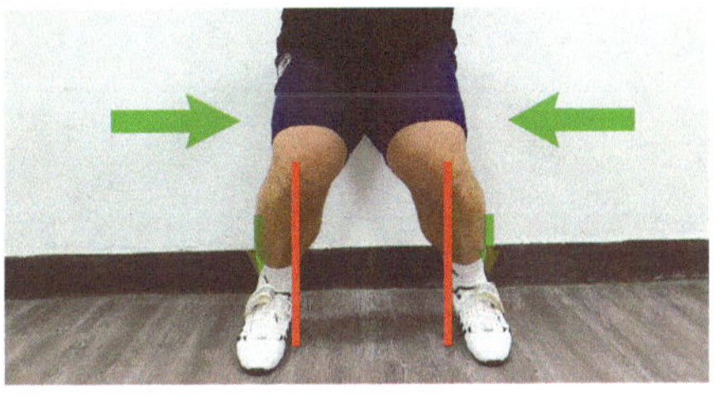

〈그림 92〉 부상을 만드는 무릎 관절각도

이러한 발목관절의 가동 범위와 고관절의 내전, 외전 기능에 따라 발의 위치는 정교한 역도 기술 자세를 만드는데 매우 중요하다.

또한 발목관절의 가동 범위에 따라 발의 위치 각도에 대한 역도 두 종목의 스쿼트(Clean, Snatch) 동작에서 또는 보조운동의 백 스쿼트(Back Squat), 프런트 스쿼트(Front Squat), 데드리프트(Dead lift) 동작에서 발끝의 위치와 무릎의 위치는 수직으로 일직선 자세를 고정시켜야 하며 발의 위치에 따라 무릎의 위치도 같이 동일한 각도로 움직여야 한다.

발끝의 위치보다 무릎의 위치가 내측 또는 외측으로 각도가 벗어날 경우 관절의 부상으로 이어질 수 있다.

중량의 무게를 들어 올려야 하는 신체의 관절 각도는 항상 정교해야 하며 잘못된 자세의 각도로 연습과 훈련을 하는 동작은 신체의 부상으로 나타난다.

(5) 역도 용상 종목(Clean & Jerk)의 스플릿 저크(Split Jerk)의 발 위치

용상(Clean & Jerk) 기술 동작의 마지막 단계로서 저크(Jerk) 동작은 성공 여부에 따라 용상 종목의 성, 패를 나누는 중요 기술 요인이다.

때문에 기본적인 기술 동작을 몸에 익히기 위해서는 발의 위치를 정확하게 알고 정교하게 동작을 수행해야하며 고 반복 연습을 실행해야 한다(그림 93 참고).

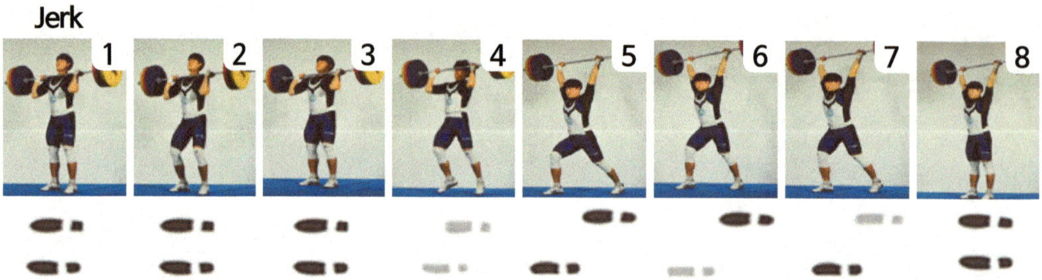

〈그림 93〉 스플릿 저크(Split Jerk) 발 위치변화

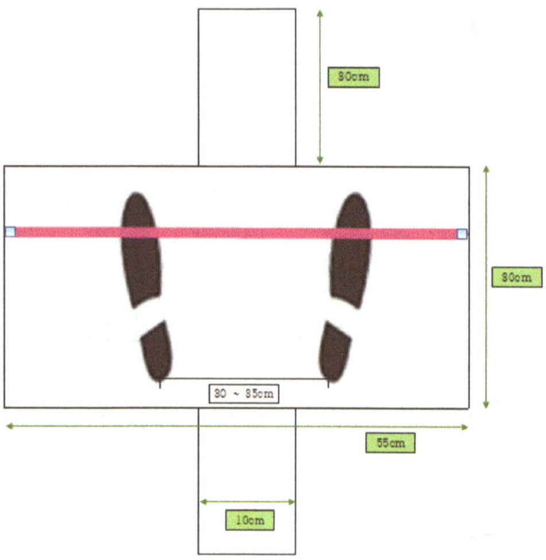

〈그림 94〉 기본적인 데드리프트 자세의 발 위치

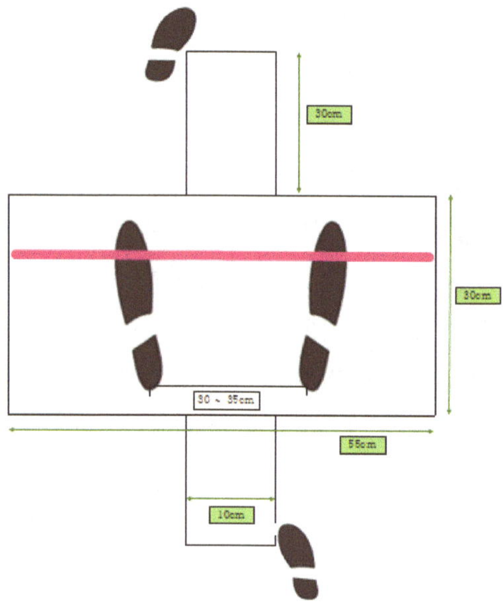

〈그림 95〉 스플릿 자세의 발 위치

기본적인 자세는 데드리프트(Dead lift) 자세의 발 위치에서 스플릿 자세(Split)로의 발 위치로 움직여 다시 원위치하는 방법으로 Cross에 의해 만들어진 Murray Cross의 신체의 궤도를 측정하기 위해 만들어진 모형을 활용한다.

세로 사각 판(길이 90cm, 너비 10cm)에서 앞발 위치는 앞 사각 판 30cm 끝 부위(좌, 우측)에 나가는 발에 따라 발의 아치 부위가 몸 안쪽으로 -15~-25°각도 경사도로 걸려있는 자세를 취하게 하고 뒷발의 위치는 뒤 사각 판 30cm 끝 부위(좌, 우측)에 지지하는 발에 따라서 발꿈치가 들린 몸 바깥쪽으로 -10~-20°각도 경사도 상태로 중 족지관절 위치 발바닥에 힘을 주어 자세를 취하며 저크(Jerk) 기술 동작의 이상적인 균형을 유지하며 바벨을 들어 올려 원위치하고 두발을 모으는 동작을 하기 위해 노력한다.

고전적인 스플릿 저크(Split Jerk)의 앞, 뒤로 벌려지는 발 위치 거리는 저크 동작을 하기 위한 준비 자세로 두 발을 모으고 있는 위치에서 앞발은 한발 반 너비에서 두 발 너비로 앞으로 전진시키며, 뒷발은 두 발 너비에서 세 발 너비 뒤로 발을 후진시키며 저크의 발 위치와 너비를 사용한다.

하지만 최근 들어 발의 위치각도 자세가 경사도 없이 11자 형태로 저크를 하는 기술 동작 또한 보여지고 있으며 스플릿 저크 자세가 숙달되면서 또는 기술의 개인적 특성으로 스플릿 저크의 앞, 뒤로 벌려지는 발 위치 거리를 두 발 위치에서 앞발은 한발 너비, 뒷발은 두 발 너비로 줄이고 있다.

이는 스플릿 자세로 양발을 전, 후로 벌리는 과정에서의 신체균형과 속도의 유지와 다시 심판 판정을 받기 위해 또는 바벨을 내리기 위해 원위치로 돌아오며 두 발을 모으는 저크 오프(Jerk Off) 과정에서 수월하게 균형을 잡기 위한 개개인의 기술 변화로 본다. 하지만 초급자의 경우 기본적인 자세의 습득을 충실히 실시한 후 자세의 변화를 주는 것이 기술 습득에 유리하다.

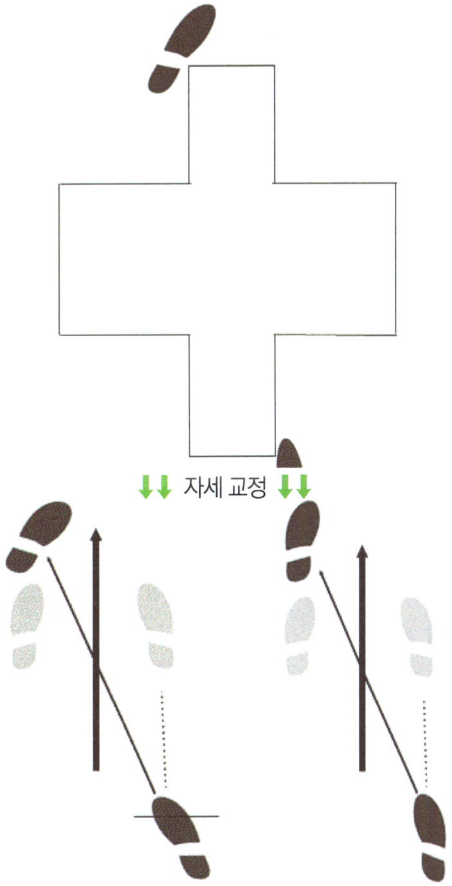

〈그림 96〉 자세습득 후 자세의 변화를 주어 기술 습득

(6) 역도 선수의 신체 구조에 따른 기술의 특성

역도 경기는 발의 위치, 엉덩이의 높이 등 바벨을 잡는 그립 방법의 차이에 따라서 기술이 변화하며 신체 및 경기력의 차이로 나타나는 정교한 기술 습득을 요구하는 종목으로 개개인의 다양한 체형에 따라 요구되는 기술과 경기력의 관계를 고려해야 하는 것은 중요한 일이다.

이러한 개념을 이해하기 위해서는 동, 서양의 대표적인 체형에 따른 기술의 변화를 이해하는 것이 필요하며 동, 서양 선수별 대상에 따라 관절의 각도는 지속적으로 달라질 수 있으며 개개인의 근력, 유연성 및 기술의 습득 차이와 경력에 따라 경기력과 기술 자세는 달라진다.

전형적인 서양 선수 체형으로 다리가 길고 몸통이 짧은 선수와 완전한 동양 선수의 체형으로 다리가 짧고 몸통이 긴 선수의 기술을 분석하고 이해하여 체형에 따라 각기 다른 선수들의 기술 기준에 의해 역도 연습과 시합 자세가 실행되어야 한다.

용상 종목의 클린(Clean)동작으로 예를 들어보면 서양 선수와 동양 선수의 스타트 자세 자체의 무릎 관절의 각도는 서양 선수의 70°로 동양 선수의 스타트 자세 45°로 25°의 차이를 보이며. 반면

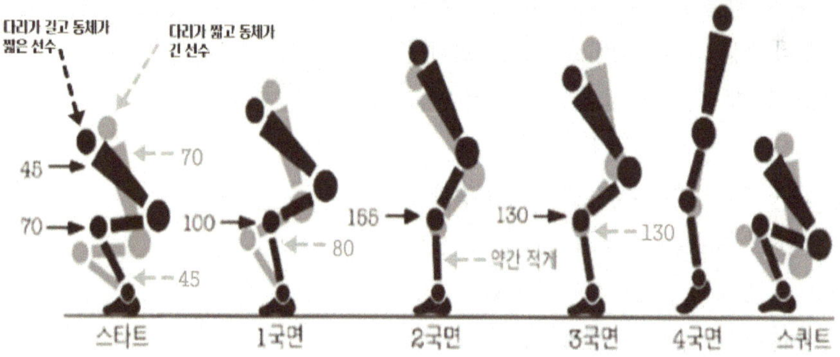

〈그림 97〉 동, 서양 신체 구조를 가진 역도선수의 클린 기술 자세

상체의 각도는 동양 선수 70°, 서양 선수로 45°로 확연한 자세의 차이를 보이고 있다(그림 97).

또한 선수의 신장 및 상체의 길이와 그립 폭에 따라 데드리프트(Dead lift) 출발 자세에 대한 개인의 차이가 있으며 인상 동작에서는 바벨을 들어 올리는 순간 무릎의 각도는 80°가 가장 이상적인 동작이다.

손발이 짧고 몸통이 긴 선수일수록 이 각도가 작고, 반대로 손발이 길고 몸통이 짧은 선수일수록 이 각도가 크다(양무신, 1990).

서양 선수의 경우 기술을 시각적으로만 보면 엉덩이가 빠르게 미리 들어 올리는 동작으로 보여 질 수 있으며 동양 선수의 경우 너무 앉은 자세의 스타트로 힘들게 들어 올리는 자세로 보여 질 수 있다.

이러한 이유로 일부 초급자 선수에게서 국제적 유명 외국 선수의 자세를 모방 습득하며 연습하는 경우를 볼 수 있다.

정교한 역도 자세는 개개인의 신체 체형에 따라 교정되어야 한다. 유명 선수의 기술 동작이나 개인의 체형을 고려하지 않는 기술 자세의 틀로 선수의 자세를 수정하는 것은 경기력의 저하로 나타날 수 있다.

지도자는 역도 기술에서 동, 서양 선수의 체형과 마찬가지로 개개인의 특성에 맞게 신체 관절의 각도에 의한 기술 변화를 인지하며 선수 개개인의 신체 특성에 맞추어 역도 기술을 습득시켜야 한다.

세계 기록은 동, 서양 선수들 모두에게서 나타난다. 이는 신체의 차이가 있다 하더라도 개개인의 특성에 따른 지도자와 선수의 노력에 의해 신체와 기술발달로 나타나는 결과라 생각된다.

② 역도 두 종목의 기술

역도 경기 인상(Snatch)종목과 용상 종목(Clean & Jerk)의 기술적 자세의 단계별 규정 동작을 이해하고 습득하는 과정에서 좀 더 세분화된 자세의 설명이 필요하여 국내, 외적인 영상 분석을 통한 역도 기술동작 자세의 규정보다 좀 더 세분화된 역도 기술 동작 명칭을 좀 더 나누어 구분 동작의 이해를 돕고자 한다.

일반적인 역도 기술동작 구간의 설명은 인상(Snatch) 종목의 경우는 다음과 같이 4단계로 구분 된다.

- 퍼스트 풀(First Pull) 자세 바벨의 무릎 높이까지 자세.
- 세컨드 풀(Second Pull) 자세 바벨이 무릎 위에서 대퇴 2/3지점까지 올리며 몸통을 완전히 펴 뒤꿈치가 들려지는 자세.
- 앉아 받기(Squat Drop) 동작 구간 스쿼트 자세.
- 일어서기(Stand) 동작 구간.

용상(Clean & Jerk) 종목의 경우 앞서 설명한 4단계와 더불어 다음과 같이 구분된다.

- 일어서기(Stand) 동작 이외 저크 동작으로 저크 딥(Jerk Dip) 저크 무릎을 굽히는 자세.
- 저크 업(Jerk Up) 바벨을 머리 위로 올리는 동작.
- 저크 스플릿(Jerk Split).
- 푸시 저크 (Push Jerk) 바벨을 받는 자세.
- 저크 오프(Jerk Off) 다리를 모으고 서 있는 자세.

위와 같이 8단계로 규정하며 역도 기술 동작을 설명하고 있으나 역도를 배우는 초기 과정의 선수나 학생은 운동을 수행하며 동작에 대한 올바른 기술 습득 과정에서 좀 더 세분화 된 명칭의 설명이 필요하다. 때문에 기술 습득의 오류를 줄이기 위한 기술의 명칭을 스타트(Start) 자세, 라스트 풀(Last Pull) 자세 등으로 기술자세 명칭을 추가하여 설명한다.

일반적으로 세컨드 풀(Second Pull) 동작은 풀 익스텐션(Pull Extension) 또는 라스트 풀(Last Pull)과 동일한 명칭으로 사용하고 있으나 세컨드 풀 동작은 바벨이 무릎에서 양발이 지면에서 떨어지는 순간의 자세까지의 설명으로 구간 설명의 습득이 세분화 되지 않은 관계로 세컨드 풀(Second Pull) 동작 이후 라스트 풀(Last Pull) 동작을 추가하여 역도 기술의 구간 설명을 하려 한다.

세컨드 풀(Second Pull) 동작에서는 끌기(Dead lift)의 기능뿐만 아니라 역도 기술에서 가장 중요한 동작인 이중 무릎 굽힘 기술(Two Bending Technique)을 구사하기 때문이다. 단순히 바벨을 끌어 올리는 동작에서 정교하게 무릎을 바벨 밑으로 위치시키면서 바벨의 수직 상승 속도의 감속을 방지하며 강력한 고관절 신전근을 발현하여 바벨의 수직 속도를 더욱 강화한다. 때문에 역도 두 종목의 기술 속도를 빠르게 증가시킨다.

이러한 동작 이후 다시 수직 상승 속도의 바벨을 강력한 몸통 신전에 의해 유지시키며 풀업(Pull Up) 동작과 앉아 받기 직전 동작을 실시하는 동작의 설명을 돕고자 한다.

1) 스내치(Snatch)의 기술

인상(Snatch) 종목은 한 번의 연속 동작으로 무거운 중량의 바벨을 머리 위로 두 팔을 펴서 들어 올리는 역도 경기의 한 종목이다.

전통적인 인상(Snatch)역도 경기는 양손을 사용하여 동작을 실시하는 두 가지 형태(Squat Snatch, Split Snatch)로 나누어져 있었으나 현재 많은 선수들은 스쿼트 스내치(Squat Snatch)

〈그림 98〉 두 가지 기술 형태의 스내치 (Squat, Split)

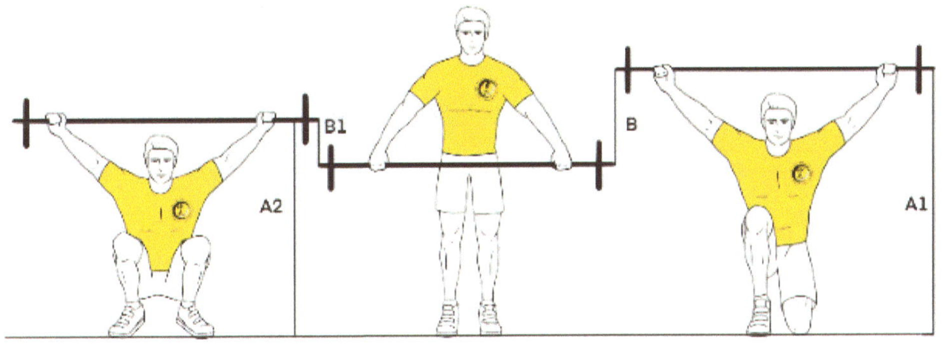

〈그림 99〉 스쿼트 스내치와 스플릿 스내치의 받기 자세 높이 차이

형태를 주로 사용하고 있다.

무거운 무게의 바벨을 3~4초 내에 빠르게 한 동작으로 들어 올려야 하는 인상 경기(Snatch)는 역도 경기 특성상 고중량의 무게 부하를 이겨내며 안정적인 역도 자세를 유지해야 하는 기술의 효율성으로 낮게 앉아 받는 자세로 바벨을 머리 위로 받아 들어 올리는 것이 경기력 성과 면에서 기술 자세로 유리하다.

이러한 이유로 스쿼트 스내치(Squat Snatch)보다 무게를 받아내는 앉아 받기 자세의 높이가 높으며 심판 판정을 위한 일어서기 동작에서 스플릿(Split)자세로 인해 앞, 뒤로 벌려진 다리를 모으며 들어 올리는 일어서기(Stand) 동작자세 균형을 유지하기가 어려운 스플릿 스내치(Split Snatch)는 실패 확률이 높은 이유로 경기력에 미치는 영향력이 떨어져 자연스럽게 현대의 역도경기 현장에서 사용하지 않고 있다.

역도 인상(Snatch) 종목에서의 스쿼트 스내치(Squat Snatch)는 고중량의 무게 바벨을 빠른 속도로 머리 위로 들어 올려야 한다.

이러한 파워 운동으로 선수들은 강인한 정신력과 순발력을 요구하며 특히 발목, 고관절 및 몸통, 어깨의 유연성이 매우 중요하다.

신체가 받는 무게 하중을 유리하게 증가시키기 위해서는 낮은 자세로 역도 바벨을 앉아 받아내야 하는 역도 근력과 기술의 특성상 균형 유지를 위한 관절의 유연성은 경기의 성, 패뿐만 아니라 우수 선수와 비우수 선수의 기준을 만들 수 있다.

이러한 인상(Snatch) 동작을 세분화 해보면 데드리프트(Dead lift)의 시작 준비 스타트(Start) 자세가 바닥에서 바벨이 떨어지는 순간 동작, 퍼스트 풀(First Pull) 자세는 바벨이 무릎 높이까지 들어 올리는 순간 동작, 세컨드 풀(Second Pull) 자세는 바벨이 무릎 위에서 대퇴 2/3지점까지 올리는 순간 동작, 라스트 풀(Last Pull)은 몸통을 완전히 펴 뒤꿈치가 들려지는 순간 동작, 앉아 받기(Squat Drop) 동작으로 나누어지며 라스트 풀 동작이 완료된 후 인체가 스쿼트 자세를 취하면

〈그림 100〉 스내치(Snatch) 동작의 세분화

서 바벨 밑으로 빠르게 파고 들어가는 동작 후 일어서기(Stand) 동작으로 나누어진다.

또한 역도선수는 경기에서 바벨을 들어 올리는 과정의 마지막 기술 동작은 무게를 안전하게 내리는 동작임을 인식하고 올리는 무게 부하 수준에 따라서 고관절을 거쳐 내리거나 또는 바닥에 직접 부상 없이 바벨을 내려야 한다.

바벨을 내리는 기술 또한 신장성 근 수축의 근력을 자극하며 역도 기술 발달을 위한 반복 동작을 가능하게 하며 전문 근력 발달에 매우 유리하게 작용하므로 추가적인 동작 연습이 필요하다.

(1) 스타트(Start) 자세

〈그림 101〉 스타트(Start) 자세

인상(Snatch) 경기의 스타트는 중량 바벨이 플랫폼 바닥에서 떨어지는 순간까지를 규정하며 이에 따른 스타트 자세에서 나타나는 기술 요인은 다음과 같다.

모든 역도선수들은 스타트(Start) 자세에서 스내치(Snatch) 동작에 대한 기술 이미지를 강하게 그리며 경기대에 수평으로 놓인 바벨을 와이드 그립(Wide Grip) 너비로 잡고 정적으로 멈추어서 그대로 바닥을 강하게 누르며 리프팅을 하는 스타트 자세나 동적으로 힙을 활용하여 위, 아래로 움직이며 지면 반력을 이용하여 관절의 압력을 주어 발목 및 무릎의 각도를 정교하게 스타트 예비 동작을 반복하며 순간적으로 바닥을 강하게 누르고 리프팅을 하는 자세로 나눠지며 평소 연습

자세에서 나타나는 개인별 기술적 특성에 따라서 스타트를 한다.

바벨을 들어 올리는 순간 무릎의 각도는 80~110°가 가장 이상적인 동작이다. 때문에 역도 연습 상황에서 발휘하는 기술로서 스타트(Start)자세를 정교하게 규정할 필요가 있으며 신체에 적응시

키기 위해서는 여러 형태의 훈련이 필요하다.

스타트 자세에서 바벨을 잡는 그립 방법이나 발의 위치는 개개인별의 특성에 따라 달라질 수 있으나 공통적으로 긍정적인 시합 운영을 위한 스타트 자세 또한 존재한다. Dvorkin(1983)의 연구에 의하면 세계 정상급 선수들은 출발 단계에서 무릎 관절의 능동적 신전에 의하여 바벨을 경기대로부터 들어 올릴 때, 골반의 전방 상승 및 팔꿈치 관절의 신전이 일어나며, 어깨 관절은 바벨의 수직선상 또는 다소 전방으로 이동하지만 머리의 위치는 변화가 없었으며, 스타트 자세의 소요시간 평균 0.24~0.30초로 보고 하였다.

이러한 스타트 자세는 바벨의 위치와 두 발의 평행을 확인하며 팔을 벌려 동일한 너비로 바벨을 훅 그립으로 잡으며 잡은 팔은 힘을 주지 말아야 하며 위로 지그시 당기는 듯한 형태로 팽팽하게 펴서 상체의 근육들을 경직시키거나 힘이 들어가게 하지 않고 시선은 머리를 들어 전방을 주시해야 하며 다리는 무릎을 구부려 경골과 바벨이 최대한 붙어 발끝과 무릎의 각이 평행에 이르도록 한다.

바벨을 들어 올리는 과정에서 무게 중심선을 유지하기 위해서는 발목의 각도를 50~60°로 유지하는 스타트(Start) 자세를 해야 한다.

(2) 퍼스트 풀(First Pull) 자세

퍼스트 풀(First Pull) 자세는 바벨이 플랫폼 바닥에서 떨어져 무릎 높이까지 들어 올려지는 순간으로 정의하며 역도 인상 기술에서 가장 신체에 무거운 저항을 주는 각도구간으로 무게를 이겨내며 전신의 균형을 유지하여 동작을 실시해야 한다.

〈그림 102〉 퍼스트 풀(First Pull) 자세

상체는 정적 근 수축의 근력을 활용하여 발바닥 중간지점인 인체 중심의 수직에서 경골 방향으로 바벨을 이동시키며 중심을 유지해야 한다.

Baumann(1988)는 세계 정상급 선수들이 끌기 단계에서 바벨을 신체 쪽으로 잡아당기는데 이때 바벨의 궤적이 수직 상방향의 이동이 아니라 선수의 몸쪽으로 약간 당겨지며 이때 무릎, 발목, 고관절이 거의 동시에 최대로 신전되며, 그 시간차는 0.04초 이내에 불과하다고 하였다.

중량 바벨을 수직 수준의 몸쪽으로 이동시키는 속도에 따라 선수의 신체 중심이 이동할 수 있다.

속도가 너무 빨라서 앞으로 쏠리거나 근력의 약화로 너무 느려서 뒤로 밀리는 현상이 나타나는데 이는 경기의 성, 패나 부상으로 나타날 수 있다.

일반적으로 퍼스트 풀의 바벨 속도는 세컨드 풀(Second Pull) 자세에서 나타나는 가속 속도를 맞추어주는 수준의 추진 속도를 유지해야 하며 개개인의 세컨드 풀 속도에 따라 다르게 나타난다.

(3) 세컨드 풀(Second Pull) 자세

〈그림 103〉 세컨드 풀 (Second Pull) 자세

세컨드 풀(Second Pull)자세는 다리를 펴서 몸통을 들어 올려 바벨이 무릎 위에서 대퇴 2/3지점까지 올리는 순간 동작으로 규정하며 역도 인상 기술에서 가장 폭발적으로 하지의 힘을 수직 상 방향으로 이동시키는 자세이다.

세컨드 풀 자세에서는 역도 기술에서 가장 중요한 이중 무릎 굽힘(Two bending technique)동작을 사용해야 하며 역도 바벨이 대퇴의 1/3 위치에서 발목과 무릎 및 고관절을 이용하여 신체 각도를 수정하며 강하고 빠르게 전신을 신전시켜야 한다.

이때 무릎은 허벅지와 몸통 사이의 각도를 증대시키며 바벨 아래로 무릎을 이동시켜 허벅지와 경골 사이 115~120°각도를 만들며 허벅지와 몸통은 130~140°의 각도로 바벨을 수직 상승시킨다.

최적의 상체 각도는 수직을 기준으로 10~20°앞으로 기울어진 각도이다. 세컨드 풀에서의 무릎 이중 굽힘 자세의 활용은 바벨의 속도 변화와 역학적 무게 증강을 위한 최적의 신체 각도를 주며 역도 인상 기록 증가에 가장 중요한 기술 요인이다.

또한 앉아 받기를 위한 최적의 수직 높이를 만들어 내는데 가장 중요한 요소이기도 하다(예종이, 1994).

인상 동작에서의 강력한 힘의 발현은 궁극적으로 바벨을 최대 수직 상승 높이까지 들어 올리는 것이며, 이를 위해서는 풀 동작이 효율적이고 정확한 수행이 전제되어야 한다고 하였다. 이러한 세컨드 풀 자세에서 수직 상 방향으로 이동하는 역도 바벨을 곧게 펴져 있는 두 팔과 어깨로 최대한 상승시키며 다리의 발꿈치는 빨리 들리지 않도록 지면을 발바닥 전체로 누르는 자세를 유지해야 한다.

(4) 라스트 풀(Last Pull) 자세

라스트 풀(Last Pull)자세는 대퇴 2/3지점에서 몸통을 완전히 펴 뒤꿈치가 들려지며 양 발끝이 지면에서 떨어지려 하는 순간 동작으로 규정하며 무릎 이중 굽힘으로 만들어진 속도를 통하여 강력하게 수직으로 이동하는 바벨을 다시 발목, 무릎, 고관절의 최대 신전력을 통해 바벨이 앉아 받기를 위한 최적의 수직 높이까지 위로 바벨의 최고 지점으로 개개인 신장의 60% 높이 위치로 던져진 상태로 전방 및 수직 상, 방향으로 바벨을 이동하게 한다 (Baumann etal, 1988).

이때 스내치 세컨드 풀 동작에서 바벨이 최고 수직 높이까지의 평균 속도는 0.39초이며 역도 용상 클린 동작보다 0.09초 더 소요된다 하였으며 인상 동작이 용상 동작에 비해 바벨의 수직 상승 높이가 20cm 가량 높게 요구된다 하였다(주명덕, 1998).

이때 상체는 가슴을 내밀고 머리와 어깨가 후방으로 젖혀지는 것을 방지해야 하며 팔은 팔꿈치 각의 굴곡을 통하여 강하게 상승시키며 바벨이 몸에서 멀리 떨어지는 것을 조정하고 몸에 붙어 올라가도록 해야 한다.

〈그림 104〉 라스트 풀(Last Pull) 자세

이때 이중 굽힘으로 인한 다리 근력과 허리의 강력한 신전에 의해 전방으로 진행하려는 바벨의 궤적은 스타트 자세에서의 수직선과 일치되게 해야 하며 최대 신전 운동은 앉아 받기 동작을 위한 최적의 높이에서 신전 운동을 조절해야 한다.

이러한 신전 운동이 너무 지나치게 길면 앉아 받기 동작에서 받는 동작이 느려지며 속도 감각이 떨어지는 등의 불리한 실패 요인으로 작용하며 라스트 풀의 전신 수직 상승 동작에서 발끝에 의해 전신이 최대 신전되며 이 과정에서 무릎과 발끝은 일직선의 수직으로 이동해야 한다.

무릎이 허벅지 바깥쪽으로 외 회전되는 동작은 하지 말아야 하며 이는 무릎의 외 회전으로 들어 올려지는 힘은 전, 후로 분산되며 수직 운동을 방해한다.

(5) 앉아 받기 스쿼트 드롭(Squat Drop)자세

앉아 받기(squat Drop) 자세는 라스트 풀(Last Pull) 동작이 완료된 후 인체가 스쿼트 자세를 취하면서 바벨 밑으로 빠르게 파고 들어가는 순간 동작으로 규정하며 역도 인상 기술에서 가장 빠른 시간 안에 동작을 끝내야 하는 구간이며 역도 기술의 마무리 동작이다.

앉아 받기 동작은 가장 낮은 자세로 바벨을 받아내는 것이 기술에 유리하며 선수들의 신체 특성(발목, 어깨, 무릎, 고관절의 유연성)에 따라서 받는 형태가 달라진다.

앉아 받기 단계에서 스쿼트 자세를 취하면서 양팔을 곧게 뻗어 바벨을 완전히 고정시켰을 때의 바벨 높이는 선수 신장의 약 62.5~70% 지점에 위치한다(예종이, 1994).

〈그림 105〉 앉아 받기 스쿼트 드롭 (Squat Drop) 자세

라스트 풀(Last Pull) 동작으로 발끝에 의해 전신이 최대 신전되며 폭발적으로 지면으로부터 점프를 하듯 다리를 양옆으로 벌리며 아래 하 방향으로 앉아 받기를 해야 하며 신체균형을 유지하기 위한 강력한 근력이 필요하다.

앉아 받기 시 신체 중심은 바벨 중심의 수직 하방에 위치시켜야 한다(예종이, 1994).

또한 각자 개개인에 따라 균형적인 앉아 받기를 위해 최적의 수직 높이에서 어깨관절, 발목관절, 고관절의 빠른 기동성을 사용하여 균형과 자세를 유지하며 발바닥을 지면과 밀착시켜 양팔을 곧게 뻗어 바벨을 받아 앉아 받기 동작을 수행해야 한다.

역학적 인체 관절의 움직임과 효율적인 기술 동작을 수행하지 못하는 무리한 앉아 받기 동작은 신체에 과도한 관절의 힘을 사용하게 하며 신체는 안정적인 받기 동작을 실행하기 위해 가장 약한 관절인 손목, 팔꿈치, 어깨에 무리한 하중을 주어 부상을 일으킬 수 있다.

(6) 일어서기(Stand) 자세

〈그림 106〉 일어서기(Stand) 자세

일어서기(Stand) 자세는 완전하게 양팔을 뻗어 앉아 받기를 실시한 이후 원위치로 균형을 잡으며 일어서서 무게 바벨을 들고 서 있는 자세로 규정하며 역도 인상의 마무리 동작이다.

이러한 동작은 라스트 풀에서 앉아 받기 위한 최적의 수직 높이로 바벨을 빠른 시간 안에 균형과 자세를 유지하여 정지시키는 기술이 필요하며 이후 인체는 일어나기 위한 무게 중심 이동의 균형과 근력의 유지에 의한 에너지 소비를 최소화하기 위해 하체의 반동을 이용하여 균형을 유지하고 곧바로 일어나야 한다.

바벨을 들고 일어나는 순간 두 발은 동일 선상에 위치시키며 정지 상태를 유지하여 심판의 판정을 기다려야 한다.

이때 바벨을 들고 있는 상체와 양팔은 강한 등척성 근 수축 운동을 하며 무게를 이겨내며 균형을 유지해야 한다.

2) 클린 & 저크(Clean & Jerk)의 기술

용상(Clean & Jerk) 종목은 인상 경기 다음으로 하는 종목으로 두 가지의 기술 동작에 의해 중량의 바벨을 머리 위로 두 팔을 펴서 들어 올리는 역도 경기의 한 종목이다.

전통적인 용상 역도 경기에서 세 가지 형태(Squat Clean & Split Jerk, Split Clean & Split Jerk, Squat Clean & Push Jerk)로 나누어져 있었으나 현재 많은 선수들은 Squat Clean의 Split

〈그림 107〉 두 가지 기술 형태의 클린 & 저크

Jerk 과 Push Jerk 형태를 주로 사용하고 있다.

이는 인상(Snatch)경기와 마찬가지로 스플릿 클린(Split Clean)의 기술 형태에서 나타나는 경기력 저하 요인에 의해 자연스럽게 경기 현장에서 사용하지 않고 있다.

이러한 용상(Clean & Jerk) 종목은 인상 종목과 다르게 바벨을 가슴 윗부분의 어깨 전면 삼각근 위에 얹히고 몸통은 아치 형태로 앉아 받는 클린(Clean)과 일어서서 가슴에서 양팔을 곧게 펴서 머리 위로 들어 올리는 저크(Jerk) 동작으로 기술을 구분하며 일반적으로 인상 기록 대비 30% 이상의 무게 부하를 증강해서 경기를 실시한다.

따라서 인상 종목보다 인체에 무게 부하를 증가시켜 실시하는 용상 종목은 근력뿐만 아니라 고도의 기술을 요구하며 정확한 기술 습득은 경기 기록 향상에 큰 영향을 준다.

용상(Clean & Jerk)동작을 세분화 해보면 다음과 같이 나누어 진다.

① 데드리프트의 시작준비 스타트(Start) 바닥에서 바벨이 떨어지는 순간 자세.

② 퍼스트 풀(First Pull) 바벨이 무릎 높이까지 들어 올리는 순간 자세.

③ 세컨드 풀(Second Pull) 바벨이 무릎 위에서 대퇴 2/3지점까지 올리는 순간 자세.

④ 라스트 풀(Last Pull) 몸통을 완전히 펴 뒤꿈치가 들려지는 순간 자세.

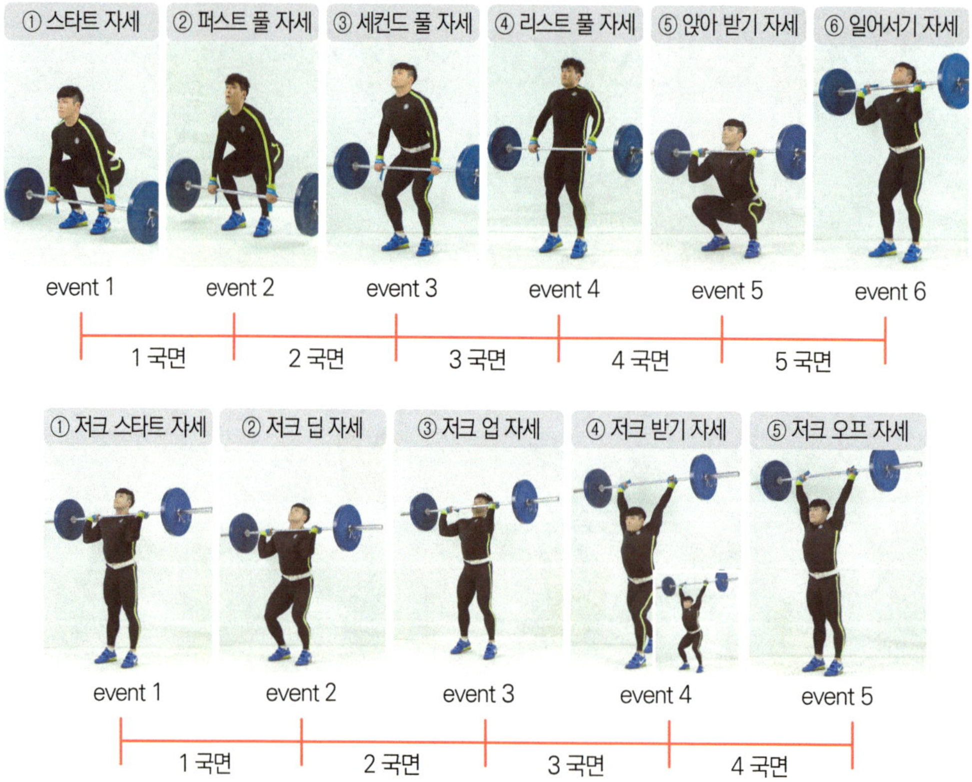

〈그림 108〉 클린 앤 저크(Clean & Jerk) 동작의 세분화

⑤ 앉아 받기(Squat Drop) 라스트 풀 동작이 완료된 후 인체가 스쿼트 자세를 취하면서 바벨 밑으로 빠르게 파고 들어가는 순간 자세.

⑥ 일어서기(Stand) 하체의 반동을 이용하여 바벨을 들고 일어서는 자세.

⑦ 저크의 준비 자세(Jerk Start) 클린 동작이 끝난 직후 바벨을 가슴 위에 올려놓고 서 있는 자세.

⑧ 저크 딥(Jerk Dip) 저크를 하기 위한 예비 동작으로 무릎을 굽히는 자세.

⑨ 저크 업(Jerk Up) 가슴에서 저크를 시작하며 무릎의 굽힘에 의한 탄성을 이용하여 바벨을 머리 위로 올리는 동작.

⑩ 저크 스플릿(Jerk Split), 푸시 저크(Push Jerk) 받기 자세로 양발을 앞, 뒤로 또는 양옆으로 벌려서 바벨을 머리 위로 양팔을 곧게 뻗어 바벨을 받는 자세.

⑪ 저크 오프(Jerk Off) 바벨을 머리 위로 양팔을 곧게 뻗어 바벨 받는 자세를 유지하며 푸시 저크 자세와 스플릿 자세의 다리를 어깨너비 또는 골반 너비로 원위치 시키며 양 발끝은 평행을 유지 일직선으로 고정하여 서 있는 자세(그림 108 참고).

또한 인상 종목과 마찬 가지로 역도 선수는 경기에서 바벨을 들어 올리는 과정의 마지막 기술 동작은 무게를 안전하게 내리는 동작임을 인식하고 올리는 무게 부하 수준에 따라서 고관절을 거쳐 또는 바닥에 직접 부상 없이 바벨을 내려야 한다. 용상의 경우 인상보다 바벨의 무게 하중이 더욱 무거워 내리는 기술 또한 매우 중요하다.

(1) 클린 스타트(Start) 자세

용상(Clean & Jerk) 경기 클린(Clean) 자세의 스타트는 중량 바벨이 플랫폼 바닥에서 떨어지는 순간까지를 정의하며 이에 따른 스타트 자세에서 나타나는 기술 요인은 인상(Snatch) 스타트 동작과 유사하지만 바벨을 잡는 손의 그립 너비가 어깨 바깥쪽 너비의 내로우 그립(Narrow Grip)으로 좁아지며 이에 따라 스타트 자세에서 발목의 각도는 70~80°로 더 커지며 고관절의 높이가 낮아진다.

〈그림 109〉 클린 스타트(Start) 자세

고관절은 무릎 관절과 높이를 일직선 수평으로 만들거나 2~3cm 높게 자세를 취하며 상체는 바닥에서 45°각도를 유지하는 것이 역도 스타트 자세에서 바벨을 수직 운동하게 하며 신체 중심을 유지하는데 유리하다.

어깨는 바벨과 수직선을 유지하거나 약간 앞으로 향하게 하여 바벨이 수직 운동을 할 수 있도록 상체의 균형을 잡아준다.

어깨와 팔은 곧게 펴 머리는 상체와 같은 경사도를 유지하며 시선은 7m 전방의 약간 아래를 향하고 두 발의 발끝은 평행으로 하여 개인의 특성에 따라 엉덩이의 너비 또는 어깨너비로 바벨은 양발의 중족지 관절 위에 수직으로 놓이게 한다.

(2) 퍼스트 풀(First Pull) 자세

〈그림 110〉 퍼스트 풀(First Pull) 자세

클린(Clean) 시작 자세에서 바벨이 무릎 높이까지 들어 올리는 순간 자세로 규정하며 인상 기록보다 고중량의 바벨을 들어야 하므로 등이 말리거나 먼저 엉덩이가 들리며 신체가 앞으로 기울어지지 않도록 유지하고 무릎은 발 앞 끝 부위와 일직선을 유지하며 동작을 실시해야 한다. 무릎이 외전 하며 바벨이 들어 올려지는 것을 방지해야 한다.

이러한 무릎 외전 현상은 바벨의 수직 속도를 저지시키며 반복 동작에 의한 부상을 줄 수 있다. 무게를 빠르게 들기 위해 상체가 하체보다 빠르게 움직이며 먼저 펴지지 않도록 적정 각도를 유지하고 버티며 바벨이 수직 운동을 하도록 하게 한다.

(3) 세컨드 풀(Second Pull) 자세

〈그림 111〉 세컨드 풀 (Second Pull) 자세

다리를 펴 몸통을 들어 올려 바벨을 무릎 위에서 대퇴 2/3지점까지 올리는 순간 자세로 규정하며 바벨이 허벅다리 대퇴의 1/3지점에서 역도 종목의 중요 기술인 무릎 이중 굽힘 동작이 시작된다.

세컨드 풀 자세는 무릎 이중 굽힘에 의해서 바벨의 속도 변화와 역학적 힘의 발현 증가를 위한 최적의 신체 각도를 만들어 내는 자세로 무릎은 허벅지와 몸통 사이의 각도를 증대시키며 바벨 아래로 무릎을 이동시켜 허벅지와 경골 사이 120~130°각도를 만들고 허벅지와 몸통은 130~140°의 각도로 바벨을 수직 상승시킨다.

용상 동작 시 바벨을 가장 빠르게 움직일 때는 세컨드 풀(Second Pull)을 할 때였으며 이때 최대 속도는 약 21m/sec로 나타났다(황태선, 1985).

때문에 역도 용상 클린의 기록 증가에 가장 중요한 기술 요인이다. 또한 앉아 받기를 위한 최적의 높이와 속도 타이밍을 만들어내는 데 중요 요소이기도 하다.

이 자세에서 양팔로 당기며 바벨의 속도나 높이를 조절하지 말아야 한다. 곧게 펴져 있는 양팔과 어깨에 의한 신체의 가장 큰 대근육군을 활용하여 강하게 무릎을 누르며 상체가 수직인 자세에서 발목과 무릎 및 고관절을 이용하여 폭발적으로 빠르게 전신을 수직 상 방향으로 신전시켜야 한다.

또한 다리의 발꿈치는 빨리 들리지 않도록 지면을 발바닥 전체로 누르는 자세를 유지해야 한다.

(4) 라스트 풀(Last Pull) 자세

클린 라스트 풀(Last Pull) 자세는 대퇴 2/3지점에서 시작하며 몸통을 완전히 펴 뒤꿈치가 들려지고 양 발끝이 지면에서 떨어지려 하는 순간 동작으로 규정하며 고관절은 후방향에서 전방 및 수직 상 방향으로 바벨을 빠르게 밀어 올리는 듯해야 한다.

무릎 이중 굽힘으로 만들어진 바벨의 속도를 이용하여 강력하게 수직으로 들어 올리는 순간 곧게 펴져 있는 양팔과 어깨 및 허리, 몸통을 사용하여 바벨은 몸과 최대한 가깝게 유지하며 최적의 앉아 받기 자세의 높이로 바벨을 들어올려야 한다.

〈그림 112〉 라스트 풀(Last Pull) 자세

이때 클린의 세컨드 풀 동작에서 바벨이 최고 수직 높이까지의 평균 속도는 0.3초이며 인상 풀 동작이 용상에 비하여 0.09초 더 소요된 것으로 나타났다(주명덕, 1998).

이러한 라스트 풀 자세에서 적절한 클린 앉아 받기 자세는 그 이상의 높이로 바벨을 들어 올리는 것은 라스트 풀 이후 앉아 받기 동작 타이밍에 비효율적이며 클린 기술 자세에 불리하다. 클린 동작 시 앉아 받기를 위한 바벨의 높이는 신장의 65%이며 앉아 받기를 완성한 높이는 신장의 45%이다(신동철, 1993).

역도는 정교한 기술 자세를 유지하며 바벨 속도를 컨트롤 하여 역도 특성의 근력을 증강 시키는 종목이다.

고중량을 사용하는 클린 동작에서 불필요한 기술 동작은 자제해야 한다. 무리하게 무게를 들어올리기 위한 기술로서 머리와 어깨가 후방으로 젖혀지는 라스트 풀 동작을 하며 바벨의 높이를 높이려 최대 신전하여 앉아 받기 동작을 할 경우 앉아 받기 기술 동작 속도가 느려지고 동시에 신체와 바벨이 아래로 떨어지는 동작이 나타나 이를 받아 버티며 일어서야 하는 신체 관절에 부상을 줄 수 있으며 대표적으로 무릎 관절의 부상으로 나타난다.

또한 신체의 활용 에너지 효율성이 떨어져 경기력에 불리한 영향을 줄 수 있다.

(5) 앉아 받기(Squat Drop) 자세

〈그림 113〉 앉아 받기 (Squat Drop) 자세

라스트 풀 동작이 완료된 후 인체가 스쿼트 자세를 취하면서 바벨 밑으로 빠르게 파고 들어가는 순간 자세로 규정하며 인상 동작과 마찬가지로 앉아 받기 동작은 가장 낮은 자세로 바벨을 받아내는 것이 역도 기술에 유리하며 라스트 풀(Last Pull) 동작으로 발끝에 의해 전신이 최대 신전되어 폭발적으로 지면으로부터 점프를 하는 순간에 다리를 양옆으로 벌려 하 방향으로 양발을 정렬하며 앉아 받기를 해야 한다.

역도 클린 앉아 받기 동작에서는 바벨보다 빠르게 팔꿈치를 앞으로 내밀어 최대한 바벨이 높은 위치에서 가슴 윗부분의 어깨 전면 삼각근 위에 얹히고 몸통은 아치 형태로 바벨을 받아 몸통의 중심을 유지하며 낮은 자세로 앉아야 한다.

이때 바벨이 떨어지는 속도를 몸통으로 제어하지 않으면 무게를 이겨내지 못하여 몸에서 바벨을 떨어지게 할 수 있다. 낮은 자세의 앉아 받기 동작에서는 가슴과 등을 곧게 세우며 복압을 활용하여 자세를 유지 시키고 등 부위의 후면 양어깨가 아치 형태로 모아 팔꿈치는 어깨와 일직선으로 바벨의 무게 중심이 앞으로 이동하는 것을 막아야 한다.

클린 동작 시 팔꿈치는 전면으로 90°를 유지하여 가슴높이로 들어 바벨을 쇄골 위에 놓고 삼각근의 힘으로 받쳐 드는 것이 바람직하다(양무신 외, 1990).

이때 팔꿈치가 무릎에 닿아서는 안 되며 등이 구부러지는 것을 막아야 하며 발목과 무릎은 관절의 제한된 범위까지 굽혀 대퇴 후면 부위가 종아리에 닿아 앉아 받는 자세의 바벨 무게 중심을 발목과 어깨가 일직선 상에 오도록 해야 한다.

〈그림 114〉 일어서기(Stand) 자세

(6) 일어서기(Stand) 자세

앉아 받기를 실시한 이후 원위치로 균형을 잡고 일어서서 바벨을 가슴 위에 들고 서있는 자세로 규정한다.

가슴 위에 바벨을 들고 있는 자세에서 용상의 두 번째 기술 동작인 저크(Jerk) 동작을 수행하기 위해서는 앉아 받기 자세에서 신체는 최소한의 에너지를 소비하며 일어서기(Stand) 동작을 수행하여야 한다.

때문에 일어서기 동작은 하지 근력의 에너지 소비를 최소화하기 위해서 하지 관절의 탄성을 활용하며 팔꿈치는 앞쪽에서 위로 올리고 머리는 약간 뒤쪽으로 빼서 어깨는 수평을 유지하고 등을 곧게 펴서 수직으로 일어나야 한다.

용상의 두 번째 기술인 저크(Jerk) 동작을 완벽하게 수행하기 위해서는 안정적이며 정확한 한 번의 동작으로 클린의 일어서기 동작을 수행해야 한다.

(7) 저크의 준비(Jerk Start) 자세

클린 동작이 끝난 직후 바벨을 가슴 위에 올려놓고 서 있는 자세를 저크 준비 자세로 규정하며 가슴 위에 바벨을 들고 있는 자세에서 용상의 두 번째 동작인 저크(Jerk) 기술 동작을 원활하게 수행할 수 있도록 짧은 시간 안에 호흡을 가다듬으며 양발을 정렬하고 바벨과 몸이 바닥과 수직선상에 서서 손은 자연스럽게 바벨을 잡고 팔꿈치는 어깨와 수평으로 움직이지 않아야 한다.

바벨의 저항을 이겨내기 위해 등은 아치형을 유지하며 상체가 곧게 펴져 있는 자세로 호흡을 통하여 복압을 상승시키며 바벨의 무게 중심은 발의 중앙에 위치하며 준비한다.

〈그림 115〉 저크의 준비 (Jerk Start) 자세

(8) 저크 딥(Jerk Dip) 자세, 무릎을 낮추는(Dip) 동작 자세

저크를 하기 위한 예비 동작으로 무릎을 굽히는 자세로 규정하며 저크의 준비 자세(Jerk Start)에서 상체가 곧게 펴져 있는 자세를 유지하며 호흡을 통하여 복압을 상승시키고 완전한 신체균형을 만든 상태에서 무릎을 굽히는 자세가 이루어지며 아주 짧은 시간 안에 몸통의 움직임 없이 10~15cm 아래로 무릎의 각도는 105~110°내외로 내리는 적정 지점에서 바벨을 멈추며 다음 동작을 수행할 수 있도록 무릎을 낮추는(Dip) 동작을 해야 한다.

〈그림 116〉 저크 딥(Jerk Dip) 자세, 무릎을 낮추는(Dip)동작 자세

무릎을 굽히는 각도가 너무 작거나 너무 크면 다음 기술 동작 올림(Up) 동작을 수행하기 위한 최적의 힘과 속도에 의한 짧고 빠른 굽히기로 무릎을 낮추는(Dip) 동작은 신전 동작에 영향을 준다.

시선은 전방을 향하고 발바닥 전체로 지면을 누를 수 있어야 하며 몸통과 양팔은 움직임 없이 고정된 상태 그대로 저크 딥(Jerk Dip) 동작을 수행해야 한다.

(9) 저크 업(Jerk Up) 자세 , 올림(Up) 동작 자세

〈그림 117〉 저크 업(Jerk Up) 자세, 올림(Up) 동작 자세

가슴에서 저크를 시작하며 무릎의 굽힘에 의한 탄성을 이용하여 바벨을 머리 위로 올리는 동작으로 규정하며 이때 신체는 무릎 굽힘과 신전의 연속 동작으로 발목, 무릎, 고관절의 굽힘과 대퇴사두, 비복근, 기립 근 등에 의한 탄력적인 신전 동작을 통하여 수직 상 방향으로 빠르고 강하게 근육을 수축시켜야 한다. 정적인 동작의 몸통과 양팔은 하지의 굽힘과 신전에 의한 바벨의 수직 탄성을 이용하여 상 방향으로 양팔을 곧게 펼 수 있도록 하며 바벨과 몸통은 수직선상에서 신체 중심을 유지하며 움직여야 한다. 팔꿈치는 하 방향으로 내려가지 않도록 몸통과 같이 움직여야 하며 전, 후, 좌, 우로 치우치거나 흔들리지 않도록 한다.

따라서 무릎을 굽히는 동작은 바벨을 높이 밀어 올리기 위하여 하지 반동을 얻어내기 위한 동작으로 무릎 관절의 굴곡 각이 작은 쪽보다 큰 쪽이 유리하나 무리하게 무릎 굽힘 각이 커지면 오히려 저크를 위한 큰 반동을 얻을 수 없다.

마찬가지로 저크 업(Jerk Up)의 최대 신전 또한 정해진 범위를 초과하거나 너무 낮게 신전시키지 말아야 한다. 개개인의 신체적 특성에 따라 무게 부하와 관계없이 저크 딥(Jerk Dip) 110~120°, 저크 업(Jerk Up)을 위한 무릎 각도 160~170°의 적정 각도를 유지하며 최대 하지 반동을 얻어낼 수 있도록 하는 것이 바람직하다.

(10) 스플릿 저크 (Split Jerk), 푸시 저크(Push Jerk) 받기 자세

양발을 앞, 뒤로 또는 양옆으로 벌려서 바벨을 머리 위로 양팔을 곧게 뻗어 바벨을 받는 자세로 규정하며 무릎 굽힘과 신전에 의한 탄성으로 바벨이 수직 상 방향으로 올라갈 때 두 다리는 최대한 낮고 빠르게 스플릿 저크(Split Jerk) 앞, 뒤로 벌리거나 푸시 저크(Push Jerk) 양옆으로 골반 너비에서 스쿼트 자세 어깨너비로 벌리며 양발이 동시에 지면에 닿아야 하며 양팔 또한 양발과 동시에 뻗어지며 바벨을 받아야 한다.

양팔을 뻗는 자세에서 양발과 양팔이 동시에 받기 동작과 착지 동작이 이루어져 스플릿 저크(Split Jerk) 또는 푸시 저크(Push Jerk)받기 자세를 만들어야 한다.

이때 스플릿 저크(Split Jerk)의 앞발과 무릎의 각도는 직각을 유지하며 동시에 양팔을 수직으로 뻗어 어깨가 귀 옆 또는 뒤에 위치하도록 하며 바벨을 고정시킨다.

스플릿저크(Split Jerk)자세에서는 바벨과 몸통의 위치가 수직선상에 있어야 하며 대부분 앞발

〈그림 118〉 스플릿 저크(Split Jerk) 받기 자세(좌),
푸시 저크(Push Jerk) 받기 자세(우)

보다 뒷다리의 폭이 좀 더 길고 다리와 다리사이의 거리는 골반너비로 15~35cm정도 개인 간 체급과 기술의 차이에 따라 다르며 수평으로 같은 위치에 정렬되어 앞다리 무릎 각은 90°내외이며 무릎 관절각은 100~120°로 뒷다리는 앞다리의 지지대 역할을 할 수 있도록 무릎 관절각은 130~150°수준으로 개인 간 차이가 있으며 무릎과 앞 발꿈치 가 일직선이 되어야 몸통의 균형 각도를 유지하게 된다.

푸시 저크(Push Jerk)의 경우 내로우 그립(Narrow Grip), 미디엄 그립(Medium Grip)의 스내치 밸런스 동작으로 앉아 받기를 실시한다. 턱과 머리는 전방으로 가슴 쪽에 위치하게 하며 시선은 전방의 약간 밑으로 둔다.

(11) 저크 오프(Jerk Off) 자세

바벨을 머리 위로 양팔을 곧게 뻗어 바벨을 받는 자세를 유지하며 스플릿(Split) 자세의 다리와 푸시 저크(Push Jerk) 자세의 스쿼트 너비의 다리를 어깨너비나 골반 너비로 모아 고정하여 서 있는 자세로 규정하며 역도 용상 동작의 마무리 동작이다.

스플릿 저크(Split Jerk), 푸시 저크(Push Jerk) 자세로 바벨과 어깨와 몸통의 위치가 수직선상에서 균형을 유지하며 두 발은 천천히 앞발부터 반보씩 모아야 하며 한 번에 다리를 모으는 동작은 중심이 무너져 저크(Jerk) 동작

〈그림 119〉 저크 오프(Jerk Off) 자세

을 실패하는 경우가 있다.

두 다리는 수평으로 같은 위치에 정렬시켜 안정된 정지 상태를 유지하여 심판의 판정을 기다리며 완전한 성공 판정까지 근육의 긴장을 풀어서는 안되며 저크 오프(Jerk Off) 자세는 중심을 유지하며 자세를 실시하는 것이 매우 중요하다.

이러한 역도 자세를 구분해서 습득하는 것은 역도의 기술 동작 습득에 매우 중요하며 역도 기술의 교정 연습에 기초적인 자료를 제공한다.

3) 클린(Clean)과 스내치(Snatch) 기술의 차이

앞서 언급한 바와 같이 역도선수들의 기술 자세는 그립 방법이나 양발의 위치에 따라 신체 골격의 길이에 따라 기술의 특성이 나타나며 대표적인 역도 두 종목의 기술 자세 또한 신체 조건에 따라서 정교하게 발의 너비를 수정하며 바벨을 잡는 위치에 따라 변화하는 기술의 각도를 이해하며 적용시켜야한다. 역도 동작의 정교한 균형을 유지시키기 위해서는 역도 기술 동작의 양손 그립 너비와 양발의 위치 등 기술 변화를 줄 수 있는 요소들을 찾아 지속적으로 실시 적용돼야 한다.

역도 경기에서 두 종목(Snatch, Clean & Jerk) 모두를 완벽하게 잘하는 선수가 있는 반면 역도 두 종목의 특성에 따라서 용상(Clean & Jerk)을 잘하는 선수 또는 인상(Snatch)을 잘하는 선수로 나누어지는 선수층을 볼 수 있다. 이는 인상 종목과 용상 종목의 기술 특성으로 나타나는 현상이다.

또한 개개인의 신체 능력에 따라서 근력과 기술의 차이로 나타나는 현상으로 용상과 인상 기술 동작에 따른 이해와 연습이 필요하다. 우수 역도선수 인상과 용상의 유사한 동작으로 클린(Clean)과 스내치(Snatch) 동작을 비교해보면 다음과 같다.

역도 경기의 규정된 동작에 따라 클린(Clean)은 어깨 바깥쪽 너비의 좁은 그립으로 바벨을 잡고 스타트를 하는 반면 스내치(Snatch)는 한쪽 어깨 끝 부위에서 양손의 한 뼘 벌린 너비 또는 반대쪽 팔을 벌려 중수 수지관절까지의 너비를 기초로 양팔을 벌려 넓은 그립으로 바벨을 잡고 스

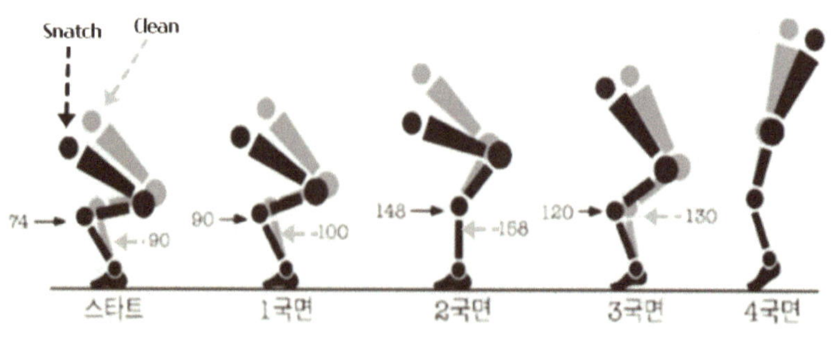

〈그림 120〉 스내치와 클린의 신체 관절 각도의 차이

타트를 하는 바벨 그립에 따라 스타트 자세의 신체 관절 각도가 달라지며 나타나는 기술의 차이는 데드리프트(Dead lift)시작 자세에서 인상 동작의 어깨 높이가 개인에 따라 달라질 수 있으나 기본적으로 용상 스타트 자세보다 10~15cm 낮아지며 무릎 관절의 각도는 90°로 인상 스타트 자세의 74°보다 평균 15°가 커지며 클린 스타트에서 무게를 수월하게 들어 올릴 수 있는 차이로 나타나지만 좁은 그립으로 바벨을 잡고 있어 퍼스트 풀(First Pull)까지의 걸리는 시간이 스내치 퍼스트 풀 동작에 비해 길며 느리다.

스내치에서 3국면은 평균 0.13초가 걸리고 클린에서는 세컨드 풀(Second Pull) 동작이 3국면에서 평균 0.15초가 걸리며 이때 무릎 관절의 각도는 Clean(158°)이 Snatch(148°)보다 크다.

하지만 Hunter(1974)의 연구에서는 선수의 신장 및 상체의 길이와 그립 폭에 따라 출발 자세에 대한 개인차가 존재하고 있다고 보고하였다.

역도의 동작 수행에 있어 대상의 신체 특성에 따라 각도는 변화한다. 역도는 정교한 기술에 의해 중량의 바벨을 들어 올리는 경기로 기술 동작의 작은 차이가 역도 경기력과 연관이 있다. 때문에 이러한 역도 종목인 클린(Clean)과 스내치(Snatch)의 기술 특성을 고려하며 적확하게 구분하여 트레이닝이 실시되어야 하며 세분화할 수 있어야 한다.

또한 두 종목(Snatch, Clean & Jerk)의 시작 자세에서 라스트 풀(Last Pull) 구간까지의 상 방향 수직 운동 중 바벨과 어깨는 동시에 같은 속도로 움직여야 하며 바벨의 상 방향 수직 이동 중 멈추는 구간이 있어서는 안 된다. 이는 정교한 기술 동작에 변형을 줄 수 있기 때문이다.

Ⅳ.

Weight Lifting
훈련지도 방법

역도 경기 및 훈련을 처음 접하며 역도의 기술을 습득하는 초기 과정은 향후 경기력의 발달 측면에서 매우 중요하다.

처음 역도를 배우는 선수 및 초급자들은 정교한 기술 자세를 이해하며 습득해야 한다. 잘못된 기술 동작이 지속적으로 개인의 역도 자세에 노출될 경우 차후 정교한 자세로 동작을 수정하는 일은 매우 어렵기 때문이다.

개개인의 잘못된 동작 습관은 부상 및 기록의 저하로 나타나며 잘못된 기술 자세를 수정하는 일은 역도를 처음 시작해서 배운 기간보다 훨씬 오랜 기간을 자세 교정에 투자해야 하기 때문이다.

역도 지도자는 이러한 잘못된 동작을 방지하기 위하여 역도 자세에 대한 토론과 설명, 사진, 영상 등의 자료를 제공하여 동작에 대한 정확한 기술을 인식시켜 주어야 하며 인상(Snatch)과 용상(Clean & Jerk)을 실시하는 다양한 기술들을 정확하게 장시간 복합적인 방법으로 지도 및 습득시켜야 한다.

이러한 역도 기술의 교육과 습득으로 선수는 전문 근력의 강화와 심리적 목표를 완성하며 경기에 대한 가능성을 인식하고 훈련을 지속시켜 나갈 수 있기 때문이다.

역도 지도자는 역도 기술의 기본을 정확하게 습득시키는 것에 특별한 주의를 기울여야 한다. 이러한 역도 기술 동작의 습득 지도 방법으로는 앞서 언급한 지도 방법으로 역도 동작을 한 번에 전체 자세를 반복하며 역도 자세를 수정하는 전습법과 동작을 단계별로 나누어 자세를 수정하는 분습법을 사용한다.

일반적으로 국내 역도 지도자의 경우 지도 대상(국가대표, 실업팀 선수, 대학생)이나 상황(시합,

〈그림 121〉 분습법을 통한 자세 교정 및 수정

연습)에 따라 달라질 수 있으나 인상(Snatch)과 용상(Clean & Jerk) 기술의 향상을 위해서 대부분 부분 동작 기술을 나누어 집중 연습하는 분습법으로 역도 기술의 완성된 동작을 만들어내고 있다.

1 스내치(Snatch) 기술 연습

1) 스내치 스타트(Snatch Start) 자세의 연습 방법

초보자의 역도 훈련은 바벨로 다가가 두 발을 바벨 아래 위치시키며 자세를 잡는 것부터 시작된다.

일반적인 두 발의 거리 간격은 골반 너비이며 개개인의 기술적, 신체적 특성에 따라 어깨너비, 등으로 달라지며 두 발끝을 평행으로 하여 바벨을 중 족지관절 위에 수직으로 올려놓는다.

바벨은 정강이에 가까이 위치시켜 스타트를 하게 해야 한다. 스타트 자세에서 바벨이 정강이로부터 떨어져 스타트 동작을 하면 바벨이 몸과 멀어진 거리만큼 동작과 자세에 변형을 주어 많은 신체 에너지를 소비하게 한다.

스타트 자세에서 양팔을 위로 당기듯 팽팽하고 곧게 펴 승모근과 견갑골을 수직으로 일어나는 동작 자세를 취한다.

이때 퍼스트 풀 동작으로 연결하며 데드리프트의 시작 자세를 해야 한다. 이러한 스타트 자세를 너무 오랫동안 시간을 끌며 집중하는 것은 신체 에너지를 소비하게 하고 근육을 경직시킬 수 있다.

이러한 기초 스타트 기술 자세로 바벨에서의 발의 위치, 무릎과 어깨의 위치, 엉덩이의 높이, 바벨과의 거리 및 발바닥의 중심점 등의 관계를 정교하게 습득하게 하며 역도 데드리프트(Dead lift) 준비 자세를 취하게 된다.

지도자는 선수의 신체적 차이와 특징에 따라 바벨을 잡는 손의 너비를 정하도록 해야 하며 선수는 바벨의 중심 위치에서 양팔을 벌려 똑같은 너비의 바벨을 양손으로 잡아야 한다.

역도의 기술 연습에서 바벨을 잡는 손의 그립 방법은 훅 그립만을 사용하게 하며 이러한 과정으로 차후 역도 경기를 준비하게

〈그림 122〉 스내치 스타트(Snatch Start) 자세

〈그림 123〉 개개인의 신체 구조에 따른 스타트 자세

한다.

역도의 스타트 자세는 상, 하체의 정적인 근 수축 운동(Isometric)과 이후 하체의 동적인 근 수축 운동(Isotonic)의 전신의 근 수축이 사용되는 기술 자세로서 상당 기간 기술 습득을 위한 신체 적응이 필요하며 기술 적응을 위한 전문적인 근력증가의 자세 연습과 근육이 필요하다.

국제적으로 나라별 기술 자세는 여러 가지의 기술 형태를 보이고 있으며 한국의 역도 자세 또한 최적의 기술 형태를 유지하기 위해 보완 수정해 나가고 있다.

위 그림 자세는 무릎관절 각에 따른 골반높이가 다른 남자 선수와 여자선수의 스타트 자세의 변화를 볼 수 있으며 남자선수대비 여자선수의 스타트 자세의 관절각도에 의해 데드리프트동작에서 신체 에너지소모량이 클 수 있으며 라스트 풀 구간의 신체 중심이 뒤로 이동할 수 있는 스타트 자세로 기술 변형이 나타날 수 있다.

역도의 스타트 자세는 동작에 따라 데드리프트 동작과 풀 동작뿐만 아니라 스내치 앉아 받기

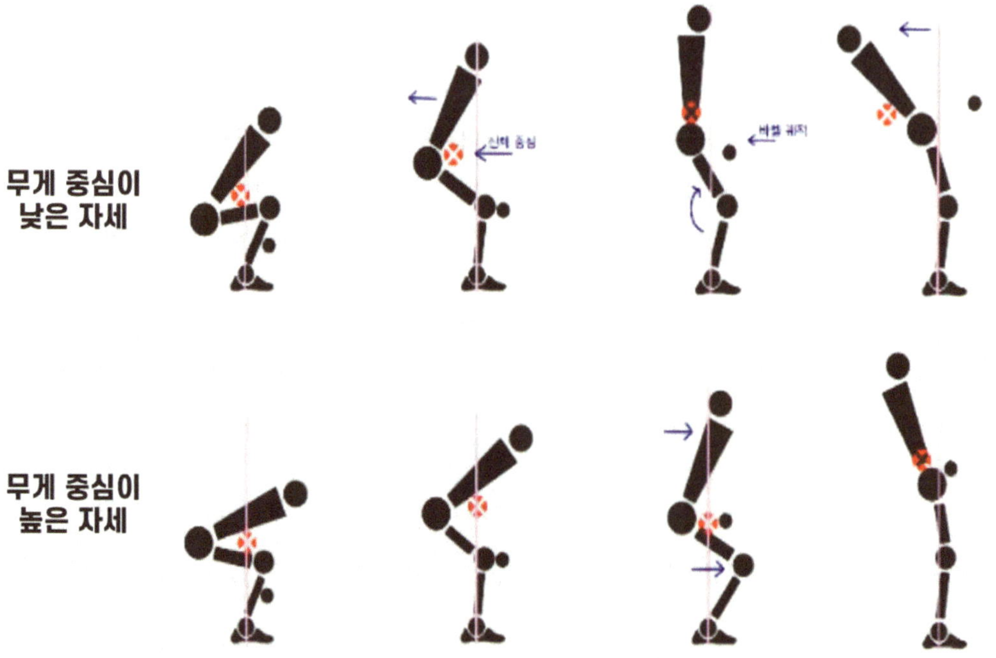

〈그림 124〉 스타트 자세에 따른 신체 중심이동변화

동작까지의 기술 동작을 변화시킬 수 있는 중요한 기초 자세이므로 정교하게 자세를 수정하며 연습해야 한다.

바벨이 플랫폼 바닥에서 들어 올려질 때 관절의 각도는 기술 발현에 매우 중요하다.

이러한 스타트 자세는 각 선수의 특성에 따라 여러 가지의 변형된 자세 형태가 존재한다.

〈그림 125〉 클린 퍼스트 풀 자세

하지만 대부분 선수의 스타트 자세에서 몸의 중심점이 뒤로 가 있는 데드리프트 자세는 수직으로 바벨을 이동시키는 풀(Pull) 동작의 변형 동작과 최상의 무릎 이중 굽힘(Two Bending Technique) 동작을 변형시키며 몸에서 바벨이 멀어지는 동작과 상체가 뒤로 지나치게 이동하며 바벨의 궤적을 크게 하여 신체의 에너지를 과 사용하게 한다.

이로 인해 앉아 받기 자세의 균형을 무너지게 한다. 기초적인 데드리프트 시작 자세는 60°수준의 등각도와 72°수준의 무릎 각도를 유지하는 것이 바람직하며 이는 최상의 세컨드 풀(Second Pull)을 만들기 위한 퍼스트 풀(First Pull) 자세에 의해 무릎 이중 굽힘의 각도를 정교하게 하며 수직으로 바벨을 들어 올리는 각도를 유지시켜 최소의 에너지에 의해 최상의 힘을 발현하게 한다.

역도 지도자는 선수의 스타트 자세에서 나타나는 기술적 행동을 주시해야 하며 스타트 기초 자세에 대한 동작으로 발목관절, 무릎관절 및 엉덩이의 높이 등 이상적인 각도와 동작을 지도해야 한다.

역도 지도자는 선수의 스타트 자세에서 나타나는 기술적 행동을 주시해야 하며 스타트 기초 자세에 대한 동작으로 발목관절, 무릎관절 및 엉덩이의 높이 등 이상적인 각도와 동작을 지도해야 한다.

또한 발의 너비, 머리의 위치, 복강압의 발현과 역도의 특수한 등척성 운동 동작에 대한 기초적인 사항에 대해서 주의를 주어야 하며 근육을 긴장시키지 않고 자연스럽게 자세를 유지하며 시선이 똑바로 앞으로 향하게 하여 상배근인 승모근이 구부러지거나 허리가 구부러져 말리는 것에 주의를 준다.

〈그림 126〉 허리가 구부러지는 퍼스트 풀 (First Pull)자세

선수 개개인의 특성을 파악하여 기술 접근을 해야 하며 특수하게 다리가 짧은 경우 위에서

언급한 데드리프트 시작 자세로 수정해야 한다. 정상 체형을 벗어나는 체형의 특수한 형태는 동, 서양 선수 모두에게서 나타나며 다리가 더욱 길거나 짧은 경우 역도 바벨의 위치 관절의 각도 및 높이 등을 수정해야 한다.

장기간 훈련을 해온 전문 선수의 경우에 습관적인 자세로 무릎관절 각도가 외전하는 듯 수직 각도에서 벗어나면서 다시 정상 수직 각도로 수정하며 기술 동작에 필요한 발현 포인트를 정확하게 하는 경우도 있어 특수한 경우에 대한 기본적인 기술 변형 요인을 습득해야 한다.

2) 스내치(Snatch) 앉아 받기 자세의 연습 방법

역도의 기본 동작은 전신의 관절을 구부리고 펴는 반복 동작으로 앉아 받기 동작을 통하여 상체와 하체가 강화되어야 한다.

또한 양발의 착지와 양팔의 받기 동작은 동시에 이루어져야 하며 빠른 착지 동작으로 실시되어야 한다.

이후 받기 동작을 정교하게 유지 시켜야 한다. 양팔을 벌려 바벨을 받아야 하는 스내치 동작의 연습에서는 양팔을 위로 뻗어 바벨을 고정시키기 위한 균형 감각을 만들기 위해 스내치 풀(Snatch Pull) 동작 습득 훈련 전에 먼저 앉아 받기 동작을 익혀야 한다.

이러한 앉아 받기 동작을 위한 스내치 밸런스(Snatch Balance) 연습은 역도 기술 습득에 필수적이며 구분된 여러 가지의 기술 동작을 반복 습득해야 한다.

경력이 있는 역도선수들 또한 워밍업 동작으로 앉아 받기 연습은 지속적으로 하고 있다.

초급자의 경우 나무 막대기를 사용하여 스내치 스쿼트(Snatch Squat)동작과 오버 헤드 스쿼트(Over Head Squat), 스내치 밸런스(Snatch Balance)를 병행하며 연습 후 서서히 무게를 증가시키고 빈 바벨을 사용하여 자세를 익히는 것이 좋다.

이러한 여러 자세의 앉아 받기 연습은 스내치(Snatch) 자세에 필요한 근력 발달과 균형 감각,

〈그림 127〉 스내치 스쿼트(Snatch Squat)

관절 가동 범위의 증가 및 스내치 자세를 바르게 할 수 있도록 하는데 목적이 있다.

이러한 동작은 최대한 정적인 자세를 유지하며 실시되어야 하며 상당 기간 숙달된 후에는 무게를 증가하여 점점 빠르게 행해져야 한다.

스내치 스쿼트(Snatch Squat)의 깊은 앉아 받기 동작에서 바벨은 머리 위로 들어 올려 져 있는 상태로 균형을 잡으며 일어서기 동작을 할 때 초급자의 경우 때때로 일어서질 못하는 경우를 볼 수 있다.

〈그림 128〉 스내치 스쿼트(Snatch Squat)
경량 동작 과 중량 동작

이때에는 기립 근을 강하게 세우며 엉덩이와 대퇴 이두근을 활용하여 종아리 근육의 마찰로 고관절 탄성에 의한 일어서기 자세 동작을 연습 활용하는 것이 유리하다.

또한 가슴과 등을 곧게 세운 자세에서 척추를 견고하게 하기 위해 복압을 강하게 형성해야 하며 관절의 탄성에 의해 일어나는 연습을 해야 한다.

3) 스내치 풀(Snatch Pull) 자세의 연습 방법

역도 기술에서 풀(Pull)동작은 가장 역동적으로 움직임이 빠르며 정교한 기술이 필요한 자세로 여러 형태의 자세(High Pull, High Pull Up, Box High Pull)연습이 필요하다. 초급자는 시작 자세와 앉아 받기를 완전히 익힌 후에 풀 동작을 연습하는 것이 기술 형성에 유리하다.

기초로 무게가 없는 바벨에 의한 자세 연습이 필요하며 능숙해질 경우 가벼운 무게바벨을 사용하여 충분한 연습을 해야 한다.

풀 동작의 연습은 신체의 큰 근육의 움직임을 이해하도록 해야 한다. 풀 연습 중에는 다리보다 먼저 팔의 근육을 사용하여 바벨을 잡아당기는 동작을 제한시켜야 하며 엉덩이와 무릎, 그리고 발목관절을 펴는 동작만으로 실시하도록 해야 한다.

이는 역도 바벨이 역도선수의 경골과 무릎 가까이에서 다리를 구부리지 않고 몸통을 버티며 다음 동작으로 이중 무릎 굽힘(Two Bending

〈그림 129〉 스내치 풀(Snatch Pull) 자세

〈그림 130〉 이중 무릎 굽힘(Two Bending Technique)동작

Technique)을 이어서 실행해야 하는 느린 정적 동작의 수직 상승하는 퍼스트 풀(First Pull) 단계에서 바벨을 잡은 두 팔은 쭉 뻗은 채로 무게를 버티며 몸통과 하체가 바벨을 끌어올리는 역할을 보조해야 한다.

이때 불필요하게 팔에 힘을 주어 당기는 동작의 근육 사용은 세컨드 풀(Second Pull) 자세에서 충분한 하체의 역동적인 사용을 방해하며 신체 중심을 이동시켜 정상적인 세컨드 풀 기술 동작에서 자세의 변형을 준다. 바벨을 팔로 당기는 이러한 동작은 사용하지 않는 것이 바람직하다.

정확한 관절의 위치와 각도 동작으로 바벨이 허벅다리 대퇴 아래쪽 1/3의 위치에 갔을 때 무릎은 허벅다리와 몸통 사이의 각도 증가와 동시에 바벨 아래로 무릎이 움직이며 이중 무릎 굽힘과 동시에 고관절과 전신의 신전 작용에 의해 바벨을 들어올리기 위한 최상의 높이와 속도를 만들어 하체의 관절 각도는 허벅다리와 경골 사이 120°허벅 다리와 몸통 사이는 130~140°의 각도의 기술 자세가 나타나며 이러한 관절의 각도에 의한 자세 변화로 무게를 들어 올리는 것이 수월하게 되며 폭발적인 힘을 사용할 수 있게 한다.

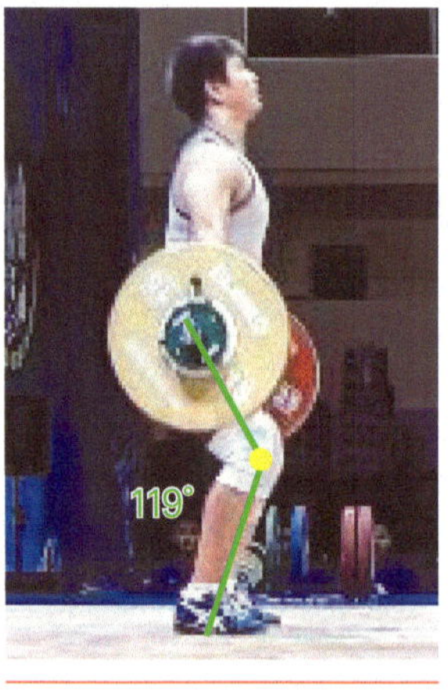

〈그림 131〉 이중 무릎 굽힘(Two Bending Technique)동작의 무릎 각도

이때 최적의 상체 각도는 수직을 기준으로 10~20°앞으로 기울어진 각도이며 무릎 관절각도는 115~120°이다.

다음 단계의 라스트 풀(Last Pull)동 작으로 하체의 최대 신전 자세를 팔과 어깨 근력을 이용한 적극적인 풀 동작으로 연결하는 연습을 시키는 것이 중요하며 풀(Pull) 동작과 앉아 받기 동작을 연습시킨다. 기술 자세를 분할하여 습득하는 형태의 분습 연습법은 역도 초급자에게 기술을 이해시키고 신체 근육과 근 신경의 자극과 발달을 정교하게 한다. 자세를 분할 습득시킴으로서 장시간의 반복 연습에 의한 신체 피로를 최소화하여 근력과 기술 동작을 발달을 수월하게 한다. 이러한 개별 동작을 익힌 후 초보자들에게 전체 동작을 연습시킨다. 주기적으로 충분하게 숙달되지 못한 부분 동작에 주의를 주며 연습을 강화해야 하며 무게를 증가하는 연습은 천천히 진행해 나가야 한다. 기술의 완전한 숙달로 자세를 기계적으로 행해질 수 있도록 하는데 전력을 다해야 한다. 이러한 기계적인 기술 동작에 의해서 인체 근육 군 들은 스내치 기술 자세로 인한 바벨의 속도와 최대 힘을 발휘하고 균형을 잡는 동작에 익숙해지며 중량을 들어 올리는 것에 유리하도록 발달하게 한다.

4) 스내치(Snatch)의 기술 교정

스내치 기술 동작을 습득하기 위한 역도 연습 중 나타나는 잘못된 기술은 나쁜 습관이 될 수 있으므로 정확하게 교정되어야 하며 선수는 항상 올바른 동작을 실시하도록 노력해야 한다. 하지만 선수에 따라서 동작을 정확하게 잘하는 선수와 그렇지 못한 경우가 나타나며 이때 코치는 동작을 수정하도록 지도해야 한다.

〈표 4〉 스내치 기술 교정 과정

1	동작	•인상 끌기 동작에서 바벨이 느리게 들어 올려진다.
	원인	•스타트 동작에서 정강이가 바벨로부터 너무 멀리 떨어져 있다. •발목관절 각도가 너무 작아 바벨이 몸으로부터 너무 멀리 떨어져 있다. •무릎과 엉덩이의 각도가 작거나 무릎보다 엉덩이가 낮은 위치에 있다. •무릎과 발끝 각도가 정확하지 않으며 무릎이 외전 한다.
	교정	•바벨을 발목관절에 가깝게 위치시킨다. •발목 가동 범위를 늘리는 유연성 운동을 시킨다. •스타트 자세를 교정시킨다. •데드리프트(Dead lift) 자세에서 등척성 끌기 운동을 시킨다.
2	동작	•끌기 동작에서 엉덩이가 먼저 들린다.
	원인	•스타트 자세에서 팔에 힘이 들어가 있다. •스타트 자세를 너무 빠르게 한다. •바벨을 들어 올릴 때 지속적으로 발바닥이 지면을 눌러 주질 못한다.
	교정	•데드리프트(Dead lift) 자세에서 등척성 끌기 운동을 시킨다. •로우 박스 데드리프트(Low Box Dead lift) 자세 운동을 시킨다. •어깨와 팔의 전, 후 각도를 수정하며 중심 이동이 없도록 한다. •스타트 자세에서 팔에 힘을 풀게 한다.

3	동작	•라스트 풀(Last Pull) 동작에서 바벨이 전방으로 수평 운동하며 몸에서 떨어진다.
	원인	•세컨드 풀(Second Pull)에 의한 무릎 이중 굽힘이 정확하지 못하다. •라스트 풀(Last Pull) 동작을 너무 과도하게 한다. •라스트 풀 동작에서 팔의 연결 동작이 느리거나 하지 않는다. •세컨드 풀에서 바벨이 몸과 떨어져 라스트 풀 동작을 하고 있다.
	교정	•행 자세나 블록 위에 바벨을 얹고 스내치를 연습한다. •가벼운 무게로 무릎 이중 굽힘의 풀 동작을 정교하게 반복시킨다. •가벼운 무게로 머슬 스내치(Muscle Snatch) 연습시킨다.
4	동작	•앉아 받기 동작에서 바벨에 눌려 앉아받기를 한다.
	원인	•데드리프트 속도가 느리다. •라스트 풀(Last Pull) 동작이 너무 길어 앉아 받기를 늦게 한다. •라스트 풀 동작에서 수직 운동하는 팔의 연결동작이 느리거나 하지 않는다. •라스트 풀 동작에서 바벨이 허벅지와 연결 없이 상체의 수직 운동으로 당겨 앉아 받기 동작을 한다.
	교정	•행 자세나 블록 위에서 스내치를 연습한다. •중량 무게로 머슬 스내치(Muscle Snatch) 연습을 한다. •가벼운 무게로 파워 스내치(Power Snatch) 동작을 하며 자세를 수정한다. •풀(Pull)이나 하이 풀 업(High Pull Up) 동작을 연습한다. •스피드 한 스내치 동작으로 앉아 받기 연습을 한다.
5	동작	•앉아 받기 동작에서 바벨이 머리 뒤로 떨어진다.
	원인	•스타트 동작에서 바벨이 발목에 너무 가깝다. •머리 위에서 팔이 수평 운동을 한다. •라스트 풀(Last Pull) 동작에서 바벨이 전방으로 수평 운동하며 몸에서 떨어진다. •라스트 풀 동작에서 수직 운동하는 팔의 연결 동작이 느리거나 하지 않는다.
	교정	•바벨이 중 족지골 관절 위에서 올려 져 끌기 동작을 해야 한다. •하이 풀(High Pull) 동작을 연습하며 자세를 교정한다. •스내치 밸런스(Snatch Balance) 동작을 시키며 자세를 교정한다. •머슬 스내치(Muscle Snatch) 동작으로 수직 운동하는 팔의 연결 동작을 교정시킨다. •가벼운 무게로 무릎 이중 굽힘의 풀 동작을 정교하게 한다.

2 클린 & 저크(Clean & Jerk) 기술 연습

1) 클린(Clean) 자세 연습 방법

(1) 클린 스타트(Clean Start) 자세의 연습 방법

클린 스타트(Clean Start) 자세는 스내치에서의 연습방법과 동일하다. 하지만 바벨을 잡는 그립의 너비가 어깨너비로 좁아져 데드리프트(Dead lift) 자세는 엉덩이 높이가 낮아지고 바벨을 잡은 상체의 각도가 바닥에서 45°로 스내치 스타트(Snatch Start) 자세보다 가슴이 세워지며 이에 따라 머리는 상체와 같은 각도를 유지하여 전방 6~7m 아래를 바라보는 기본적인 자세를 지도한다.

클린 자세에서 바벨을 가슴 위로 올려 앉아 받기를 하는 과정에서 나타나는 관절의 각도와 상지 근육 군들의 작용은 스내치 스쿼트(Snatch Squat)와 다르기 때문에 두 종목(Snatch, Clean & Jerk)의 각기 다른 역도 자세를 습득하기 위한 가벼운 무게의 바벨 연습과 반복 동작 연습이 필요하다.

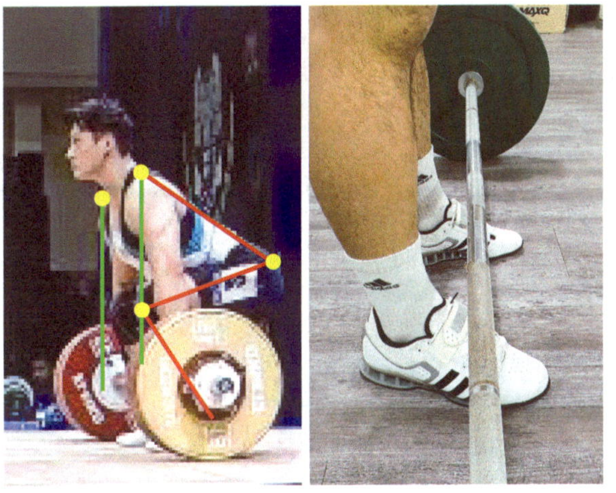

〈그림 132〉 클린의 신체 관절 각도(좌), 바벨의 위치(우)

클린 동작의 기초적인 기술 연습에 의한 데드리프트의 바른 자세를 습득시키며 이에 따른 발의 너비, 발목·무릎·고관절의 각도, 상체의 위치, 머리나 어깨 및 팔의 위치 등을 올바르게 할 수 있도록 주의를 기울여야 한다.

스내치 스타트와 다르게 스내치보다 무거운 고중량의 무게를 들어 올려야 하므로 클린 스타트 자세에서의 바벨의 위치는 좀 더 몸통 쪽으로 가깝게 위치시켜야 한다.

(2) 클린(Clean) 앉아 받기 자세의 연습 방법

역도 초급자는 클린 앉아 받기 자세를 최우선으로 습득해야 하며 파워 클린과 같은 파워 운동은 차후 습득하는 것이 부상의 위험을 줄이며 전문 근력 발달과 기술 자세를 정교하게 만든다.

클린(Clean) 앉아 받기 자세 연습은 어깨보다 넓은 너비로 양손 그립을 잡은 바벨을 가슴 윗부분의 어깨 전면 삼각근 위에 올려놓는 과정에서 바벨 아래로 팔꿈치를 전면으로 회전시키며 몸통은 아치 형태로 바벨을 고정시켜 깊은 스쿼트(Squat)를 해야 한다.

〈그림 133〉 클린 앉아 받기 자세 연습

〈그림 134〉 스쿼트 렉을 이용 한 자세 습득

〈그림 135〉 팔꿈치의 위치를 고려하지 않은(좌), 고려한(우)

중량의 무게를 아치 형태의 몸통으로 받아내야 하는 과정에 의한 신체의 근육과 근력의 발달 및 상, 하체 관절의 유연성이 증가하므로 반복적인 연습을 해야 한다.

초급자의 경우 가벼운 빈 봉을 사용하여 프런트 스쿼트(Front Squat)동작과 클린(Clean)동작을 병행하며 서서히 무게를 증가하며 자세를 익히는 것이 자세 습득에 유리하다.

이러한 클린(Clean)동작의 습득은 바벨이 전면삼각근 위로 올려 지며 팔꿈치는 어깨와 수평을 이루고 몸통은 아치 형태로 변하는 등과 삼각근에 의해 쇄골과 기도가 몸 안쪽으로 이동 되어지는 신체 골격의 움직임을 이해하며 정교한 클린기술을 습득할 수 있게 된다.

발의 너비와 발목·무릎·고관절의 각도 및 팔꿈치의 위치 등을 고려한 앉아 받기 연습은 클린(Clean) 자세를 바르게 할 수 있도록 하는 데 목적이 있다.

또한 클린(Clean) 앉아 받기 자세에서 아치 형태의 몸통 동작에 의해 팔꿈치가 무릎에 닿지 않도록 위로 세워야 하며 클린 스쿼트(Clean Squat)의 깊은 앉아 받기 동작에서 중량의 무게를 들고 일어서기 위해서는 더욱 팔꿈치를 위로 세우며 엉덩이와 대퇴 이두근을 활용하여 종아리 근육과의 마찰로 인한 고관절 탄성에 의해 일어서기 자세 동작을 연습 활용하는 것이 기술 발현에 유리하다.

또한 완전히 앉은 자세에서 가슴과 등을 곧게 세운 자세로 척추를 견고하게 하기 위해 복압을 강하게 형성해야 하며 관절의 탄성에 의해 일어나는 동작과 탄성 없이 힘으로 일어나는 동작을 따로 연습해야 한다.

이로 인한 관절의 기초근력 발달과 기능을 동시에 훈련시킬 수 있기 때문이다.

(3) 클린 풀(Clean Pull)자세의 연습 방법

클린 풀(Clean Pull)동작의 연습은 클린(Clean)앉아 받기 동작을 익힌 후 실시하는 것이 전체 기술 습득을 빠르게 적응시킨다.

클린 풀 동작은 두 동작으로 나누어 연습을 실시한다. 중량에 의해 느려진 데드리프트(Dead lift) 자세에서 수직으로 올라오는 바벨이 허벅지 대퇴골의 아래쪽 1/3의 위치에 갈 때까지 계속 유지시키며 버티는 동작이 필요하며 대퇴골의 아래쪽 1/3 지점에서 무릎이 바벨 아래로 내려가며 무릎의 이중 굽힘으로 허벅지와 상체 사이의 각도가 커지면서 수직 후 방향으로 다리와 등의 작용으로 폭발적인 속도를 만들어내는 과정을 이해시켜야 한다.

〈그림 136〉 클린 세컨 풀 자세

이때 최대 속도의 풀(Pull) 동작은 상체가 완전히 수직인 자세에서 무릎 각도가 115~120°로 이루어지게 한다.

정교한 자세로 풀 동작을 수정할 경우 라스트 풀(Last Pull) 이전 동작에서 선수는 발바닥 전체로 지면을 강하게 누르며 바벨과 체중을 지탱하는 동시에 이중 굽힘 동작을 라스트 풀 동작으로 연결시켜야 한다.

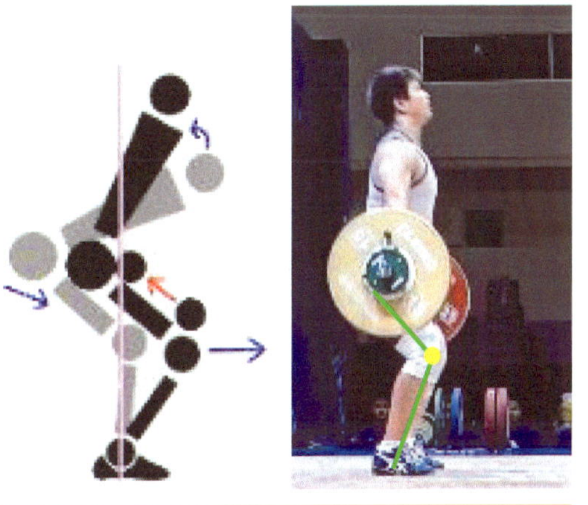

〈그림 137〉 풀 동작의 무릎 각도

바벨이 최고 위치로 들어 올려지는 상태에서 발끝으로 일어서서 양팔과 양 어깨를 동시에 사용하여 앉아 받기 동작이 가능한 바벨 높이로 들어 올린다.

바벨의 최고 위치는 스내치(Snatch)에 비해 양쪽 어깨너비로 잡은 바벨 그립 높이에 의해 풀(Pull)자세가 낮아지며 역도 벨트 높이의 수준에 위치한다.

이때 짧고 강하게 라스트 풀(Last Pull) 동작을 끝내며 앉아 받기 동작을 실시해야 한다. 앉아 받기 동작이 가능한 높이 이상으로 바벨을 더 높이 들어 올리려 양팔로 당기는 동작은 앉아 받기 동작에서 빠르게 바벨 아래로 몸통이 들어가는 타이밍을 느리게 하며 부상이나 앉아 받기 동작의 실패 원인이 된다.

이후 클린 풀(Clean Pull) 동작은 드롭(Drop) 동작에 의한 바벨을 최대한 가슴에 가까이 위치시키며 앉아 받기 동작과 연결해서 연습시킨다.

또한 부분 동작으로 나누어 스타트(Start) 자세와 풀(Pull)동작은 정적인 동작의 데드리프트(Dead lift)와 역동적인 풀 동작을 연결해 연습을 진행한다.

이러한 기술 연결 동작에 의해 정확한 근육의 사용과 올바른 자세의 유지를 확인하며 전체적인

〈그림 138〉 세컨 풀에서 라스트 풀 구간까지의 바벨 위치

〈그림 139〉 클린 드롭(Drop) 자세

클린(Clean)동작을 완성시킨다.

클린 전체 동작에서 나타나는 개인 습관적인 자세나 미흡한 기술 자세는 부분 연습 동작으로 다시 자세를 수정해야 하며 정확한 자세의 기술 습득을 위한 반복 연습을 지속시켜야 한다.

(4) 저크(Jerk)준비 자세의 연습 방법

저크(Jerk)의 준비 자세는 바벨을 가슴 윗부분의 어깨 전면 삼각근 후면부위 위에 얹히고 몸통은 아치 형태로 바벨을 고정시킨다.

수직으로 서 있는 자세를 유지하기 위해서는 머리를 뒤로 젖히지 않고 턱을 끌어당겨 상체와 머리가 계속 직선을 유지해야 한다.

초급자의 경우 팔꿈치를 어깨 높이로 올리고 팔꿈치를 어깨선과 일치하도록 유지시키는 연습으로 바벨을 고정시키며 바벨과 쇄골이 충돌하는 현상으로 오는 부상을 줄여야 한다.

바벨을 고정시키는 동작이 능숙하게 되면 팔꿈치는 저크(Jerk)를 하기 유리한 자세로 상체와 두 팔 사이가 가까운 90°각도 수준으로 조정한다.

그런 다음 숨 고르기를 하며 호흡을 멈춘 상태에서 두발의 자세는 엉덩이 정도의 너비를 취하여 발끝을 약간 바깥으로 벌려 두 다리의 무릎관절을 완전히 펴게 한다.

이 자세에서 저크의 제2 동작이 시작된다. 저크(Jerk)의 준비 자세 또한 빈 바벨을 가지고 자세와 호흡법이 일치하도록 연습하는 것이 좋다.

〈그림 140〉 저크의 준비(Jerk Start) 자세

(5) 저크의 구르기(Dip, Up)동작의 연습

저크의 구르기(Dip, Up)동작은 저크 준비자세로 바벨을 전면 삼각근 위에 완전히 고정시켜 균형을 잡았을 때에 굴림 동작이 이루어진다.

곧바로 무릎을 10~12cm 수준으로 구부리며 바벨을 두 다리의 강한 힘으로 수직 위쪽 방향으로 던지듯이 밀어내는 동작을 한다.

머리는 바른 자세로 유지하고 몸통은 움직임이나 전후 흔들림 없이 두 다리에 의해서만 낮추는 (Dip) 동작이 이루어져야 한다.

구르기 동작은 기술 동작으로서 정확한 준비 자세부터 시작하여 호흡과 두 다리의 힘을 이용해 효과적으로 바벨을 던지듯이 밀어내는 동작을 해야 하고 이때 가장 유리한 무릎의 각도는 허벅다리와 경골 사이가 105~110°각도이다.

호흡은 짧게 반 숨 정도 들이마신 상태에서 복강 압의 공기를 흉 압으로 전환시키며 멈춘다. 흉압의 증가는 몸통이 바벨의 중량을 버티며 저크의 구르기(Dip, Up) 동작 자세를 정교하게 유지시켜 저크 기술 동작

〈그림 141〉 저크의 굴림(Dip, Up) 동작

을 정교하게 만들 수 있기 때문에 이러한 호흡 동작이 진행돼야 한다.

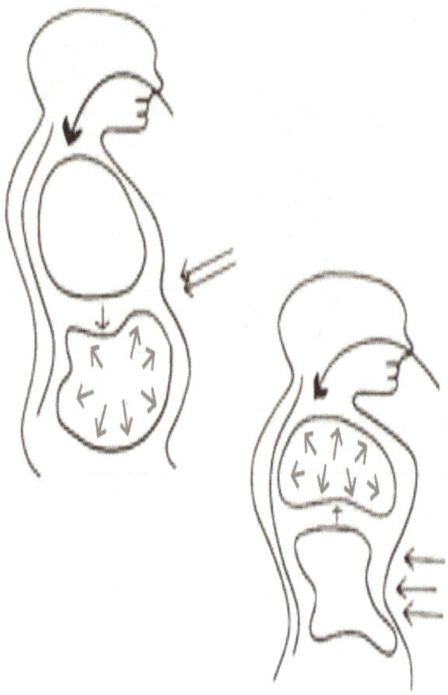

〈그림 142〉 발살바 호흡법 (Valsalva maneuver)

저크의 구르기(Dip, Up)각도는 역도 기술 풀(Pull) 자세에서 무릎 이중 굽힘에 의해 나타나는 세컨드 풀(Second Pull) 직전 동작의 무릎 각도와 유사하며 신체가 가장 수직 자세와 유사할 때에 균형을 유지하며 중량을 들어올리기 가장 수월한 무릎관절 각도이다.

경력이 있는 역도선수의 경우 바벨의 탄성을 이용하여 구르기(Dip, Up)동작을 유리하게 하며 리드미컬(Rhythmical)한 동작으로 수행한다.

굴림 동작의 수행 중 무릎을 아래로 내리면서 멈추었다 다시 힘으로 밀어 올리려는 동작 등의 부정확한 기술 동작을 교정하여 연습시켜야 한다.

저크의 준비 자세에서 굴림 동작까지 발바닥 전체로 하중을 유지해야 하며 스플릿(Split) 동작의 진행 전 관성에 의한 탄성으로 발끝까지 최대한 수직으로 밀어 올리며 올림 동작(Up)과 받기동작 을 연결한다.

빈 바벨로 저크(Jerk)준비 자세에서 저크의 무릎을 낮추는(Dip)동작과 밀어 올리는(Up)동작까지를 연습하고 바벨과 몸통의 고정된 자세로 동작을 리듬감 있게 수행할 수 있다면 이후에는 무게를 올려 반복 연습시킨다.

이러한 저크의 구르기(Dip, Up)동작을 유리하게 수행하기 위해서는 특수한 호흡법을 사용한다.

가장 힘을 써야 하는 동작에서 발살바 호흡법(Valsalva Maneuver)으로도 알려져 있는 호흡법을 사용하여 근 수축 구간 중 특히 신장성 및 등척성 구간에서 호흡을 일시적으로 멈추는 방법이며 일반적인 역도 동작의 경우 기술 동작 중 데드리프트, 스쿼트 동작에서 복강 압을 증가시키는 호흡법으로 역도동작 중 일시적으로 호흡을 멈추는 호흡법을 활용하여 척추와 허리를 무게부하로부터 버틸 수 있게 복강 압을 증가시키는 방법을 사용한다.

그러나 저크의 구르기(Dip, Up)동작은 무거운 중량으로부터 상체를 고정시키며 저크 동작을 수행하기 위해 폐에 공기를 반 숨 정도 유지시키며 호흡을 멈추는 방법을 사용한다.

하지만 발살바 호흡법은 혈압을 상승시켜 현기증을 유발하며 실신을 시킬 수 있다. 때문에 심혈관, 대사질환자는 사용을 자제해야 한다.

이러한 발살바 호흡법의 사용을 증대시키기 위해 역도 벨트를 사용하며 고중량의 무게 운동 시 역도 벨트의 사용은 척추 및 허리부상을 예방한다.

(6) 저크의 스플릿(Split) 동작의 연습

저크의 구르기(Dip, Up) 동작 이후 바벨이 이마 높이에 도달했을 때 저크의 스플릿(Split) 동작이 이루어지며 이때 두 다리는 각기 다른 전, 후방의 위치로 다리를 벌리며 강하게 양팔을 뻗는다.

스플릿 저크(Split Jerk) 동작은 한 동작으로 이루어져야 하며 양발이 스플릿 하는 순간 양손은

〈그림 143〉 저크의 스타트부터 스플릿 자세까지의 세분화

〈그림 144〉 Push Jerk 동작의 연습

〈그림 145〉 Neck Split Jerk 동작의 연습

같은 타이밍에 이루어져야 한다. 즉 양손과 양발 중 한쪽이 같은 타이밍을 맞추지 못할 경우 스플릿 동작을 실패할 수 있다(그림 143).

또한 최근 상체 근력의 팔 힘으로 프레스(Press)하며 스플릿 저크(Split Jerk)동작을 하려 하는 기술 자세를 볼 수 있는데 스플릿 저크 동작은 저크의 굴림(Dip, Up)동작 이후 다리를 앞, 뒤로 벌리며 몸통은 고정된 자세로 수평을 유지하며 20~30cm아래로 전, 후로 벌려지는 다리 동작에 의해 내려가는 상황에서 강력하고 빠르게 양팔을 밀어 올리는 과정이므로 팔 힘만으로 할 수 없는 역도 기술 동작이다.

때문에 초급자의 경우 타이밍을 맞추기 위해 빈 봉을 이용한 스플릿 저크 동작의 고 반복 연습을 해야 하며 푸시 저크(Push Jerk)와 넥 스플릿 저크(Neck Split Jerk) 등의 바벨 운동을 병행시켜야 한다.

또한 스플릿 저크(Split Jerk) 동작을 끝낸 상태에서 양팔로 무게를 버티며 앞, 뒤로 벌려 있는 다리를 모아 원 위치로 돌아오는(Jerk Off) 자세에서는 균형을 잡으며 앞으로 나가있는 다리 먼저 움직여 원위치를 시켜야 한다.

뒤에 있는 다리가 먼저 움직일 경우 무게를 버티는 중심이 흔들려 스플릿 저크(Split Jerk) 동작을 실패할 수 있다(그림 146).

무거운 무게를 양팔로 들고 버티며 양 다리를 전, 후로 벌려 몸이 아래로 내려가 있는 상태에서 다시 원위치로 돌아오는 스플릿 저크 오프(Split Jerk Off) 자세는 매우 조심스러우며 천천히 진행해야 한다.

〈그림 146〉 스플릿 저크 동작 이후 저크 오프 시 발의 이동

또한 저크(Split Jerk, Push Jerk) 동작에서 개개인의 특수성에 따라 나타나는 현상 중 손목의 과도한 유연성으로 손목이 과신전 되거나 어깨 및 상배 근의 유연성 부족으로 밀어 올린 바벨의 무게 부하 하중을 그대로 어깨관절로 받아내는 상태로 관절에 무리를 주거나 부상으로 이어질 수 있으며 몸통으로 바벨의 무게 부하가 전혀 전달이 안 되는 경우 저크 동작을 실패 할 수 있다.

이러한 경우 손목과 어깨의 각도를 정교하게 만들기 위해 바벨을 잡은 상태의 손목 전완근을 몸 바깥쪽으로 외회전 시키는 느낌으로 바벨을 밀어 올리는 동작이 필요하다.

이와 같은 동작은 들어 올린 바벨을 손목 가까이 위치시키며 무게 하중을 어깨와 몸통으로 연결시키는 동시에 상배 근을 활성화시킨다.

〈그림 147〉 저크 팔 동작과 손바닥의 올바른 바벨 위치

하여 동작의 습득을 위해서는 가벼운 빈 봉을 활용한 저크 기술동작의 기계적인 반복 연습이 필요하며 이는 기초부터 팔 힘이나 어깨로 바벨을 들어 올리는 기술 자세의 수정과 손목관절의 보호를 위해 실행되어야 한다.

이때 바벨을 들고 있는 손바닥에서 바벨의 위치는 손가락의 기저골 쪽에 위치시키는 것보다 중수골 쪽으로 위치시키는 것이 무게를 버티며 양손에 바벨을 들고 서있는 자세가 양팔을 균형 있게 유지하는데 유리하다.

(7) 클린 & 저크(Clean & Jerk)의 기술 교정

클린 앤 저크(Clean & Jerk)동작의 기술 습득에서 불필요한 동작의 교정은 빠르고 정교하게 이루어져야 하며 각 기술 동작의 핵심 부분은 철저하게 습득되어야 한다.

역도의 모든 기술 동작은 한 동작으로 이루어져 있어 부분 동작의 기술 습득 이후 한 동작으로 연결하는 기술 연습이 필요하다.

엘리트 역도 선수의 전문 프로그램 또한 근력 증가와 역도 기술 점검에 의한 수정 자세부분 동작의 기술 보조 훈련과 전체 기술 반복연습에 의한 경기 기록 향상 훈련을 병행시키고 있다.

〈표 5〉 클린 앤 저크 기술 교정 과정

1	동작	•용상 끌기 동작에서 바벨이 앞쪽으로 이동하며 자세가 변형된다.
	원인	•스타트 자세에서 엉덩이의 각도가 너무 높다. •데드리프트(Dead lift)자세에서 팔에 힘을 주어 당기는 동작으로 끌기 자세를 한다. •스타트 끌기 자세에서 엉덩이가 먼저 들린다. •바벨이 무릎에 도달하기 전에 양 발꿈치가 들린다.
	교정	•발목 관절의 각도를 작게 수정하고 엉덩이의 높이를 내리도록 교정한다. •데드리프트 자세 마지막까지 두 발에 힘을 주어 균형을 유지한다. •데드리프트 자세에서 무릎의 이중 굽힘으로 하체를 사용한 균형을 유지한다. •어깨와 바벨의 각도를 수직으로 움직이도록 교정한다.
2	동작	•라스트 풀(Last Pull)동작이 약해 앉아 받기의 적정 높이까지 풀(Pull)을 할 수 없다.
	원인	•역도의 기초 근력이 약하다. •바벨의 중량이 너무 무겁다. •팔에 힘이 들어가 당기는 상태로 풀 동작을 하여 하지를 사용하지 못하고 있다. •풀 기술 동작 미흡으로 몸통과 다리를 따로 사용하고 있다. •정확한 풀의 기술 동작을 이해하지 않고 있다.
2	교정	•세컨드 풀(Second Pull)동작에서부터 자세를 수정하여 바벨을 몸에 가까이 붙여 고관절을 사용하게 하며 라스트 풀 동작을 완성 시킨다. •상체와 하지의 기초 근력을 강화시킨다. •팔을 핀 상태로 Pull 동작을 연결시킨다. •무릎 이중 굽힘에 의한 기술 자세를 습득시킨다.
3	동작	•클린(Clean)앉아 받기 자세에서 가슴 위로 바벨이 들어 올려지는 순간 동작에서 팔 동작이 느리다.
	원인	•라스트 풀 동작에서 바벨을 너무 길게 들어 올려 앉아 받기 동작을 하는 경우. •라스트 풀 동작에서 팔과 어깨를 전혀 사용하지 않고 있다. •라스트 풀 동작에서 상체와 하지 근육이 따로 움직이고 있다. •라스트 풀 동작이 약하다.
	교정	•머슬 클린(Muslce Clean)동작으로 팔, 다리의 규형 있는 풀(Pull)동작을 한다. •하이 풀(High Pull)동작과 풀 업(Pull up)동작으로 풀 자세를 수정한다.
4	동작	•저크(Jerk)동작이 느리고 약하다.
	원인	•구르기(Dip, Up)동작에서 아래로 내려가는 무릎의 속도가 느리다. •구르기 동작에서 상체의 균형이 흔들리며 팔에 힘이 들어가 있다. •구르기 동작에서 아래로 내려가는 무릎의 각도가 너무 크거나 작다. •팔, 다리를 벌리며 뻗는 속도가 느리고 각각 움직인다.
	교정	•몸통이 움직이지 않도록 팔을 고정시키고 구르기 반복 연습을 시킨다. •내리는(Dip)동작과 올리는(Up) 동작의 각도를 수정하여 정교하게 연습한다. •바벨을 이용한 스플릿 저크(Split Jerk)연습 중 팔, 다리가 동시에 받기 동작을 수행하도록 연습시킨다. •빈 바벨로 고 반복 저크 연습을 시킨다. •고중량으로 구르기 연습을 시킨다.

5	동작	•저크 동작 중 바벨이 뒤로 고정되며 무게를 이겨내기 힘들어 실패한다.
	원인	•스플릿 저크(Split Jerk)동작 중 바벨의 방향이 후 상향으로 수평 이동을 한다. •Split Jerk 동작에서 몸통과 어깨가 심하게 앞으로 이동한다. •Split Jerk 동작에서 뒷발이 무너지거나 엉덩이가 앞으로 이동한다. •손목 관절이 지나치게 유연하다.
	교정	•저크 스플릿 동작을 수직 상 방향으로 이동시켜 어깨와 몸통의 무게 중심이 고관절에 연결되도록 주의한다. •바벨을 이용한 스플릿 저크 동작을 교정한다. •바벨을 이용한 푸시 저크(Push Jerk)와 스플릿 저크 동작을 반복 연습시킨다. •손바닥 위의 바벨 위치를 교정시키며 손목에 밴드를 활용한다.
6	동작	•저크(Jerk)동작 중 팔을 뻗은 상태에서 중량을 버티지 못한다.
	원인	•스플릿 저크(Split Jerk)동작에서 앞발이 짧게 앞으로 나가며 엉덩이가 뒤로 이동한다. •견 관절의 유연성이 떨어져 바벨을 완전히 고정시키지 못한다. •팔꿈치 관절의 유연성이 떨어져 완전히 팔을 필수 없다. •전완과 손의 각도가 90°에 가까워 중량을 지탱하기 어렵다. •스플릿 저크 동작 중 머리와 몸통을 뒤로 이동시킨다.
	교정	•팔꿈치와 견관절의 부하를 주는 유연성훈련으로 가동범위를 발달시킨다. •손바닥 위의 바벨 위치를 교정시키며 손목에 밴드를 활용한다. •저크 동작에서 전완 근을 몸 바깥쪽으로 외전 시켜 바벨을 손목 가까이 위치시키며 어깨와 몸통에 연결시킨다. •바벨을 이용한 스플릿 저크 동작으로 상체와 하지를 교정한다.

V.

훈련프로그램 구성

체계적인 트레이닝 프로그램은 역도 경기력 향상과 운동기능 및 건강증진을 균형 있게 발달시키는 과정으로 개개인의 특성에 따른 신체의 여러 형태(상태)를 고려해야하며 신체의 정보 분석에 따라 연령과 경력 및 성별, 신체상태의 개별적인 운동형태의 차별화가 필요하다.

이는 초급자로서 역도를 배우는 초기 과정은 매우 중요하며 초기에 불필요한 자세의 습득과 과도한 훈련프로그램의 처방은 만성적인 부상이나 혹은 차후 정교한 기술자세로 동작을 수정하기가 매우 어렵기 때문이다.

또한 잘못된 자세의 트레이닝에 의해 부상 및 신체 관절의 변형을 줄 수 있기 때문에 체형에 따라 신체기능에 따라 대상별 올바른 기술습득과 훈련 프로그램의 적용은 선수의 성장에 매우 중요한 과정이다.

역도의 기술보조 근력트레이닝은 장기간 역도선수들의 기술향상 목적 훈련에 의해 만들어진 결과물을 토대로 개개인의 운동 수행능력을 발달시키는 운동법으로 정확한 운동의 자세와 생리적 이론을 토대로 실행되어져야 하며 훈련 전체에서 동작 하나까지 완벽한 교육이 이루어져야 한다.

각기 다른 신체적 이력이 있는 집단의 건강과 체력 관리를 위해서는 우선 일차적으로 일선 지도자들의 편중되지 않는 시각적 노력이 필요하다. 장기간 단일 집단의 지도자로서 상당한 노하우와 시각적 판단은 중요한 자료이며 성공요소이다.

하지만 그 외 운동 생리학, 역학, 심리학, 영양학 등의 필요 요소들을 다양하게 재공 할 수 있다면 좀 더 다양한 사람들의 건강증진이 수월할 것이다.

역도 선수의 트레이닝은 무거운 중량의 무게를 다루는 역도의 특성상 근 기능적으로 또는 생리학, 영양학 적인 모든 방안을 적용해야 한다. 따라서 역도를 배우는 초기 운동 수행은 역도 동작에 대한 정확한 이론과 설명 및 Snatch와 Clean & Jerk을 실시하는 다양한 기술들을 정교하게 지도해야 하며. 이러한 포괄적인 교육을 토대로 개개인의 특화된 프로그램을 만들며 여기에는 정확한 자세와 근력, 유연성, 순발력, 심폐 지구력 등을 포함해야 한다.

지도자는 많은 트레이닝의 원리와 원칙을 잘 파악하고 응용할 수 있도록 노력하는 것이 중요하며 더 많은 건강 정보를 가질수록 더 좋은 프로그램과 개개인의 건강증진을 가져온다는 것을 알아야 할 것이다.

1 근 기능 향상의 기초

대부분의 건강한 사람은 각자의 운동공간에서 자기 몸을 컨트롤 할 수 있는 능력이 우수하다. 때문에 더욱 더 건강한 신체를 만들기 위해 개개인에 맞는 운동으로 또는 근력 트레이닝을 통해서 신체 체형을 변화시키며 신체 활동능력의 증진을 위해 골격근을 유지 강화시키려 노력한다.

이러한 신체를 움직이게 하는 골격근은 신체의 40~50%로 구성되며 신체활동을 위한 운동과 호흡, 체온유지를 위한 열 생산 등 신체의 자세를 유지시킨다.

〈그림 148〉 손을 이용하지 않고 일어서기

이러한 골격근은 신체 내 혈관, 근조직, 신경과 섬유성 결합 조직으로 근막 결합조직에 감싸져 있으며 3단의 결체 조직으로 인체 660개 이상이 있으며 골격근 양 끝 부분은 건에 연결 되어 있다. 신체를 움직이는 근 수축력은 건을 통해 전달되며 뼈의 부착부에 연결 되어있다. 건은 근력 트레이닝에 의해 발달하며 근 수축력을 더욱 강하게 한다. 때문에 근력 트레이닝에 의한 기초적인 근 기능 향상 중 운동 생리적인 요소는 신체 활동 중에 가장 핵심적인 바탕을 이루는 것이다.

근 신경계에 의한 특수한 자극의 전달과 골격계 또는 골격근 에 의한 상이한 구조적 지원 및 호흡 순환계에 의한 산소 운반 능력 등으로 근 수축을 수행하게 된다.

이러한 상황을 토대로 지도자는 개개인의 특성에 따른 골격과 근육의 구조와 수축기전의 신체 변화 등을 고려해야 한다.

운동 자극에 대한 근 조절과 적응은 기능적 측면에서 골격근 의 근 섬유는 속근 섬유(Fast-Twitch Fiber : Type Ⅱ)과 지근 섬유(Slow-Twitch Fiber : Type Ⅰ)로 나누어지며 지근 섬유와 다르게 속근 섬유는 세부적인 특성에 따라 두 가지 형태로 나누어 a형과 b형으로 나뉜다.

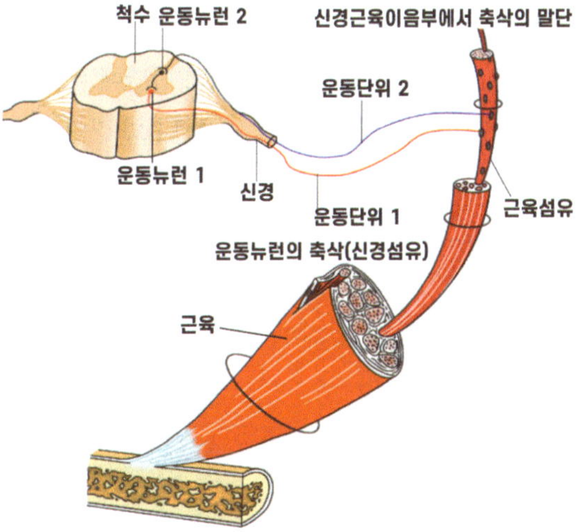

〈그림 149〉 근육의 구조와 수축기전

b형의 속근 섬유는 지근섬유에 비해 빠르게 피로해지는 속성을 가지고 있으나 폭발적인 수축력을 발생시킨다. 반면에 a형의 속근 섬유는 지근섬유와 b형 속근 섬유의 중간 속성을 가지고 있어 지근섬유보다 수축 속도가 빠르며, 동시에 b형 속근 섬유보다 높은 피로 저항력을 가진다.

이러한 속근 섬유는 수축 속도가 빠

르고 무산소 에너지 대사를 주로 사용하기 때문에 근 피로에 약하며 지근 섬유는 수축 속도가 느리고 유산소 에너지 대사를 주로 사용하기 때문에 피로에 강한 특성을 가지고 있다.

속근 과 지근은 근육의 수축 속도, 수축력, 산화능력, 지구성 등에서 서로 다르게 나타난다. 근신경 운동 단위를 기준으로 지근섬유는 하나의 운동 신경에 10~180개 정도, 속근 섬유는 300~800개 정도가 연결된다.

하나의 운동 신경에 연결되는 근섬유가 많을수록 근육의 수축력은 증가한다.

이러한 이유에서 속근 섬유로 구성된 운동 단위가 훨씬 강한 수축력을 발생 시킨다. 신체는 일반적으로 55%의 속근 과 45%의 지근을 갖고 있으며 유전적 영향에 따라 각 운동 형태에 따라 그 비율이 매우 다양하게 변화 한다.

장기간 지구력에 적응한 종목의 선수는 매우 높은 지근섬유(80%)까지 변화하며 이와 다르게 강한 탄력을 요구하는 근력 선수는 속근 섬유(75%)까지 변화하는데 이러한 장기간의 훈련에 따른 신체의 변화를 고려할 때 지도자는 종목 상황에 따른 근 훈련의 정확한 판단과 선수의 신체 변화를 이해해야 할 것이다. 근 기능의 향상은 수축된 골격근과 수축 방법, 운동 강도에 따라서 달라지는데 기초적 근 수축운동 유형은 등장성 수축(ISOTONIC)과 등척성 수축(ISOMETRIC), 등속성 수축(ISOKINETIC)으로 나누어진다.

이러한 근육의 활동의 근 수축을 이용한 근력을 증강시키는 무게 운동 방법으로 등장성 수축과 등척성 수축 트레이닝 방법을 이용하는데 등척성 수축운동은 근의 길이를 변하지 않게 하고서 근력을 발휘하는 운동으로써 관절을 특정 각도에 고정시킨 상태에서 최대 근력의 60~100% 이상의 무게로 발휘하여 일정 시간동안 6~10초 간 유지하는 운동법으로 1960년대 Hetti nger와 Muller(1953)에 의해 근력 발달에 관한 연구로 시작 널리 보급되었으며 운동을 행한 각도에서만 효과가 나타나는 단점으로 30˚, 60˚, 90˚, 120˚, 180˚의 여러 특정 관절 각도에서 운동이 이루어져야한다는 것이다.

정적인 근 수축 운동은 근지구력의 발달에는 그 효과가 떨어지지만 최대 근력의 발달에는 도움이 될 수 있어 특히 역도선수나 투척선수의 근력 트레이닝을 위해서 수시로 이용되고 있다.

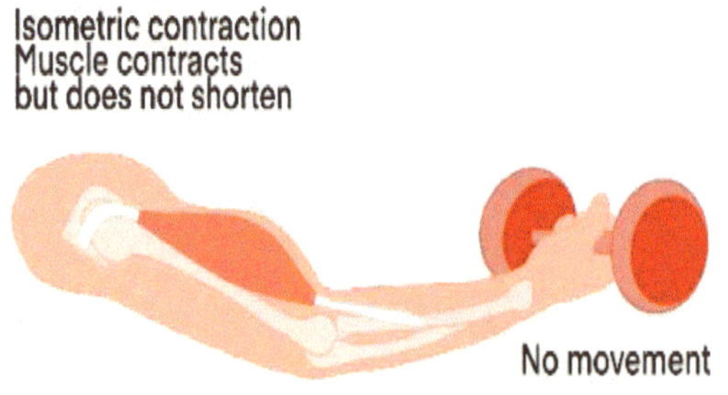

〈그림 150〉 등척성 수축
(Isometric contraction)

이것은 등척성 최대 근력 트레이닝이 개인의 잠재력보다 더 무거운 중량을 들어 올리려고 할 때와 밀거나 당기는 힘, 즉 움직이지 않는 물체에 대하여 발휘하는 힘을 기르고자 할 때 효과가 크기 때문이다.

〈표 6〉 등척성 트레이닝 주간 프로그램 운영

월	화	목	금
Snatch	Power Clean	Power Snatch	Clean
S.Deadlift	Box Clean	High Pull	Back Squat
High Pull	C.Deadlift	S.Deadlift	Bench Press
등척성 Squat	Jerk	등척성 Deadlift	Jerk
Snatch Balance	등척성 Press	Squat Jump	등척성 Press

〈표 7〉 최대근력 의 등척성 트레이닝 설계 지침

유형	강도	지속 시간 / 횟수	기간
정적 근력	최대 100% 이상	6~12초 / 5~10회	주당 5일 4주 이상
정적 지구력	최대 60%	피로 도달 시 / 1회	주당 5일 4주 이상

단기간 최대부하 리프팅은 속근 섬유동원을 최대화하고 속근섬유 운동단위의 동원이 많을수록 근육 수축력은 더욱 커진다.

때문에 등척성 근수축 운동의 경우 역도선수 및 운동선수의 특수한 운동법으로 사용되어지는데 단시간에 근력을 증강시킨다는 점에서 등장성 운동 형태와 같이 사용한다.

근력 증강을 위한 역도 종목의 운동 방법은 역도 연습 동작에서 상당히 다양한 훈련을 진행한다.

등장성 수축 운동의 경우 근의 길이를 단축, 신장 시키면서 근력을 발휘하는 근 수축 활동으로서 구심성(Concentric), 수축과 원심성(Eccentric)수축으로 구분되고 있다.

덤벨이나 바벨과 같은 프리 웨이트와 머신을 주로 사용하여 훈련에 이용하는데 운동 강도는 1회 들어 올릴 수 있는 최대 중량 1RM(One Repetition Maximum) 또는 무게 %로 표현하며 최대 근력 증가를 위한 무거운 무게의 적은 횟수와 근지구력 증강을 위한 가벼운 무게의 많은 횟수를 드는 방법을 제시한다.

또한 등장성 수축 운동 중 신장성(원심성 - Eccentric)수축 최대 근력 트레이닝 방법은 중량을 사용하는 근력 트레이닝 동작에서 나타나며 또는 대부분의 등속성 장비 또한 단축성 및 신장성

〈그림 151〉 근력을 증강시키기 위한 등척성 트레이닝

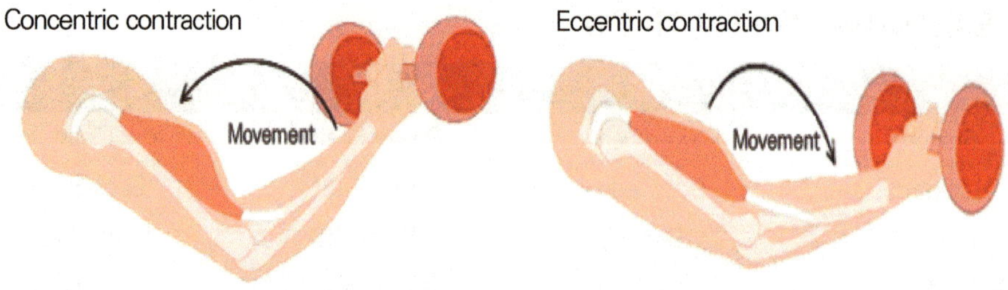

〈그림 152〉 구심성 수축(Concentric contraction), 원심성 수축(Eccentric contraction)

형태의 수축을 이용한다.

단축성 국면 동안에 힘은 근육이 짧아지면서 발휘된다. 반면에 신장성 수축 동안에는 근육이 길어지면서 힘이 발휘된다.

실제 트레이닝 상황에서는 신장성 국면이 항상 단축성 국면보다 더 쉬운 것처럼 느껴진다.

즉, 벤치 프레스를 할 때 바벨을 내리는 동작은 중량을 들어 올릴 때보다 항상 더 쉽게 느껴진다.

이것은 신장성 수축 동안에 더 무거운 부하로 운동할 수 있는 여유가 있기 때문에 신장성 트레이닝 방법을 이용함으로써 근력을 더 높은 수준까지 향상시킬 수 있다는 논리적 근거가 된다.

Komi & Buskirk(1972)는 신장성 트레이닝이 단축성 트레이닝보다 최대근력 향상에 20~30% 정도 높은 효과가 있다고 보고하였으며 학자들과 트레이닝 전문가들은 신장성 트레이닝 중에 발휘되는 근육의 장력이 등척성이나 등장성 수축시보다 더 높을 것이라 생각하고 있다.

특히 트레이닝 중에 더 높은 장력이 발휘되면 다른 트레이닝 방법보다 근력 발달에 똑같은 효과가 있으며, 그 외에 근비대를 유발하는 효과가 부가적으로 나타나므로 신장성 트레이닝은 뛰어난 트레이닝 방법으로 간주한다.

또한 트레이닝 전문가들은 신장성 근력 트레이닝 방법이 다른 방법과 비교할 때 10~35% 정도 높은 근력 향상 효과가 있다고 하였다. 신장성 트레이닝 방법은 최대 근력 향상을 위한 방법으로 단독적으로는 거의 선택되지 않는다.

최대근력 국면 동안에도 신장성 트레이닝 방법은 최대 부하법과 함께 혼용된다.

〈표 8〉 신장성 트레이닝 지침

구분	운동내용
저항 부하	최대
운동 종목 수	3~5
세트당 반복 횟수	1~4
트레이닝 단위당 세트 수	4~8
휴식 인터벌	3~6분
주당 빈도	1~2회

그러므로 신장성 트레이닝 방법은 주당 한번 정도 권장된다.

신장성 트레이닝에서 부하 량의 증가는 3주 이상 훈련이 진행된 엘리트 수준의 운동선수들에게만 훈련 및 빈도를 증가 시킨다.

무거운 중량 운동으로 인한 부상의 위험성을 가지고 있어 전문가의 도움으로 훈련해야한다.

또한 등장성 근 수축 운동은 고 강도의 무게 운동 중

에 등척성 운동과 등장성 운동이 혼합되어 최대 근력을 발달시키는 몇몇 운동 동작의 형태가 있으며 전신의 근력 발달 운동으로 볼 수 있다.

그중 백 스쿼트(Back Squat)와 클린 데드리프트(Clean Dead lift)의 경우 내려가거나 올라가는 활동에서 고관절과 대퇴의 신전, 단축성 수축 중 등 근육은 중력과 무게에 대한 협동근 으로 고정되어 상체가 굽혀지지 않도록 무게를 견디는 등척성 수축이 일어나며 그 자세를 지속적으로 유지하게 하는데 하체 발달뿐만 아니라 전신의 조화로운 근력 발달에 효율성을 높여준다.

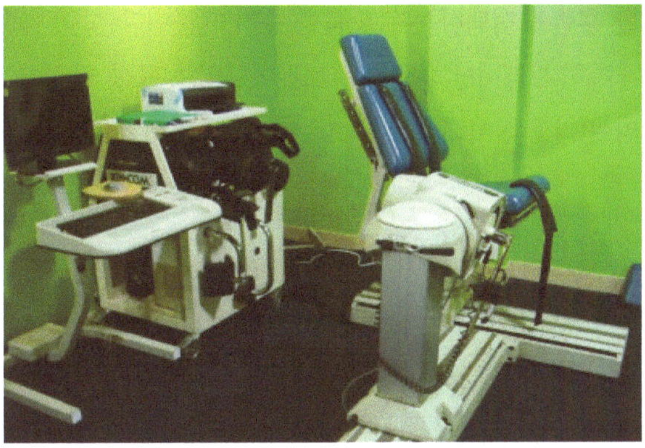

〈그림 153〉 등속성 장비

등속성 근 수축 운동의 등속성이란 용어는 동일한 동작 또는 전체 운동 범위를 통하여 동작의 속도가 동일하다는 것을 의미한다.

특별히 설계된 장비에 의하여 근육은 신전과 굴곡 부분에서 동일한 저항을 느끼게 된다.

고가의 장비를 이용한 수축운동 형태로 등장성, 등척성 수축 형태의 장점만을 이용한 근력, 근지구력, 파워까지 향상시킬 수 있는 부분적인 신체 관절의 전범위에 걸쳐 일정한 강도 또는 가변적 강도(M*m)와 속도(°/sec)를 기계적으로 제공하는데 운동선수의 재활 훈련에서 많이 활용된다.

부분적인 근 관절의 근력은 향상되지만 전신의 협응력 발달이 어려워 최대 근력에는 효과가 적다.

또한 등속성 장비는 운동 수행 속도를 미리 설정 할 수 있도록 되어있어 기계에 의하여 제공되는 최대의 저항으로 본인의 의지와 상관없이 빠르게 수행될 수 없으며 최대 근력 발휘를 위해 역동적으로 움직이도록 각도에 다른 관절의 FT섬유가 최고 비율로 동원될 수 있도록 운동해야한다.

1) 근력 트레이닝의 원리

우리가 평소 잘 알고 있는 트레이닝의 원리이지만 최근 유행하는 여러 트레이닝의 방법론의 형태를 보면 기초적 트레이닝의 원리를 등한시하는 경우가 있어 기초 적인 원리를 설명한다.

운동 생리적, 근 기능적 작용에 의한 기본적인 트레이닝 프로그램의 구상은 있을 수 있으나 여러 상황에 따른 변화(대상, 장소, 연령, 경력 등)를 고려하지 않는 한 가지의 특수한 트레이닝방법을 고집하는 운동 프로그램은 바람직하지 않다.

운동 상황 변화 추의에 따른 근력 트레이닝 과정은 복잡한 활동이므로 운동 원리에 의하여 관리되어야 한다.

이러한 기본적 운동의 원리는 신체 향상을 위한 최선의 방법으로 고려되어야 하며 필히 거쳐야

할 훈련을 선택하는데 도움을 주기 때문이다.

특히 트레이닝의 원리는 트레이닝의 목표를 달성하기 위한 일련의 필수적인 지침이며 이러한 여러 원리들을 이해하고 근 기능 트레이닝에 적용한다면 비교적 완벽한 계획을 수립할 수 있다.

(1) 과부하 원리

체력과 근력증진을 위한 기초 트레이닝 원리이며 전통적인 역도의 기초적 원리로 B.C.300년, 제 60~66회 올림피아 레슬링경기 우승자인 그리스(Greece)의 Milo는 어린 송아지를 4살짜리 황소가 될 때까지 매일 올림피아 경기장에서 어깨에 짊어지고 들어 올려 걷기 훈련을 하는 과정에서 송아지무게의 증가로 Milo의 근력 또한 점진적으로 증가하였다.

이러한 배경은 인체의 무게 부하 적응에 따라 추가적인 근력 향상을 위해서는 무게 부하가 더욱 증가 되어야한다는 원리이다.

때문에 근력 증진을 위해서는 과부하 원리를 적용한 저항성 운동을 실시해야 하며 이러한 과부하 원리의 적용 방법은 개개인의 평균 들어 올리는 중량 무게의 반복 횟수보다 더 많은 횟수를 할 경우 무게를 더 증가 시키고 반복 횟수를 다시 선정된 무게에 적용하는 방법과 3~4주마다 또는 1달마다 최대 근력(1RM)의 측정으로 무게 부하를 조정하여 %에 따른 횟수 운동을 하는 방법을 활용한다. 이는 신체에 무리 없이 중량의 무게 부하를 신체에 적응시키며 자극을 주는 것이다.

하지만 직접적인 과부하의 형태로 최대 무게를 드는 것에 중점을 두고 매일 또는 주당 적은 무게의 1.5kg씩 지속적으로 운동 프로그램 종목에 적용 무게 부하를 증가시키는 훈련 모형 또한 보여 지고 있다.

장기간의 훈련으로 활용하기에는 훈련 방법 자체가 지속적인 최대 근력 훈련에 편중되어 훈련의 강, 약 조절이 어려우며 이러한 훈련의 후반부 프로그램은 과 훈련으로 이어질 수 있다.

과부하의 원리 또한 건강한 근력 증진을 위한 방법으로 훈련과 신체적응의 조화로운 발달 방법으로 활용되어야 한다. 때문에 적정 부하 무게의 적용과 신체의 적응 기간 및 무게 %에 따른 특수성을 활용한 근력 발달로 이어지는 과부하의 원리 적용을 고려해야 하며 이러한 훈련 중 들어 올리는 평균 중량 또한 가벼운 무게에서 무거운 평균 무게로 훈련을 진행해야 한다.

운동선수의 경우 매일 일반적으로 훈련하는 평균 중량 무게의 신체 적응이 월 100회 이상 증가할 때 경기력 및 운동 수행 능력의 발달이 나타난다.

(2) 다양성의 원리

상당한 기간 매뉴얼화된 같은 운동프로그램의 트레이닝을 실시하는 단조로움에서 오는 지루함은 동기 유발을 저해하며 운동능력의 개선에 장애가 되기도 한다. 고도의 경기력을 달성하기 위해서는 트레이닝의 양이 연간 1,000시간의 역치를 넘어야한다.

세계적인 역도선수들은 연간 1.200~1.400시간의 힘든 근력트레이닝을 수행한다(체육과학연구원, 1999). 그러므로 장시간의 트레이닝을 지속해야 하는 선수들의 부정적인 영향을 극복하기 위한 트레이닝의 다양성은 트레이닝의 반응을 긍정적으로 개선시키는데 필수적인 요소인 것이다.

〈그림 154〉 다양한 훈련 트레이닝

근력 트레이닝의 다양성을 확보하기 위한 대표적인 예로서는 연간 다양한 훈련법(산악운동, 근력운동, 수중운동 등)의 변화를 주는 것이 필요하다.

여름철에는 유산소 운동을 겨울철에는 근력 운동으로 연간 심폐, 근력, 지구력 등의 운동 프로그램으로 전신을 조화롭게 발달시켜야 한다. 또는 서로 다른 운동 형태적, 부하와 속도와 거리의 다양성의 변화 이외에 근수축의 다양성으로 머신 및 프리 웨이트의 사용, 등속성 장비의 사용 등을 들 수 있다.

(3) 개별화의 원리

운동 프로그램의 형태, 강도, 시간, 방법의 결정은 대상자의 성별, 연령, 훈련 정도에 따라 계획되어야 하며 운동능력, 잠재력, 근력 트레이닝의 경험에 따라 개별적으로 취급되어야 한다.

따라서 트레이닝 프로그램을 계획하기 전에 지도자들은 개개인의 개별적 특수성을 고려해야 하며 의료적 건강 검진, 체력 측정과 검사 등의 관리가 필요하다. 개인의 트레이닝 잠재력을 분석하여야 하며, 현재의 체력이나 운동 능력 등 다음과 같은 요인들을 평가하여 트레이닝의 내용과 부하를 계획하여야 한다.

대표적인 예로는 1RM의 측정으로서 개개인의 근력을 측정 평가하여 각자가 필요한 근력 요인들을 프로그래밍 하는 것으로 운동 부하, 경험, 개인적 특성, 잠재력 등에 비례하여야 하기 때문이다.

동일한 근력을 가진 사람이라고 하여 모두 동일한 운동 능력을 가지고 있는 것은 아니다. 개인의 운동 능력을 결정하는 여러 가지 생리학적·심리학적 요인들이 있다.

그러므로 운동량, 부하수준, 근력 트레이닝 형태를 결정할 때 지도자는 개인의 운동 능력을 고려하여야 한다.

그 외 성별간의 해부학적 구조 및 생리학적 성차의 고려로 남성과 비교할 때 여성의 전신 근력은 남자의 63.5%인데 특히 상지 근력에서 평균 남자의 55.8% 정도로 큰 차이를 보인다. 하체의 근력은 그보다 작은 차이를 보여 평균 71.9% 정도를 보인다.

여성은 남성에 비하여 근 비대 수준이 낮은 경향이 있다. 이는 대부분이 낮은 테스토스테론 수준에 기인하는데 여성이 남성의 그것보다 10배가량 낮다. 그러므로 여자 선수들은 근육의 부피가 과도하게 늘어날 것이라는 걱정을 하지 않아도 된다.

여성의 근력 트레이닝 프로그램이 남성의 트레이닝 프로그램과 달라야 할 필요가 없다는 것을 시사며 아무런 걱정 없이 여성들은 동일한 부하 방법, 동일한 트레이닝 방법을 적용할 수 있고 유사한 트레이닝 프로그램을 적용할 수 있다.

때문에 남, 여 성별의 차이는 근력 수준의 차이로 나타나며 연령과 능력, 경력, 신체 상태의 개별적인 접근을 강화하는 것이 더욱 중요하다.

(4) 특이성의 원리

각기 다른 개개인 및 집단의 효과적인 운동 적응 수준에 도달하기 위해서 근력 트레이닝은 대상이 요구하는 특정 필요 근 기능, 에너지 시스템, 동작과 근육을 발달시키는데 중점을 두고 있어야 한다.

필요에 의해 선택된 트레이닝 프로그램이 그 대상의 특이적으로 요구되는 신체적 욕구에 적합해야 한다는 것으로 즉 개인의 생리적 요구 사항인 성별, 연령별 체력 요인을 반영(근력, 지구력, 심폐능력, 유연성)개인별 목적에 의해 발달되도록 해야 한다.

부상과 통증이 있는 경우 재활 트레이닝을 고려해야 하며 특정 대상에 대한 특이적 신체적, 생리적 요구에 적절한 프로그램의 적용이 중요하다.

하지만 특정 기술에 편중된 지나친 특이성으로 인해 신체 불균형을 만드는 경우의 접근 또한 조화로운 신체를 만들기 위한 근력 트레이닝 방법이 돼야 한다. 발달된 주동 근과 불균형 적인 길항근 및 고정 근을 가진 특수 집단의 경우 전신의 균형적인 발달을 위한 훈련 프로그램이 연간 훈련 프로그램 준비기에 포함돼야 한다.

조화로운 신체의 발달을 요구하는 특이성의 원리는 선수들의 기초적인 트레이닝 방법으로 신체의 과도한 트레이닝을 예방해야 하며 연령과 경력 및 특이적 신체 요구사항에 따라 적용돼야 한다.

또한 만성적인 부상을 가진 특정 집단의 관리 및 회복 프로그램의 적용원리로 이해돼야 한다.

(5) 점진적 부하의 원리

신체의 향상은 트레이닝 중에 수행한 운동의 양과 강도의 직접적인 결과이다. 초기단계에서부터 우수한 수준의 단계까지 트레이닝의 운동부하는 개인의 생리학적·심리학적 능력에 따라 신체기관의 적응과 발달은 점진적으로 증가되어야 한다.

이와 같은 점증 부하의 원리는 모든 트레이닝 계획의 기본이며, 지켜야 할 원리이다. 신체의 변화는 트레이닝 부하를 증가시키는 비율과 방법에 의하여 좌우되기 때문이다.

역도선수의 경우 체력과 근력의 지속적인 향상을 위해서는 훈련의 기본 요소들을 이해해야 하며 이것은 운동의 강도, 운동의 양, 운동 빈도로 나누어지고 이러한 요소에는(최대근력 1RM의 %, 횟수, 세트, 시간, 일수)등의 훈련 요구사항들이 존재한다.

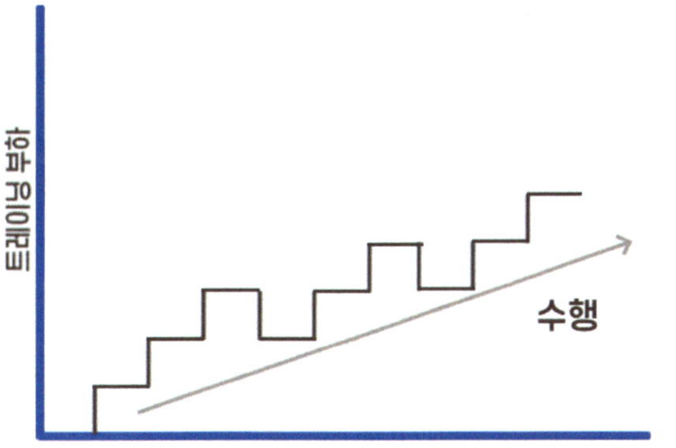

〈도표 3〉 파동형 증가 곡선과 직선형 경기력 발달선 (Bompa, 1999)

이러한 요구사항은 점진적 이여야 하며 너무 빠르게 운동 요소 증가를 진행하거나 너무 느리게 진행하는 것은 과부하 트레이닝으로 나타나거나 경기력의 저하 요인으로 나타난다.

또한 점진적으로 증가하지 않는다면 훈련 요소에 대한 신체의 적응이 멈추거나 운동능력의 감소 요인으로 나타날 것이다.

2 근력 트레이닝의 설계 기초

개개인의 목적에 따라 과학적 운동 수행 능력의 분석과 운동자료 수집 및 비교평가 등 최상의 운동 수행 능력 향상을 위해 일반인 및 선수는 개개인의 신체 데이터를 분석 할 수 있는 분석 시스템을 도입해야하며 그로인해 더욱 전문적이며 체계적인 개인별 또는 특정 집단 간 평가와 트레이닝 프로그램을 설계해야 한다.

하지만 이러한 최첨단 분석프로그램의 대중화는 매우 어려운 일이다. 때문에 우리는 기본적으로 필요 목적에 의한 개개인의 근 기능과 근력을 발달시키기 위한 트레이닝 프로그램을 설계할 수 있어야 하며, 운동종목의 선택, 트레이닝량, 운동 강도, 운동종목의 수와 세트 수, 운동순서, 휴식 시간 등의 근력 향상 트레이닝 요인을 이해하고 실행해야 한다.

1) 운동 종목의 선택과 근력의 측정

운동 기능을 발달시키기 위한 근력 트레이닝의 종목은 집단 간, 개인 간의 특이성과 신체적 요구 등 트레이닝 경력에 따라 선택되어야 한다.

따라서 지도자는 먼저 개개인의 개별적 신체 차이에 따른 운동 부위(주 동근)를 찾아내고 근육을 발달시킬 수 있는 운동을 선택해야 하며 기술적 차이에 따른 프로그램의 설계를 다르게 진행해야한다.

동시에 개개인의 필요 요구 사항 또한 고려되어야 하며 이러한 요구조건들은 경력과 부상 및 체력, 신체 적 특성에 따라 달라질 수 있다.

또한 개개인의 신체 부위 중 가장 약한 부위가 항상 먼저 부상으로 연결되기 때문에 신체 부위별 보강운동은 가장 취약한 근육을 강화할 수 있도록 프로그램 종목으로 선택되어야 한다.

다음 표와 같이 균형적 신체발달을 위해 꼭 해야 할 기본적인 주 동근 운동 프로그램은 정확한 자세의 교육이 필요하며 대체적으로 근력발달에 효율적이다.

지도자 및 선수는 트레이닝 프로그램을 계획할 때 최소한 개인의 주 운동 역도의 인상(Snatch), 용상(Clean & Jerk)이외의 운동종목 또한 최대근력 1RM(One Repetition Maximum)의 무게%를 알고 있어야 한다.

1RM의 측정은 개개인이 최대 근력으로 1번 들어 올릴 수 있는 무게를 측정하는 것으로 정교한 자세와 기술을 요구한다(표 9 참고).

〈표 9〉 기본적인 주동근 운동 프로그램

구분	운동종목	주 발달 근육	발달 부위
상체 핵심 운동	벤치 프레스	대흉근, 삼각근, 상완삼두	가슴, 어깨, 상완
	밀리터리 프레스	삼각근, 상완삼두	어깨, 상완
하체 핵심 운동	스쿼트	대퇴사두, 대둔, 척추기립	하지, 등, 허리
	데드리프트	대둔, 대퇴사둔, 척추기립	허리, 하지
전신 핵심 운동	박스 풀 , 랙 밸런스	대퇴사두, 대둔, 척추기립	다리, 허리, 상지
	클린 & 저크	대퇴사두, 대둔, 삼각	다리, 허리, 상지
	스내치	대퇴사두, 대둔, 삼각	다리, 허리, 상지
부위별 보조운동	레터럴 레이즈 버터 암 플라이 랫 풀 다운 밴트 오버 로우 굿모닝 엑서사이즈 사이드 밴드 암컬 트라이셉스 레그 익스텐션 레그컬 카프 레이즈 백 하이퍼 익스텐션 싯업	삼각근 · 대흉근 대흉근 · 승모근 · 삼각근 광배근 승모근 · 광배근 · 삼각근 대퇴사두근 · 대둔근 · 척추기립근 복측부근 상완이두근 상완삼두근 · 요골굴근군 대퇴사두근 대퇴굴근(햄스트링) 비곡근 · 가자미근 척추기립근 · 대둔근 · 대퇴사두근 복근 · 내외복사근	어깨 · 가슴 가슴 · 어깨 어깨 어깨 허리 · 하지 복측부 상지 상지 하지 하지 하지 허리 · 둔부 · 하지 복부

부하강도와 반복수가 개개인에 대한 객관적 측정 자료에 근거를 두지 않고 임의로 결정하는 경우가 있으며 이러한 경우 부상의 우려와 과학적 근 기능의 발달을 유도할 수 없게 된다.

1RM의 측정은 근 기능 발달을 위한 기본적인 훈련 강도의 %를 조절 설정하는 중요한 기능요소로 트레이닝 주기화 국면의 목표와 특성에 따라 적정 부하 비율을 적용할 수 있어야하며 긍정적인 트레이닝 효과를 예상할 수 있게 한다.

성별을 불문하고 건강과 체력증진 및 경기력을 위해 정확한 운동을 실시하기 위해서는 근력의 측정 및 심폐능력의 측정은 물론 유연성 등 체력 요인 발달을 위한 측정노력을 해야 하며 그로인해 얻어지는 기초적 데이터는 일반인 및 운동선수의 경기 및 현장에서 나타나는 신체능력 발달과 건강 증진을 정확하게 실시 할 수 있도록 하는 중요요소가 된다.

또한 건강한 성인은 최대 무게의 70~80%로 운동을 할 수 있도록 신체를 만들어야 하며 평균적으로 1~5RM의 횟수범위에서 근력을 만들 수 있다. 또한 8~15RM은 근력은 적게 키우면서 상당한 근비대가 일어나게 하는 횟수 범위다. 6~8RM은 근 비대와 근력이 비슷하게 증가한다(표 10 참고).

〈표 10〉 목표와 특성에 따른 적정 부하 비율을 위한 표

	최대근력	근력	근 비대	근지구력
무게 부하(%)	95 ~ 100%	85 ~ 90%	70 ~ 80%	30 ~ 50%
반복 횟수(RM)	1 ~ 3	4 ~ 6	8 ~ 12	20 ~
운동세트(Set)	3 ~ 5	3 ~ 6	3 ~ 6	2 ~ 4
세트 간 휴식시간	3 ~ 5분	3 ~ 4분	30 ~ 90초	20 ~ 30초

그러나 이것은 일반적인 사항이지 절대적이지 않다. 이러한 근력운동은 개개인의 요구에 따라 필요한 근 발달 목표의 근력운동모형으로 이러한 근 기능발달을 위한 능력의 평가 및 목표 훈련을 처방하는 방법으로 우리는 개개인의 1RM 최대근력의 측정을 해야 한다.

하지만 이러한 근력 측정에 대한 정확한 자세나 방법 또는 경험 부족으로 인해 일반인 및 지도자들 사이에는 1RM의 근력측정이 매우 위험하고 부상을 초래하는 부하 근력측정으로 어렵게 생각하는 경우도 있다.

근력의 100%의 부하를 들어야 하기 때문에 근 손상이 일어날 수 있다는 것이다. 그러나 어느 정도의 트레이닝을 받은 개인의 경우 8주 간격을 두고 또는 4주에 한 번씩 최대 근력의 100% 부하를 측정하는 것은 즉각적인 신체 상태의 근력 증강과 신체능력을 판단할 수 있는 좋은 방법이다.

일반 동호인 및 선수들의 운동 손상은 대부분 테스트 과정에서 발생하는 것이 아니라 잘못된 방식의 트레이닝이나 생활 중에 발생하는 경우가 더 많다. 때문에 최대근력의 1RM(One Repetition Maximum)측정은 전문가의 도움에 의한 점진적인 방법으로 이루어져야 하며 정교한

준비(장소, 장비, 워밍업 상태, 자세의 습득 수준 등)가 필요하다.

1RM의 측정은 한 번의 최대노력으로 무게저항에 대항하여 발휘할 수 있는 근력을 말하는데 운동선수의 1RM 측정은 자세는 정확히 나오지만 1RM의 측정을 해보지 않고 측정하는 선수의 경우 1RM의 직접측정을 통한 점진적인 근력 증가 방법으로 기본 워밍업동작으로 무게 20kg부터 몸 풀기 5회 1세트 1분 휴식, 5kg에서 10kg씩 증가시키며 30kg 5회 1세트 40kg 5회 1세트와 평소 사용하는 가벼운 느낌의 무게 판단에 의한 50% 추정 또는 10회 가능 무게로 3회 1세트 2~3분의 휴식, 60% 2회 1세트 2~3분의 휴식, 70% 2회 1세트 2~3분의 휴식, 80% 1회 1세트 2~3분의 휴식, 85% 1회 1세트 2~3분의 휴식, 90% 1회 1세트 2~3분의 휴식, 95% 1회 1세트 2~3분의 휴식 97,5% 1회 1세트 2~3분의 휴식, 100% 1회 1세트 2~3분의 휴식, 100% 이상 이후 2.5kg 수준 계속 점진적으로 증가하여 최대근력인 1RM을 측정한다.

실패지점에서 2분에서 4분의 휴식과 무게를 2.5kg 수준으로 다시 내리며 다시 무게를 올리는 과정으로 3회에서 5회 까지 측정 한다. 이러한 측정에 의해 근력운동의 목표 무게를 알 수 있으며 또한 최대근력트레이닝으로서의 훈련효과를 볼 수 있다.

최대근력 측정 시 고려해야할 중요사항은 차후 현재 근력 측정 종목과 동일한 종목에 의한 체급별, 종목별, 성별 평가가 가능해야 하므로 측정종목은 모든 사람이 매번 같은 종목과 동작으로 할 수 있도록 자세의 규정, 동작 가동 범위의 규정과 안전성을 고려해야 한다.

또한 신뢰도가 조금 떨어지는 방법이나 특정 종목(골프, 양궁, 사격 등)과 일반인, 어린 선수나 건강 질환자 및 노약자, 초급자의 경우 5~10RM 등으로 간단한 1RM의 간접측정으로 추정 공식을 사용 한다.

기본적인 추정치 공식은 [(중량 × 실시횟수 × 0.025)+100]으로 예) 들어 무겁다고 느껴지는 40kg의 중량을 선택하여 최대로 노력하여 10회 반복운동을 실시했다고 하면. W1 = 40kg(무거운 강도부하 추정) × 0.025 ×10 (회) = 10kg로 1RM = 40kg + 10kg = 50kg 이와 같은 계산방법으로 이 사람의 최대근력(1RM)이 50kg임을 산출하게 된다.

또는 1RM 간접측정방법으로 중량과 반복횟수를 이용한 최대근력의 추정 방법으로 구 소련에서 이용한 방법은 최대근력 직접측정법 1RM값과 의 오차를 줄이기 위한 1RM의 부하중량과 반복횟수를 이용 최대근력을 추정하는 방법으로 100kg를 5회 반복할 경우 80~85%의 해당중량으로 계산하면 다음과 같다.

100 ÷ 0.80 = 125kg, 100 ÷ 0.89 = 112.3kg로서 125kg와 112.3kg의 중간 값 118~119kg로 최대근력을 추정한다.

〈표 11〉 간접 측정표

중량과 반복 횟수를 이용한 1RM 추정	
부하강도	80~100%
100%	1회
90~99%	2~3회
80~89%	4~6회
70~79%	7~10회
60~69%	11~15회
50~59%	16~20회
40~49%	21~30회
30~39%	31~이상 횟수

〈표 4〉 1RM 환산표

1회 (RM)	2회 (RM)	3회 (RM)	4회 (RM)	5회 (RM)	6회 (RM)	7회 (RM)	8회 (RM)	9회 (RM)	10회 (RM)	12회 (RM)	14회 (RM)	15회 (RM)
100%	95%	92.25%	90%	88%	85%	82.25%	80%	77.50%	75%	70%	65%	60%
250	237.5	231.2	225	218.7	212.5	206.2	200	193.7	187.5	175	162.5	150
245	232.7	226.6	220.5	214.3	208.2	202.1	196	189.8	183.7	171.5	159.2	147
240	228	222	216	210	204	198	192	186	180	168	156	144
235	223.2	217.3	211.5	205.6	199.7	193.5	188	182.1	176.2	164.5	152.7	141
230	218.5	212.7	207	201.2	195.5	189.7	184	178.2	172.5	161	149.5	138
225	213.7	208.1	202.5	196.8	191.2	185.6	180	174.3	168.7	157.5	146.2	135
220	209	203.5	198	192.5	187	181.5	176	170.5	165	154	143	132
215	204.2	198.8	193.5	188.1	182.7	177.3	172	166.6	161.2	150.5	139.7	129
210	199.5	194.2	189	183.7	176.5	173.2	168	162.7	157.2	147	136.5	126
205	194.7	189.5	184.5	179.3	174.2	169.1	164	158.8	153.7	143.5	133.2	123
200	190	185	180	175	170	165	160	155	150	140	130	120
195	185	180	175	170	165	160	155	150	147.5	137.5	12.5	117.5
190	180	175	170	165	160	156	152.5	147.5	142.5	132.5	123.5	115
185	175	170	167.5	162.5	157.5	152.5	147.5	142.5	137.5	130	120	110
180	170	165	162.5	157.5	152.5	147.5	145	140	135	125	117	107.5
175	167.7	162.5	157.5	152.5	150	145	140	135	130	122.5	113.5	105
170	160	157.5	152.5	150	145	140	135	132.5	127.5	120	110	102.5
165	157.5	152.5	147.5	145	140	135	132.5	127.5	125	115	107.5	100
160	152.5	147.5	145	140	135	132.5	127.5	125	120	112.5	104	95
155	147.5	142.5	140	135	130	127.5	125	120	115	107.5	101	92.5
150	142.5	140	135	130	127.5	125	120	117.5	112.5	105	98	90
145	137.5	135	130	127.5	122.5	120	115	112.5	107.5	102.5	94	87.5
140	132.5	130	125	122.5	120	115	112.5	107.5	105	97.5	91	85
135	127.5	125	120	117.5	115	112.5	107.5	105	102.5	95	88	80
130	122.5	120	117.5	115	110	107.5	105	100	97.5	90	85	77.5
125	120	115	112.5	110	105	102.5	100	97.5	95	87.5	81	75
120	115	110	107.5	105	102.5	100	95	92.5	90	85	80	72.5
115	110	105	102.5	100	97.5	95	92.5	90	85	80	75	70
110	105	102.5	100	97.5	92.5	90	87.5	85	82.5	77.5	72.5	65
105	100	97.5	95	92.5	90	87.5	85	82.5	77.5	72.5	68	62.5
100	95	92.5	90	87.5	85	82.5	80	77.5	75	70	65	60
95	90	87.5	85	82.5	80	77.5	75	72.5	70	65	62	57.5
90	85	82.5	80	77.5	77.5	75	72.5	70	67.5	62.5	59	55
85	80	77.5	75	75	72.5	70	67.5	65	65	60	55	50
80	75	75	72.5	70	67.5	65	65	62.5	60	55	52	47.5

1회 (RM)	2회 (RM)	3회 (RM)	4회 (RM)	5회 (RM)	6회 (RM)	7회 (RM)	8회 (RM)	9회 (RM)	10회 (RM)	12회 (RM)	14회 (RM)	15회 (RM)
75	70	70	67.5	65	62.5	62.5	60	57.5	55	52.5	49	45
70	67.5	65	62.5	62.5	60	57.5	55	55	52.5	50	46	42.5
65	62.5	60	57.5	57.5	55	52.5	52.5	50	47.5	45	42	40
60	62.5	55	55	52.5	50	50	47.5	47.5	45	42.5	39	35
55	52.5	50	50	47.5	47.5	45	45	42.5	40	37.5	36	32.5
50	47.5	45	45	42.5	42.5	40	40	37.5	37.5	35	33	30

이 방법은 반복횟수가 적을 때 그 신뢰도가 높으며 횟수가 11회 이상의 반복횟수는 최대근력의 신뢰도가 떨어지는 단점이 있다.

이러한 최대근력1RM의 기록을 측정한 자료에 의해 백분율을 활용 훈련목표 중량 즉 개개인의 목표운동 강도무게를 설정 훈련하는 것이 바람직하다.

2) 트레이닝의 양

트레이닝의 양(운동량)은 역도 훈련 프로그램에 있어 기본적이며 매우 중요한 요소로서 트레이닝의 운동 횟수, 무게, 세트 수, 운동 시간 등의 포괄적인 총 운동 수행량이며 개개인의 운동 수행 능력으로서 선수 개인의 체력을 고려한 훈련량을 결정하는 지표로 사용 된다.

트레이닝의 양은 개인의 체력 수준, 트레이닝 경력뿐만 아니라 근력 트레이닝의 형태에 따라서 특수성을 나타낸다.

개인 또는 집단 간 특수한 근력 요인의 발달을 고려하는 경우 근지구력이나 근력을 발달시키고자 할 때는 개별적인 트레이닝 량을 늘리는 프로그램이 계획되어야 한다.

이는 근지구력 훈련으로는 반복 횟수가 늘어나며 근력 훈련은 근지구력과 다르게 부하 강도가 높고 횟수가 적게 진행되어야 하기 때문이다. 역도 선수의 높은 수준의 근력과 체력을 강화하기 위한 방법은 전체 트레이닝의 운동량을 증가하는 방법 외에 다른 방법은 없다. 그러나 저 강도(1RM 60%)의 장시간 운동량은 전문 역도선수의 근력 증가를 저해한다.

엘리트 역도선수의 훈련양은 1RM 80% 이상의 많은 세트훈련으로 운동량을 조절하며 증가시켜야 한다.

근력 및 체력의 증가는 끊임없이 신체의 생리학적 적응의 결과로서 향상되는 것으로 트레이닝량의 증가에 의해 직접적인 영향을 받는다. 역도선수의 총운동량(Volume of Load)이란 연습의 기간, 일간, 주간 , 월간 , 연간 , 단위에서 들어 올린 총 운동중량을 의미하며 일반적으로 킬로그램(kg)이나 , 톤(ton)으로 표시한다.

180kg의 중량으로 Clean & Jerk를 3세트 3회 반복하면 , 180 × 3 × 3 = 1.620kg, 160kg의

중량 Clean Pull을 5세트 5회 반복하면, 160 × 5 × 5 = 4.000kg, 200kg의 중량 Back Squat를 10세트 10회 반복하면, 200 × 10 × 10 = 20.000kg 이때의 총부하량은 1.620 + 4.000 + 20.000 = 25.620kg으로 이러한 수치는 선수가 행한 총 운동량을 나타내는 것이다.

총 운동량은 체계적인 훈련 기간을 단위로 하여 일 간 단위, 주간 단위, 월간 단위, 연간 단위로 산출하는 것이 보통이며, 연간 훈련 계획을 수립하기 위하여 자신의 최대 운동량을 기준으로 하여 낮은 수준의 저운동량(50% 이하), 중간 수준의 운동량(50~70%),높은 수준의 고운동량(70~90%),더 높은 수준의 최대 운동량(100%)을 설정한다.

〈표 12〉 Dr.Tamas Ajan 운동량의 기준 (예시)

구분	저강도 운동량	중강도 운동량	고강도 운동량	최대 강도 운동량
시간	1~2 시간	2~3 시간	3~4 시간	4~8 시간
역도 운동량	5,000~10,000kg	10,000~20,000kg	20,000~40,000kg	40,000~60,000kg
운동 종목	3 ~ 6	6 ~ 12	9 ~ 12	9 ~ 12

총 운동량은 선수의 운동 경력이나, 체급, 연령, 체력 상태에 따라 설정 범위 또한 달라져야 하며 필요 이상의 급격한 운동량의 증가 프로그램은 경기력에 오히려 부정적인 효과를 초래하며 부상 및 오버 트레이닝으로 나타난다.

적정 수준의 운동량의 증가를 위한 세트 및 횟수의 증가를 위해서는 개개인의 연간 운동량을 알아야하며 이는 매일 매일의 훈련 상태를 파악하기 위한 1일 일지 형식의 훈련 카드를 작성하는 것이 필요하다.

〈표 13〉 월간 훈련 량 기록평가표

주별 주기수	반복 횟수	% - Rep	Technique 기술	Strength 근력	Snatch	Clean	Squat	Deadlift	Good morning	Press
1	800	%	30	70	40	60	45	20	20	15
		Rep	240	560	96	144	252	112	112	84
2	800	%	30	70	40	60	45	20	202	15
		Rep	240	560	96	144	252	112	112	84
3	700	%	30	70	40	60	45	20	20	15
		Rep	210	490	84	126	220	98	98	74
4	600	%	30	70	40	60	45	20	20	15
		Rep	180	420	72	180	189	84	84	63
5	600	%	30	70	40	60	45	20	20	15
		Rep	180	420	72	108	189	84	84	63
Total	3500		1050	2450	420	630	1102	490	490	368

1일 수행한 운동의 총 량을 정확하게 점검하기 위해서는 지도자 또는 개개인은 일간, 주간, 월간 트레이닝 중에 들어 올린 무게의 합계를 기록해야 한다.

이런 기록을 근거로 이후 주간 또는 월간 트레이닝의 총 운동량을 더욱 효과적으로 평가 및 계획할 수 있다. 많은 운동량에 의한 트레이닝 적응에 따라 직접적인 효과는 훈련 중 세트와 세트 사이 그리고 트레이닝 종목 간 훈련 사이의 회복률이 좋아진다는 것이다.

또한 가장 직접적인 결과는 트레이닝 시기에 따라 주간, 월간 운동량을 더욱 증가할 수 있게 되어 다음 년도의 주간 월간 트레이닝량을 증가시킬 수 있는 체력, 근력 능력이 생기며 조절을 가능하게 한다.

이러한 운동량을 활용한 훈련법의 사용은 역도선수의 트레이닝 형태에서 필수적으로 나타나야 한다.

〈표 14〉 Dr.Tamas Ajan의 연간 훈련량 표

준비기	주별 주기수	시간수			톤수			80~100% 반복 횟수 분배		
		주간	월간	년간	주간	월간	년간	주간	월간	년간
준비기	35주	27	118.1	945	72.2	316.2	2.530	722.7	3.162	25.300
경기기	16주	18.5	78.7	315	50	212.5	850	500	2.125	8.500
토탈	52주			1.260			3.380			33.800

훈련량의 결과물을 토대로 역도선수의 훈련은 과학적인 평가와 훈련의 상태를 알 수 있기 때문이다.

국제적 수준의 역도선수들은 1일 30톤 수준의 역도 바벨 트레이닝량을 가지고 있으며, 연간 약 40,000톤을 계획한다.

이는 다른 타 스포츠 종목에 비해 엘리트 역도선수의 경우 3~6배가량 많은 근력 트레이닝량을 가지고 있다.

때문에 국가대표 급 수준의 엘리트 역도선수는 1일 25~30톤 수준의 운동 총량을 유지하며 연간의 운동 총량을 점진적으로 증가시키는 노력을 한다.

하지만 운동량의 증가는 개인의 특성을 고려해야 한다. 현재 신체 상태와 경력, 기술상태 및 생리적 한계에 따라 운동량의 증가를 개인적 특성에 맞는 점진적으로 증가시켜야 한다.

월간 총 운동량(Monthly Volume of Load)은 대부분의 엘리트 역도선수의 경우 시합이 다가오는 1개월 전부터 개개인 선수마다 다를 수 있지만 주간 100~150톤 정도로 운동 총 량을 조절하고 있다.

하지만 일반 선수의 경우 시합에 대비하여 200~300톤의 과도한 운동 총 량으로 훈련하는 경우가 있으며 이는 원활한 시합을 진행하는데 매우 불리할 수 있다.

이는 시합을 준비하는 과정에서 과도한 운동량에 의한 역도 두 종목(Snatch, Clean & Jerk)의 1RM 최대 근력 기록을 유지하거나 시합을 준비하는 신체적 컨디션을 유지 및 증진시키는 상태에서 신체의 효율적 관리가 어렵기 때문이다.

그리고 훈련 시기에 따라 정확한 운동량의 조절이 필요하며 이는 시합 준비기에 많은 운동량의 훈련은 신체를 피로하게 하며 회복을 더디게 하기 때문이다.

이러한 상태를 고려할 때 월간 운동 총 량의 조절은 매우 중요하다. 주간 총 운동량(Weekly Volume of Load)은 이미 설정된 총 운동량에 대하여 주별로 부하량을 다르게 설정하며 훈련의 다양성을 주고 시합 1달 전부터 시합 날까지 월간 총 운동량을 고려하여 제한된 운동량의 범위 내에서 조절하며 설정해야 한다.

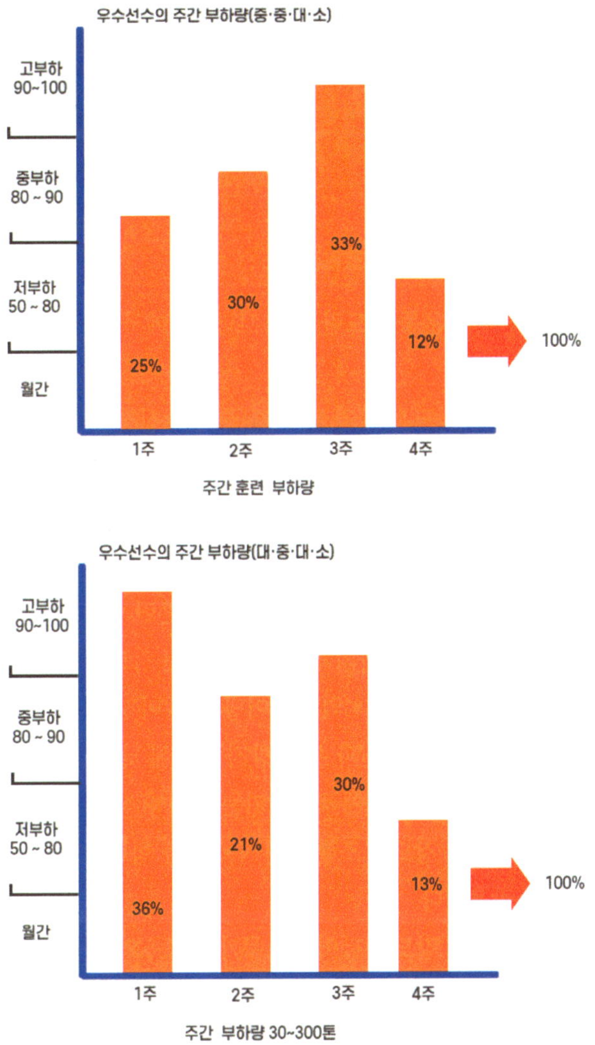

〈도표 4〉 부하에 따른 운동량 조절

이러한 운동량의 조절은 시합 기록의 유지 및 경기력에 영향을 줄 수 있는 범위 안에서 주별로 2~4% 정도로 운동량을 내리며 15~20% 이상의 운동량을 감소시키는 경우 경기 기록 및 근력 저하로 나타날 수 있다.

주간 운동량의 조절은 훈련의 상태 유지와 향상을 위한 기본 단위로 시합 주기, 훈련 주기, 유지기에 따라 다르게 분배해야 하며 이상적인 종목과 시간의 %로 분배해야 한다.

우수선수의 경우 주간 배분 운동량의 경우 주말 휴식 후 첫날 50% 이상 다음날 30% 수준과 다음날 20% 이하의 수준으로 운동량을 수행하는 경우가 있으며 이러한 경우 훈련량에 적응한 우수선수들의 평균적인 운동량의 방법이며 초급 선수나 일반인에게 적용시키는 것은 무리가 있을 수 있다.

주간 운동량의 설정은 개개인의 특성에 따라 다르게 적용돼야 하며 신체에 무리를 주어서는 안 된다.

많은 운동량의 훈련 다음날은 운동량을 줄여 신체의 회복과 근력을 유지시키는 것이 중요하다.

또한 국가대표 급 엘리트 역도선수의 경우 주당 80~100% 운동 강도의 트레이닝을 1,000회의 반복 횟수와 100톤의 평균 중량으로 연간 365일 중 300일 이상 역도 훈련에 전념해야 경기 기록을 증가시킬 수 있다.

3) 운동 강도(Intensity)

역도선수의 운동 강도란 근력 트레이닝에서 들어 올리는 중량의 무게 또는 버티는 무게를 의미한다.

또한 운동 강도는 골격 및 골격근과 근 신경의 자극을 주는 강도로 해석되며 역도 기술 동작을 수행하는 속도와 휴식 시간 및 운동 강도 % 에 따라 달라진다. 이러한 운동 강도는 운동량에 비례하며 운동량을 줄일수록 강도를 증가시킬 수 있다.

선수의 체급(체중)에 따라 또는 기술 수준이 높을수록 중량 무게의 강도 % 또한 증가한다.

월간 트레이닝의 진행 후 또는 3~4주 훈련 이후 근력 측정에 따라 무게 부하의 강도를 증가 또는 변화를 주는 과부하의 원리로 지속적인 강도 조절을 권고하고 있으나 매우 어려운 일이다.

오히려 매주 고강도 %의 트레이닝 이후 마지막 주는 10~15% 정도 운동 강도를 줄여 신체의 회복을 주며 과도한 훈련과 부상 방지를 위해 낮은 저강도와 고강도, 중강도로 운동 강도를 조절하여 휴식과 동시에 신체에 적응시키는 동적 휴식 훈련을 포함해야 한다.

휴식과 운동 강도의 조절은 다시 신체를 회복하며 더욱 고강도 운동으로 증진시키는 중요한 요인으로 작용한다.

이러한 운동 강도 트레이닝은 무게 강도 %에 따라 신체를 발달시키고자 하는 근력의 형태(근지구력, 순발력, 파워 등)와 관련이 있으며 이러한 각기 다른 체력 요인들을 발달시키는데 이용되는 부하에 관한 일반적 지침을 따라야한다.

그러나 운동 강도 부하는 트레이닝의 모든 국면에서 동일하게 적용되는 것은 아니며 각기 다른 트레이닝 국면의 목표에 따라 변화해야 한다.

일반 적인 근력의 향상을 위해서는 최대 무게 운동 강도의 신체적응 기간과 훈련 목표 수준 강도80% 이상 훈련 부하를 설정해야 하며 주간 3~4회 훈련과 , 1회 3~6세트, 세트 당 최대 부하로 1~6회 반복하는 점진적인 반복 운동을 실시해야 하며 반복 횟수와 세트 및 필요 운동 속도 등의 훈련이 필요하다.

〈표 16〉 근력 트레이닝의 부하강도 지침

부하강도	1RM의%	근 수축형태
초 최대강도(super maximum)	105% 이상	신장성/등척성
최대강도(maximum)	90~100%	등장성
고강도(heavy)	80~90%	등장성
중강도(medium)	50~80%	등장성
저강도(low)	30~50%	등장성

또한 최대 근력 부하를 사용한 훈련

의 경우 경력자, 전문가 또는 운동 보조자의 도움이 있어야 하며 운동 중 사고를 예방하기 위해 바벨 양쪽과 중간에서 보조하는 것이 바람직하며 최대 부하 무게훈련은 반드시 근력 트레이닝이 충분히 적응된 이후 최대 근력을 발달시켜야 할 때만 이용하는 것으로 제한해야 한다.

최대 근력의 90~100%의 부하를 최대 강도, 80~90%의 부하를 고강도, 50~80%의 부하를 중강도, 30~50%의 부하를 저강도라 한다. 또한 역도선수의 기술 및 근력 발달을 위한 트레이닝 프로그램은 100% 이상의 훈련으로 등척성과 신장성 근 수축 트레이닝을 포함한 높은 강도의 트레이닝을 진행한다.

4) 운동 종목의 수

긍정적인 역도선수 및 운동 초급자의 경우 체력 요인의 빠른 발달을 위한 훈련 종목(1일 운동 종목)의 적정 종목 수를 무리하게 늘리며 많은 운동 종목 수로 요구하는 지도자들이 많으며 신체 전반적인 근육 군들을 발달시키려는 운동 욕심에서 많은 수의 운동을 선택하는 경향이 있다.

그 결과로 근지구성의 유발과, 과 훈련에 의해 근 피로가 발생되는 트레이닝 프로그램이 진행되어 경기력 및 운동 효과를 거두지 못하는 경우가 발생한다.

훈련 프로그램의 효과를 달성하기 위해서는 적정 운동 종목 수를 선택하는 것이 매우 중요하다. 운동 종목의 선택은 연령과 체력 수준에 따라 다르게 선택돼야 하며 어린 선수나 초급자의 경우 기본적인 체력 증진을 위한 트레이닝 프로그램을 적용해야 한다.

신체 특성에 따른 생리적 기초를 발달시키는데 노력해야하며 인체의 여러 근육군을 자극하여 전반전인 신체 발달을 위한 비교적 많은 운동수로 주 운동과 보강 운동을 합하여 8개~10개 종목까지를 선택한다. 이러한 다양한 종목의 트레이닝은 개인의 나이에 따라 2~3년까지 계속되어야 한다.

그러나 건강한 성인과 중급 이상의 역도선수들을 위한 트레이닝 프로그램은 완전히 다른 방법을 선택해야 한다.

경력이 있는 역도선수 및 성인들의 트레이닝 목적은 높은 수준의 근력과 기술을 향상시키는 것으로 좀 더 집중적인 기술 훈련과 최대 근력의 접근 및 전문적인 역도선수의 신체 형태 발달을 위하여 고강도의 고중량 무게를 적은 횟수와 많은 세트로 훈련할 수 있는 역도 근력 트레이닝 방법으로 5개 수준의 운동 종목을 선택하며 보강 운동을 합하여 최대 6~8개 종목까지 선택한다.

5) 운동의 순서

운동선수의 경우 최대 근력 트레이닝은 기본적으로 주당 훈련 일수에 따라 전신의 근력 훈련 또는 상체와 하체로 나누어 대근의 활용과 속도가 빠른 운동을 우선으로 하며 운동 순서를 결정하는 것이 바람직하다.

관절의 보조 운동은 근육 군이나 인체 부위를 바꾸어 가면서 할 수 있도록 계획함으로써 운동 사이의 회복이 잘 이루어지도록 해야 한다.

보조운동의 예를 들면, 다리-팔-복부-등-허리 등과 같은 순서로 인체 모든 부위를 번갈아 운동하며 주동근과 길항근을 번갈아서 충분한 휴식을 주어 운동 방법을 수정해야 한다.

일반적으로 근 기능 트레이닝의 순서는 크게 수직적 순서와 수평적 순서로 나눌 수 있으며 수직적 순서는 일일 프로그램에 제시된 운동 종목을 순서대로 1세트씩 실시하는 것으로 근육군의 회복에 유리한 장점이 있다.

또한 수평적 순서는 계획된 한 가지 운동 종목의 전체 세트를 실시한 후 다른 종목을 실시하는 것으로 국부적 피로가 심한 상태에서 다른 종목의 운동을 실시해야 한다는 단점이 있다.

이러한 장, 단점을 활용하여 트레이닝을 실시해야 한다. 또한 일반인의 건강관리를 위한 근력 운동으로 보디빌딩의 분할운동법은 몸매 만들기 운동법으로도 쓰이며 신체를 분할하여 근육을 팔, 다리, 등, 가슴, 종아리, 등으로 나누거나 크게 세 가지로 신체 전신운동, 하체 운동, 그리고 상체 운동으로 나누어지는 프로그램 등으로 이는 휴식의 중요성을 강조한 운동법을 사용한다.

신체 전신운동은 몸에서 주요 관절이 모두 사용되는 운동이며, 하체 운동은 몸통 밑에 초점을 둔 운동, 상체 운동은 몸통 위에 초점을 둔 운동이지만 전통적인 역도선수의 운동법의 순서는 역도 경기의 전문 근력 발달에 결정적인 역할을 해야 하며 개개인 선수의 약한 종목과 약한 신체 부위에 따라 달라진다.

선수 트레이닝과 마찬가지로 속도가 빠른 운동을 우선으로 하며 이후 근력 운동과 보강 운동으로 운동 순서가 진행된다.

1일 운동의 순서는 역도 기술의 전신 운동에서 부분 보강 운동으로 이어지는 방법으로서 중량과 속도 운동을 할 수 있는 파워 스내치(Power Snatch), 파워 클린(Power Clean)에서 스내치(Snatch), 클린&저크(Clean & Jerk)이후 풀(Pull), 데드리프트(Dead lift)와 스쿼트(Squat (back, front))그리고 프레스(Press)등 관절의 보강 운동, 그리고 유산소 운동으로 나누어진다.

대근에서 소근으로 이어지는 기본 운동법을 사용하며, 파워나 최대 근력의 발달을 유도하는 트레이닝에서 시작하여 근비대의 부분 부위 관절 운동 후 10분 정도의 유산소 운동으로 끝내는 훈련 형식을 주로 사용한다.

이러한 유산소 마무리 운동은 낮은 강도(HR 115~120)의 유산소 정리 운동으로 무거운 중량을 들어 올리는 역도 선수의 심혈관계에 대한 신체의 정맥회귀를 향상시킨다.

6) 반복횟수와 속도

역도선수의 최대 근력 발달을 위한 반복 횟수는 최대 무게 % 에 따라 비례하며 최대 중량의 80% 이상의 근력훈련을 요구하는 역도 종목의 특성상 세트 당 반복 횟수는 1회에서 3회, 최대 5회의 고

중량 운동을 추천하고 있으며 운동 초급자 및 보조 운동에서 5~6회를 실시하는 경우가 있다.

세트 당 반복 횟수는 선수의 특성과 트레이닝 대상 및 프로그램 주기에 따라 변화하며 반복 횟수와 운동 속도는 무게 부하 강도 %에 따라 달라진다.

〈표 17〉 운동수행 속도와 트레이닝 목표

트레이닝 목표	수행 의지 속도	외관상 속도
근비대	중간 속도	느린 중간 속도
최대 근력	빠르게	느린 속도
파워	빠르게	빠른 속도
근지구력	중간 느린 속도	중간 느린 속도

무게의 부하 강도 %가 높을수록 반복 횟수는 줄어들고 운동의 수행 속도 또한 느려진다.

일반적적 근력 발달을 위한 모형으로는 무게 부하 강도(최대근력의 85~100%)는 반복 횟수가 적으며 1~4회, 파워를 발달시키기 위한 근력 운동(최대근력의 50~80%)의 경우 반복횟수는 5~10회 정도이다.

근지구력 운동의 경우 10~20회의 반복과 저 강도 부하는 빠른 속도의 운동일 수 있으나 운동 특성의 요구 조건에 따라 느리게 할 수 있다(표 17 참고).

운동수행의 속도는 근력 트레이닝에 의한 근 성장을 좌우하는 중요한 요소이다. 이러한 트레이닝 효과를 최대화하기 위해서는 특성과 필요성에 의한 트레이닝의 방법과 동작에 따라 수행 방법이 빠르고, 폭발적이거나 멈추거나 느리고 중간 속도 또는 스피드 한 고반복 동작으로 움직여야 한다.

중요한 것은 무게 저항에 대하여 힘을 발휘하는 방법으로 1RM의 최대 근력 80~90%에 해당하는 무게 부하를 들어 올릴 때 수행하는 운동은 아주 느리게 보일 수 있으나 근육이 발휘하는 힘은 가능한 빠르게 해야 한다.

이렇게 해야만 무게 저항을 들어 올리는데 필요한 모든 운동단위를 동시에 자극하여 동원할 수 있으며 근육의 특성상 FT 근섬유는 힘의 발휘가 더욱 빠르고 폭발적일 때 트레이닝 되며 동원되며 이는 빠른 속도를 발휘하려는 노력과 FT 섬유의 동원은 최대 근력의 증가로 나타난다.

때문에 더욱 역도선수 운동 속도는 80%이상의 무게에 의한 적은 반복 횟수와 빠른 속도의 운동 동작을 수행해야 하며 이러한 노력은 선수 개개인의 능력을 극대화시키는 신체의 신경계와 근육계의 FT 섬유의 빠른 동원 능력으로 나타나며 최대 무게에 대한 역도선수의 기술동작 속도는 강력하고 빠르게 움직이도록 노력돼야 한다.

7) 세트의 수

역도선수의 근력 트레이닝을 위한 세트 수는 전신의 FT섬유의 동원 능력과 근력 발달 및 반복 세트에 의한 기술 향상을 위한 신체에 최대 자극을 주는 범위에 한하여 최대 8~12세트의 적용을 계획한다.

하지만 이는 상급자의 프로그램으로 1일 운동 종목 수(4~5종목)에 따라 적용하며 운동 대상의 연령, 경력에 따라 달라진다.

운동 종목이 많아야 하는 초급자나 어린 선수의 경우 1일 훈련 종목에 따라 또는 연간 운동 총량의 조합에 따라 3~6세트 등으로 달라진다.

한 세트는 하나의 운동에서 휴식과 운동 사이에 이루어지는 일련의 반복을 의미하며 운동의 수가 증가하면 세트 수는 감소한다.

마찬가지로 발달시키고자 하는 근력 요인(특성)에 따라 세트 수에 영향을 준다. 이러한 세트 수는 다른 요소들에 의해서 또한 변화한다. 훈련 대상 개개인의 신체 능력과 트레이닝 잠재력 및 트레이닝의 국면에 따라 달라진다.

예를 들어 아주 특화된 파워의 신체 변화를 고려한 트레이닝 프로그램을 수행하려한다면 3~5가지 운동을 6~10세트 할 수 있다.

만일 동일한 특수성의 근지구력을 고려한 아주 많은 횟수의 운동을 수행한다면 세트 수는 감소되어야 할 것이다.

초급자의 근 발달을 위한 골격근을 트레이닝 시키는 초기에는 운동의 수가 많고 반대로 세트 수는 감소된다.

중, 상급자에 가까울수록 트레이닝은 특이성을 더욱 강조돼야 하므로 운동의 수는 점점 감소하고 세트 수는 증가한다.

결론적으로 세트 수는 위에서 언급한 요인들에 따라 변화한다. 어떤 경우에 있어서든지 3세트에서 8세트 사이 어느 수준이라도 휴식에 따라 더 많은 세트를 소화하는 것이 좋다.

회복이 가능한 선에서 더 많은 세트를 부과할수록 더 많은 운동을 수행할 수 있게 되며 이는 더 높은 근력 증가와 신체의 향상을 가져온다.

하지만 무리한 세트 운동은 오히려 부상과 과 훈련으로 진행될 수 있어 운동 대상의 신체 상태를 고려해야 한다. 또한 운동 세트의 증가 방법은 1RM의 근력 측정 및 시합에 의한 기록으로 무게 증가 훈련에 따라 운동량의 수정으로 기본 세트의 적용, 무게에 대한 신체의 적응 상태 등을 고려하여 기술 자세의 변형을 주지 않는 범위에서 1세트씩 증가하며 동계 훈련 시에는 80%~100% 무게 %에 따른 횟수 증가를 목표로 한다.

8) 휴식

역도선수의 운동 중 휴식 시간은 개개인의 트레이닝 형태와 강도에 따라 달라지며 역도 특성에 따라 고중량 무게 운동의 빠른 기술동작속도에 의한 최대 근력의 지속적인 발현을 유지하기 위해서는 세트와 세트 사이 3~5분의 휴식을 기본으로 체온이 떨어지지 않는 범위의 최대 7분까지 휴식이 요구 된다.

이러한 세트 간 휴식의 간격은 발달시키고자 하는 근력의 특성, 운동 강도, 운동수행 속도, 운동 경력, 신체 특성과 실내 온도에 따라 달라지며 고중량의 반복 세트와 기술속도를 유지하기 위해서 또는 신체 근 피로를 조절하기 위해서 운동 중 휴식 시간의 조절은 매우 중요한 운동 요소이다.

운동 중 부하 강도와 활동 시간에 따라 신체의 생리 작용으로 특정 에너지 시스템이 작용하며 고강도의 근력 트레이닝 중에는 저장 에너지가 사용되며 고갈되기도 한다. 역도 특성의 적은 반복 횟수 1~3회와 많은 세트 수 6~10세트의 운동을 할 수 있기 위해서는 고갈된 신체에너지가 다음 세트를 수행하기 전에 보충될 수 있도록 휴식을 가져야 한다.

하지만 운동수와 마찬가지로 휴식의 중요성에 대한 인식 부족으로 세트 간 휴식을 줄이며 운동을 지속하게 하려는 경향이 있다.

〈표 18〉 1RM을 적용한 트레이닝 별 휴식 시간

1RM의 백분율(%)	수행 속도	휴식 시간	적용
105%이상(신장성/등척성)	느리게	4~5분, 7분	최대 근력
80 ~ 100%	느리게 - 중간	3~5분, 7분	최대 근력, 근비대
60 ~ 80%	느리게 - 중간	30초~2분	근비대
50 ~ 80%	빠르게	2~5분	파워 향상
30 ~ 50%	느리게 - 중간	20초~2분	근지구력

그 결과 근지구성의 유발과, 피로가 발생되는 트레이닝 프로그램이 진행되어 경기력 및 운동 효과를 거두지 못하는 경우가 발생한다.

지도자는 세트 사이, 또는 각 트레이닝 시기 사이에 가지는 휴식과 에너지의 보충이 트레이닝 그 자체만큼이나 중요하다는 사실을 인식해야 하며 세트 사이의 휴식 시간은 다음 세트를 시작하기 전에 에너지원의 회복이 어느 정도 이루어지는지에 따라 결정된다는 것을 알아야한다.

휴식 시간은 세트 사이 휴식 시간과 근력 트레이닝을 하는 날자 사이의 휴식 시간 두 가지 모두를 고려해야 한다.

세트 사이의 휴식 시간은 트레이닝에서 사용된 부하와 발달시키고자 하는 근력, 그리고 운동을 수행하는 속도나 파워에 따라 달라지며 ATP와 PC가 시간 경과에 비례하여 재보충이 되어 다음 세트 운동에서 에너지원으로 다시 이용된다.

휴식 시간을 적절히 선정함으로써 젖산의 급격한 축적을 막을 수 있어 계획된 트레이닝 프로그램을 지속할 수 있다.

휴식 시간이 1분 이하로 짧아지면 젖산 농도가 너무 높아져 상급 선수라도 견디기 힘들며 다음 훈련동작의 진행 및 유지를 어렵게 한다. 적절한 휴식 시간 은 젖산의 제거를 촉진시킨다.

근력 트레이닝을 실시하는 날짜 사이의 휴식 인터벌은 체력 수준, 피로, 회복 능력, 트레이닝 국면, 그리고 트레이닝에 이용된 에너지원에 따라서 좌우된다.

체력 수준이높은 건강한 사람은 운동에 적응하며 회복 속도가 갈수록 빨라질 것이다.

트레이닝에서 요구되는 에너지원은 트레이닝 날짜 사이의 휴식 인터벌을 고려해야 할 때뿐만 아니라 트레이닝의 빈도를 결정할 때도 고려되어야 할 중요한 사항이다. 근력 트레이닝으로 글리코겐이 충분히 회복되는 데에는 48시간이 소요되기 때문이다.

만일 중급자가 초급자의 일일 훈련 프로그램을 하듯이 적은 량의 근력 트레이닝을 한다면 글리코겐의 보충이 더 빨리 이루어질 수 있다.

5시간 만에 55%, 그리고 24시간이면 100%가 회복된다. 그런 경우에는 근력 트레이닝을 좀 더 자주 계획할 수 있다. 운동 중 휴식은 부하량과 운동의 목적에 따라 신체 상태를 고려해서 변화해야 한다.

9) 준비 운동과 정리운동

고중량의 무게를 들어 올려야 하는 역도는 근력강화의 기본 운동으로 개인근력의 무게% 트레이닝에 따라 관절과 근육에 직접적인 스트레스를 주며 부상을 줄 수 있어 반드시 준비 운동을 실시해야 하며 매번 트레이닝 이전에 5~10분 빠른 걷기 동작이나 가벼운 달리기, 체조 이후 스트레칭 및 가벼운 빈 봉 기술 동작 운동의 준비 운동(Warm- up)을 해야 한다.

이는 근육의 온도를 높이며 호흡 순환 기능을 촉진시켜 대뇌를 자극 신체 운동 기능과 능력을 높여준다.

또한 강하게 실행할 운동 스트레스를 근육과 관절이 더 잘 받아드리도록 준비시킨다. 빠른 걷기 동작이나 가벼운 달리기, 체조 이후 스트레칭 및 빈 봉의 기술 동작 운동은 혈액과 근육의 온도를 상승시키며 신체 관절과 근육이 쉽게 수축, 이완하며 고중량의 기술 동작에 무리가 없도록 해준다.

때문에 평균 체온 37도 정도의 체온에서 준비 운동을 통한 39도 수준으로 근육의 온도를 2도 이상 높이는 것이 바람직하다.

준비 운동은 여름의 경우 10~15분, 겨울의 경우 20~30분 정도가 좋으며 준비 운동 후 주 종목 운동 간 휴식은 10~15분 수준이 적당하다.

정리 운동(Cool Down)은 고중량의 트레이닝 이후 바로 운동을 정지할 경우 신체에 나타나는 심장 심박출량의 급격한 감소로 대뇌 혈액 공급 부족 및 근육의 혈류량 감소, 근육 내 젖산 등 노패물의 제거 능력의 저하로 근육의 피로, 두통, 움직임 둔화 등의 신체 상태를 긍정적으로 만들기 위해 가벼운 정리 운동을 통해 안정 시까지 천천히 회복시켜주는 5~10분 정도의 워킹과 스트레칭 운동을 말하며 다음 운동을 준비 하는데 매우 중요한 역할을 한다.

(1) 역도 선수의 준비 운동(Stick Warm- up)

〈그림 155〉 데드리프트(Dead lift)

〈그림 156〉 굿모닝 엑서사이즈(Good Morning exercise)

〈그림 157〉 벤트 오버 스쿼트 (Bent Over Squat)

〈그림 158〉 스쿼트 (Squat)

〈그림 159〉 스쿼트 점프(Squat Jump)

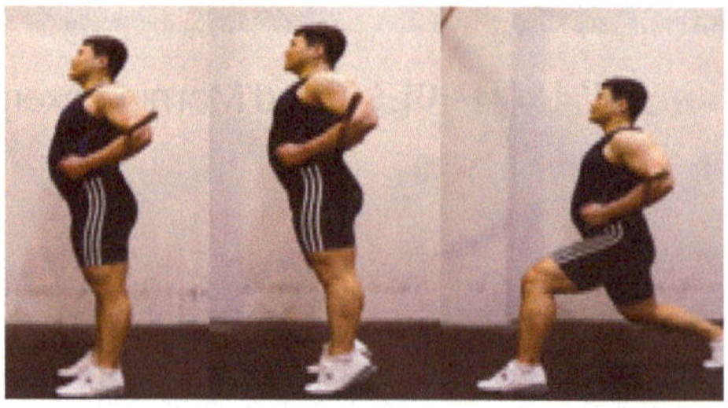

〈그림 160〉 드롭 투 스플릿(Drop To Split)

〈그림 161〉 오버 헤드 스쿼트(Overhead squat)

〈그림 162〉 오버 헤드 런지(Overhead lunge)

〈그림 163〉 밀리터리 프레스(Military Press)

〈그림 164〉 푸시 프레스(Push Press)

〈그림 165〉 드롭 투 스플릿 저크
(Drop To Split JERK)

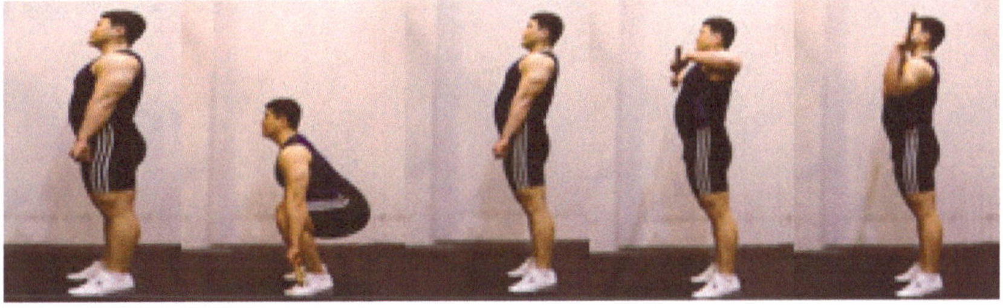

〈그림 166〉 머슬 클린(Muscle Clean)

〈그림 167〉 점프 클린(Jump Clean)

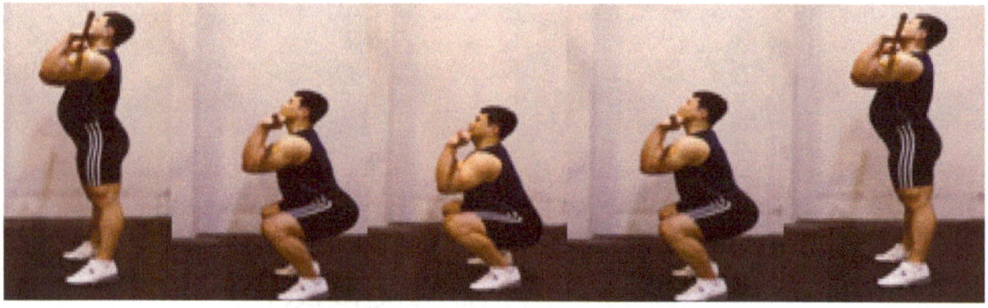

〈그림 168〉 프런트 스쿼트(Front Squat)

〈그림 169〉 머슬 스내치(Muscle Snatch)

〈그림 170〉 점프 스내치(Jump Snatch)

〈그림 171〉 스내치 밸런스(Snatch Balance)

〈그림 172〉 파워 스내치(Power Snatch)

3 역도 연습 계획

1) 장기 훈련 계획

역도선수 및 역도운동을 하는 모든 초급자에서 엘리트 선수까지 기술을 위한 연습이나 체력 증강을 위한 훈련을 최적화시키기 위해서는 훈련 계획을 수립해야 하며 시합 일정에 따라 원하는 목표에 따라 선수의 능력, 기술, 심리 등을 절정에 도달할 수 있도록 계획하고 준비해야 한다.

엘리트 역도선수의 경우 2~4년의 계획으로 아시아경기대회, 올림픽대회 등 국제대회의 입상을 고려한 프로그램을 계획한다.

이는 역도 경기의 성과를 얻기 위한 장기계획을 세우는 것이 개개인의 기록 향상에 매우 중요한 역할을 하기 때문이다.

또한 중, 고등학생 역도 선수는 개인의 기록 증진과 국내 대회를 위한 연간 계획을 세워 전국체전이나 선수권 대회 등을 준비한다.

이러한 연간 계획의 준비는 역도 기술의 숙달 및 체력 발달과 심리적 강화뿐만 아니라 운동 기간을 관리하며 프로그램을 과학적이고 개별적으로 세분화 할 수 있기 때문이다.

역도 연습과 훈련의 계획은 연간, 월간, 주간 계획으로 나누어지며 신체의 발달과 회복 및 역도 경기력의 향상을 위해 기술적, 생리적, 심리적 등 개개인의 특성에 따라 훈련 기준이 포괄적으로 고려되어야 하며 여기에는 운동 유형과 강도, 빈도, 세트 등의 구체적 프로그램이 반복적이고 점진적으로 계획되어야 한다.

2) 연간 훈련 계획

(1) 연간 계획 수립

연간 훈련 계획은 장기 훈련 계획의 일부 과정으로 집단 및 개개인의 목표 특성에 따라 세부 연간계획을 세워야한다.

〈표 19〉 역도 선수의 장기훈련계획

구분	연습내용
1차년도 역도기술과 기초체력 습득 목표	① 역도에 대한 기초 기술지식의 습득 및 평가 자세 연습 ② 기초체력 발달과 전반적인 신체 발달을 위한 측정과 평가 ③ 월간, 연간 기록향상 목표 설정과 운동량 조절을 위한 일간일지 작성법 습득 및 운동량 평가 방법 교육 ④ 기록 향상을 위한 보조운동의 특성과 자세습득 및 연습 ⑤ 개인의 신체적 특성을 고려한 역도 기술을 습득하며 과학적 이론과 생리적 , 역학적 개개인의 훈련 방법에 관한 연구를 습득한다. ⑥ 초기 9개월에 걸쳐 Snatch, Clean & Jerk에 대한 전문 기술 습득을 위한 연습과 동작을 습득 완성시키며 적정 무게 부하의 적응 연습과 훈련
2차년도 역도기술과 전문근력 습득 목표	① 역도 보조운동과 역도 기술의 개개인 특성에 따라 습득시키고 교정, 완성 시킨다. ② 역도 보조운동에 의한 전문 근력을 발달시킨다. ③ 1차년도 대비 운동량을 증가시키며, 연 평균 개개인의 능력에 따라 점진적으로 증가시킨다. ④ 역도 보조운동 및 기술 종목의 월간, 연간 기록 향상 목표설정과 운동량 조절 및 점진적인 무게부하를 증가 ⑤ 체력 및 기술의 기록 측정과 평가 ⑥ 역도 경기 시 기록에 영향을 미칠 수 있는 심리적 요인에 대한 연구
3차년도 역도전문근력 향상과 역도기록 향상 시합방법 습득 목표	① 역도의 전문 근력을 발달시키며 운동량을 평가 한다. ② 개개인의 차이에 따라 운동량을 증가시키며 바벨의 연간 평균 무게를 증가시킨다. ③ 인상과 용상의 기록을 평가하며 연습 부하강도를 증가시킨다. ④ 개개인의 특성에 따라 전문 역도 기술 동작을 교정, 완성시킨다. ⑤ 보조운동의 기록을 측정하고 증가시킨다. ⑥ 보조운동 및 역도 기술을 평가 한다.
4차년도 역도전문근력 향상과 역도기록 향상시합 운영 목표	① 역도 기록 및 보조운동의 기록을 평가하며 무게를 증가 시킨다. ② 운동량의 평가에 따라 증가시킨다. ③ 인상 기록 및 용상 기록에 대한 상대 평가 및 순위를 평가한다. ④ 기술 완성을 위해 계속 노력한다. ⑤ 역도 경기에 대한 시합 운영과 지식을 습득한다.

연간 훈련 계획은 일정한 운동 기간을 관리하기 쉬운 더 작은 단위로 나누어주며 선수가 목표로 하는 경기력 또는 능력을 발휘하게 한다. 훈련의 다양성을 제공하며 고강도 훈련에 따른 회복 및 컨디션을 조절한다.

〈표 20〉 선수 개인별 분석 (훈련 방향 제시)

성명	장점	단점	단점 보안 훈련 계획	훈련 목표
김**	Snatch	C & J	유연성 강화 및 하체 근력 강화	Joint Mobility 트레이닝 통하여 견갑골 가동범위 향상 및 Back Squat, Runge 훈련을 통한 하체 근력 향상으로 인상 기록 향상
윤**	Snatch	C & J	체계적인 체중관리 및 체중조절	체계적인 식이요법(단백질↑, 탄수화물↓)과 꾸준한 유산소트레이닝을 통한 효과적인 체중조절
원**	C & J	Snatch	상체, 허리 근력 강화 및 Snatch 동작 개선	Snatch동작 개선 및 하체 및 복직근 강화 및 Snatch 앉아 받기 동작 협응력 향상으로 Snatch 향상

역도선수의 경우 역도 경기를 통하여 자신의 기량을 확인해야 하며 1년에 1~3회 이상 반드시 경기에 참여하도록 계획해야 하며 경기와 유사하게 기록을 측정해야 한다.

〈표 21〉 선수 개인별 기록 현황(훈련 목표 기록 설정)

성명	주요 훈련 항목	2019년 현재 기록	2020년 훈련 목표
황**	Military Press	90kg	110kg
	Back Squat	260kg	280kg
	Front Squat	210kg	230kg
	Snatch Deadlift	220kg	240kg
	Clean Deadlift	240kg	260kg
	High Snatch	140kg	160kg
	Snatch	170kg	180kg
	High Clean	170kg	190kg
	Clean & Jerk	210kg	220kg

성명	주요 훈련 항목	2019년 현재 기록	2020년 훈련 목표
진**	Military Press	115kg	120kg
	Back Squat	260kg	280kg
	Front Squat	215kg	230kg
	Snatch Deadlift	220kg	240kg
	Clean Deadlift	260kg	270kg
	High Snatch	160kg	165kg
	Snatch	183kg	190kg
	High Clean	180kg	190kg
	Clean & Jerk	215kg	225kg

또한 월별 운동량, 바벨의 평균 무게, 최대 강도, 총 횟수 등에 대한 구체적 계획을 제시되어야 하며 운동량과 강도의 증가 또는 감소를 예상해야 한다.

비시즌일 경우 운동량과 강도는 증가해야 하며 시즌일 경우 운동량의 감소와 운동 강도의 유지로 최상의 컨디션을 지속하도록 설정 시합을 준비해야 한다.

일반적으로 시합 1달 전 80~100%로 시합 기록에 대한 측정과 훈련을 해야 하며 시합전 신체의 회복을 위한 운동량의 감소 조절(적은 횟수와 세트 수)이 필요하며 시합이 다가올수록 70~80%

수준의 연간 계획의 준비단계 수준의 운동으로 컨디션을 조절한다.

시합 이후에는 운동량과 강도를 감소시켜, 신체 전반의 기능을 회복할 수 있게 계획한다.

〈표 22〉 연간 계획표

일정	9월	10월	11월	12월	1월	2월	3월	4월	5월	6월	7월	8월
연간 계획	준비기Ⅰ		시합기Ⅰ	전이기	준비기Ⅱ		시합기Ⅱ	전이기	준비기Ⅲ		시합기Ⅲ	전이기
근력 주기	조직 적응	최대 근력	근파워		조직 적응	최대 근력	근파워/ 근지구력	조직 적응		최대 파워	근파워	보상

(2) 월간 훈련 계획

연간 계획의 세분화된 하위 단계로 4~6주 또는 2~3개월의 기간으로 월간 훈련 계획을 작성하며 훈련 계획의 목표를 정확하게 설정한 후 주당 구체적인 실천 계획을 수립하도록 한다.

월간 계획은 시합과 시합 사이의 기간 등 시합과 역도 기록 측정의 단위이며 연간 시합에 따라 목표 성과에 따라 2~3개월 등 6개월 동안 지속하는 프로그램을 계획한다.

주간 연습할 구체적인 내용을 설정해야 하며 운동량, 운동 강도, 세트, 횟수, 종목 등 시합 일정까지를 계획하여 스내치(Snatch), 클린&저크(Clean & Jerk)에 대한 중량의 최대 부하를 결정한다. 체계적으로 작성된 월간 계획은 선수의 경기력 향상과 효율적인 운동 수행을 위하여 효과적으로 사용할 수 있다.

4 훈련 프로그램

1) 기초 훈련 계획(초급자)

초보자가 전국 규모의 역도 시합에 출전하려면 최소한 3~4년간의 집중 훈련이 필요하며, 역도를 시작해서 스내치(Snatch), 클린(Clean & Jerk) 동작을 정교하게 익히려면 최소한 9개월 정도의 반복적인 훈련을 토대로 기초적인 전문 근력이 발달돼야 한다.

초기 역도 연습과 훈련은 기초체력 향상과 기술을 올바르게 습득하는데 목적을 두어 프로그램을 작성하도록 해야 한다. 초급자에 대한 훈련은 다음과 같다.

(1) 1단계 초급자

역도 초급자의 경우 신체 적응을 위한 운동과 회복을 주기 위해 일주일에 3회 정도의 역도 연습 훈련을 하는 것이 바람직하며 무게 증가의 기록 향상보다는 기술의 완성에 중점을 두어야 한다. 최대 가동 범위의 정교한 자세 습득과 전반적인 신체의 근력 및 체력 증진을 이해시키며 자발적인 역도 연습 훈련에 임할 수 있도록 동기 유발을 시키는 것이 매우 중요하다.

〈표 23〉 초급자 1단계 훈련 계획 예시

1일	세트x 횟수	2일	세트x 횟수	3일	세트x 횟수
Warm- up	20분	Warm-up	20분	Warm- up	20분
Clean	5X5	Snatch	5X5	Clean & Jerk	5X5
C. Dead lift	5X5	Snatch Pull	5X5	Clean Pull Up	5X5
Clean Pull	5X5	Snatch Balance	5X5	Box Dead lift	5X5
Jerk	5X5	Back Squat	5X5	Front Squat	5X5
Front Squat	5X5	Good morning	5X5	Push Press	5X5
Cool Down	20분	Cool Down	20분	Cool Down	20분

초급자의 주간 프로그램은 역도 기술 자세의 정교한 습득을 위해 일일 정규 시합종목 설정에서 단일 종목을 습득시키는 프로그램을 설정하는 것이 기술 습득에 유리하다.

정교한 기술 습득을 위한 저 중량의 반복 훈련을 목표해야 하며 워밍업과 쿨다운 동작은 스트레칭과 체조 이외에도 빈 봉(나무 봉)의 자세 연습 훈련이 필요하다. 또한 무거운 중량의 근력 트레이닝 이후 유산소 정리 운동을 해야 한다.

(2) 2단계 초급자

초급자의 2단계의 훈련은 다음과 같이 역도시합 두 종목의 훈련 방법을 복합으로 실시하는 형태의 프로그램 모형을 제시한다. 이러한 프로그램 형태는 역도 중, 상급자의 일반적인 프로그램 형태로 많이 사용되고 있다.

〈표 24〉 초급자 2단계 훈련 계획 예시

1일	세트x횟수	2일	세트x횟수	3일	세트x횟수	4일	세트x횟수
Warm-up	20분	Warm-up	20분	Warm-up	20분	Warm-up	20분
Snatch	5X5	Clean & Jerk	5X5	Snatch	5X5	Clean & Jerk	5x5
S. High Pull	5X5	Clean Pull Up	5X5	S. High Pull	5X5	Clean Pull Up	5x5
C, Dead lift	5X5	S, Dead lift	5X5	C, Dead lift	5X5	S, Dead lift	5x5
Jerk	5X5	Snatch Balance	5X5	Jerk	5X5	Snatch Balance	5x5
Front Squat	5X5	Back Squat	5x5	Front Squat	5X5	Back Squat	5x5
Cool Down	20분	Cool Down	20분	Cool Down	20분	Cool Down	20분

역도 선수의 프로그램 종목 선정은 개개인의 훈련 기록 측정에 따라 취약한 종목과 부위의 운동을 우선으로 해야 하며 1일 프로그램의 종목 형태는 개개인 마다 다를 수 있으며 같은 종목이라도 세트와 횟수가 다를 수 있다.

초보자 프로그램은 기술 습득과 기초 체력 및 보조 운동의 습득 등의 기반 운동을 강화하는 데 목적이 있다. 또한 개개인의 보강 운동을 추가해서 실시해야 한다.

2) 중급 훈련 계획(중급자)

역도 초급 과정이 1~2년 이상 점진적으로 주 3~4회의 트레이닝이 진행된 상태에서 기술 수준과 신체 회복 상태 및 역도 보조 운동의 기록 등을 고려하여 중급 과정의 훈련을 실시한다.

중급 과정은 역도 시합을 대비한 기술 및 전문 근력의 향상과 역도 기록 향상을 목표로 고강도의 훈련과 휴식 및 회복이 포함된 프로그램으로 3~4개월 단위로 구성한다.

프로그램의 단계별 주기 사이에는 1주간의 휴식기를 주며 주당 훈련 빈도는 4일로 한다. 1일 훈련 시간은 2시간 내외로 최대한 집중 훈련을 가능하게 하며 주당 4회의 훈련을 통하여 전문 근력의 강화와 정교한 기술의 습득 등 역도 전문 체력 발달에 주력한다.

역도 훈련과 휴식의 순환 주기를 채택하여 1주는 중강도 80%, 2주는 고강도 90%, 다시 3주는 중강도 80%, 4주는 고강도 90%로 훈련 계획을 수립한다.

위에서도 언급한 바와 같이 역도 훈련 모형은 훈련 집단(학년별, 성별)간 개개인의 특성에 따라 달라져야 하며 선수의 기록 및 기술, 체력 수준, 피로도에 따라 정확하게 분석하고 다양하게 설계돼야 한다.

또한 운동의 순서와 세트, 횟수 등이 개인에 따라 좀 더 집중되거나 바뀔 수 있으며, 선수의 취약한 종목을 최우선 순위로 설정 프로그램에 포함해야 한다.

- 1단계: 역도 기술과 기초 근력 훈련에 중점을 둔다.
- 2단계: 역도 전문 근력을 병행 선수의 체력과 기술의 향상에 따라 운동의 강도를 조절한다.
- 3단계: 역도 시합 모형 형태와 전문 근력에 중점을 두어 시합을 준비하는 훈련을 한다.

이렇게 3개월 주기(1~4주), 2단계(5~9주), 3단계(10~12주), 4단계(13~14주)의 4단계로 나누어 프로그램을 운영한다.

(1) 1단계(준비단계 : 1~4주)

선수는 주당 4회의 훈련을 하며 근력 강화와 기술을 포함하여 역도 전문 체력 향상에 집중하며 1주차는 저 강도 70% 훈련, 2주차는 고강도 90% 훈련, 3주차는 중강도 80% 훈련, 4주차는 고강도 90% 훈련 형태로 프로그램 계획을 수립한다.

프로그램의 운영은 개개인의 체력 및 컨디션에 따라 수정, 보완해야 한다.

(2) 중급자 1단계

〈표 25〉 훈련 계획 1~4주차 예시

1일 70% 저강도	2일	3일	4일
Warm-up	Warm-up	Warm-up	Warm-up
Snatch 5x5	P, Clean 5x5	P, Snatch 5x5	Clean & Jerk 2x6
P, Clean 5x6	S. High Pull Up 3x6	C. Pull 3x6	P, Clean 5x5
Clean Pull 3x6	S, Dead lift 3x6	Rack Jerk 3x6	S, Dead lift 3x6
Rack Jerk 5x5	Back Squat 3x6	Front Squat 3x6	Back Squat 3x6
Front Squat 3x6	Bench Press 5x6	Good morning 5x6	Push Press 5x6
Cool Down	Cool Down	Cool Down	Cool Down

(3) 중급자 2단계

〈표 26〉 훈련 계획 5~9주차 예시

1일 80% 중강도	2일	3일	4일
Warm-up	Warm-up	Warm-up	Warm-up
Snatch 5x5	Clean & Jerk 2x5	Snatch 5x5	Clean & Jerk 2x5
P, Clean 3x5	S. High Pull Up 3x5	P, Clean 3x5	Snatch Balance 3x3
Clean Pull 3x5	S, Dead lift 3x5	C. Pull 3x5	S, Pull 3x5
Rack Jerk 3x5	Back Squat 3x5	Push Press 3x5	Back Squat 3x5
Front Squat 3x5	Good morning 3x5	Front Squat 3x5	Good morning 3x5
Cool Down	Cool Down	Cool Down	Cool Down

(4) 중급자 3단계

〈표 27〉 훈련 계획 10~12주차 예시

1일 90% 고강도	2일	3일	4일
Warm-up	Warm-up	Warm-up	Warm-up
Snatch 2x5	Snatch 2x5	Snatch 2x5	Snatch 2x5
Clean & Jerk 1x5	Clean & Jerk 1x5	Clean & Jerk 1x5	Clean & Jerk 1x5
Snatch Balance 2x3	Snatch Balance 2x3	Snatch Balance 2x3	Snatch Balance 2x5
P, Clean 3x5	P, Snatch 2x6	P, Clean 3x5	P, Snatch 2x6
Cool Down	Cool Down	Cool Down	Cool Down

(5) 중급자 4단계

〈표 28〉 훈련 계획 13~14주차 예시

1일	2일	3일	4일
Warm-up	Warm-up	Warm-up	Warm-up
Snatch	Clean & Jerk	P, Snatch	Snatch
S, Pull	C. Pull	P, Clean	Clean & Jerk
Snatch Balance	Front Squat	Front Squat	
Back Squat	Good morning		
Good morning			
Cool Down	Cool Down	Cool Down	Cool Down

중급자 4단계 13~14주차는 시합 주로서 주간 훈련은 시합에 대비하여 휴식과 신체 컨디션을 조절하며 운동량을 효과적으로 감소시켜 13주차 훈련은 시합 1차시기 수준의 중량 부하로 연습하며 14주차는 완전히 훈련량을 줄여 1시간 이내 훈련을 진행하며 주로 컨디션 유지 및 시합 대비 예행연습으로 주 종목 인상, 용상의 저, 중강도 연습 훈련을 한다. 이 기간 근력 향상 및 기술의 변화를 주는 연습 형태가 진행되어서는 안 된다.

3) 고급 훈련 계획(고급자)

전문 역도선수로서 대학부 및 일반부 역도선수의 프로그램으로 고급 훈련 계획에는 장기 훈련 계획과 단기 훈련 계획을 병행하여 수립해야 한다.

전국체전과 국가대표 선발전의 큰 대회의 입상 목표로 장기 계획을 세우며 단기 계획은 목표에 따른 기록 및 주요 큰 대회 이외 작은 대회를 목표로 장기 계획의 일부분으로 포함한다.

고급자 수준의 역도선수는 자기의 장점보다는 약점을 보완하고 교정하기 위해 최대의 노력을 행해야 하며 체력과 기술이 점차 발달함에 따라 훈련량을 고 운동량의 90%까지 증진시키도록 해야 한다.

장기 계획은 주요 경기의 성격 및 일정 등에 따라 주요 내용을 변경한 프로그램으로 훈련 방법을 결정해야 한다. 또한 수준급 선수들에게는 개개인 의 특성에 따라 개별적인 훈련 계획을 수립하는 것이 바람직하다.

(1) 고급자 1단계(준비 기간)

엘리트 선수의 경우 주당 4회 이상의 훈련을 해야 하며 2~3일 훈련에 1일 휴식의 4~6주 기간 역도 전문 근력과 체력 향상에 집중할 수 있는 프로그램을 운영한다. 이 기간 선수들의 기록과 능력에 따라 역도 경기 종목인 인상과 용상보다는 보조 운동을 주로 연습하는 것이 바람직하다.

〈표 29〉 고급자 1단계 준비기 예시

월	화	목	금
Warm-up	Warm-up	Warm-up	Warm-up
P, Snatch	Clean	P, Snatch	Clean & Jerk
P, Clean	S. High Pull Up	P, Clean	Snatch Balance
Clean Pull	S, Dead lift	C. Pull	S, Pull
C. Dead lift	Back Squat	Front Squat	Back Squat
Front Squat	Snatch Balance	Push Jerk	Snatch Balance
Cool Down	Cool Down	Cool Down	Cool Down

이 후 마지막 4주차 또는 6주차 마지막 단계에서 인상과 용상에 대한 훈련을 행한다. 80% 이상의 강도 % 훈련을 요구하며 스쿼트 종목은 3~5회 5세트 풀 종목은 3회 6세트 그 외 종목은 2~3회 4~6세트의 프로그램을 형성한다.

(2) 고급자 2단계(시합 기간)

시합기간 동안에는 주 운동 인상, 용상 두 종목과 보조 운동 데드리프트, 풀 등 종목을 병행 실시하며 90~100% 범위 내의 최고중량을 주로 사용한다.

경우에 따라서는 등척성 트레이닝과 Box, Power Rack 등을 활용 110% 이상의 범위까지 중량을 올려본다.

시합 전 30일이나 20일 부터 주 운동은 파워 육성에 초점을 두며. 최고중량의 90%정도의 중량을 가지고 훈련한다.

이 시기에 에너지 소비가 너무 높은 훈련은 줄이는 것이 바람직하며 주 종목의 80~90% 훈련이 기록 향상에 유리하다.

〈표 30〉 고급자 2단계 시합 기간 훈련 계획 예시

월	화	목	금
Warm-up	Warm-up	Warm-up	Warm-up
Snatch	Snatch	Snatch	Snatch
Clean & Jerk	Clean & Jerk	Clean & Jerk	Clean & Jerk
Back Squat	Front Squat	Back Squat	Front Squat
Clean Pull	S, Pull	Clean Pull	S, Pull
Cool Down	Cool Down	Cool Down	Cool Down

100%는 1회 그 이외 %는 2~3회 3~4세트의 프로그램을 형성한다. 이후 시합 1~2주전 프로그램은 완전히 훈련 량을 줄여 1시간 이내 훈련을 진행하며 주로 컨디션 유지 및 시합 대비 예행연습으로 주 종목 인상, 용상은 75~85% 저, 중강도 연습 훈련을 한다.

이 기간 기술의 변화를 주는 연습 형태가 되어서는 안되며 때때로 심리적 경기 불안 요소의 향상을 위해 시합 1차 시기를 연습하는 경우도 있다.

또한 이 기간 중 단기 목표의 기록 측정과 시합을 진행하며 준비한다.

〈표 31〉 고급자 2단계 시합전 기간 훈련 계획 예시

1일	2일	3일	4일
Warm-up	Warm-up	Warm-up	Warm-up
Snatch	Clean & Jerk	P, Snatch	Snatch
S, Pull	C. Pull	P, Clean	Clean & Jerk
Snatch Balance	Front Squat	Front Squat	
Back Squat	Snatch		
Cool Down	Cool Down	Cool Down	Cool Down

(3) 고급자 3단계 (회복 기간)

상급자 수준 역도 선수의 경우 장기간의 훈련과 연습에 의한 신체적 정신적 스트레스의 해소를 위한 1~4주 정도 기간의 이완기를 형성해야 하며 시합 이후 다음 시합과 훈련을 준비하기 위한 기간으로 활동적인 유산소 훈련과(수영, 농구, 육상)보조 훈련 및 휴식을 제공해 주어야한다.

〈표 32〉 고급자 3단계 이완 기간 훈련 계획 예시

1일	2일	3일	4일
Warm-up	Warm-up	Warm-up	Warm-up
P, Clean	무릎 3초 정지 S, Dead lift		무릎 3초 정지 S, Dead lift
Back Squat	Bent Squat	구기 및 수영	Front Squat
Snatch Balance	Bench Press	Stretch	Bench Press
C. Dead lift			
Cool Down	Cool Down	Cool Down	Cool Down

시합 기간에 비하여 훈련 운동량, 강도, 횟수, 세트 등을 감소시켜 최적의 신체 회복과 상태를 만들어야 한다. 주 3회의 훈련과 저 강도 60~70% 훈련을 목표로 훈련한다.

(4) 고급자(국가대표) 훈련

국가대표 선수의 훈련은 올림픽 또는 아시아대회 세계 선수권 대회 등 국제대회의 출전 및 메달 획득을 위한 훈련 계획을 준비하며 전문적인 운동 강도와 운동량의 훈련을 진행한다.

1일 훈련은 2~3회를 실시하며 주당 5회 이상의 역도 연습과 체력증강 훈련을 실시한다.

〈표 33〉 국가대표(역도선수) 일일 훈련계획

시간	훈련 내용	장소	비고
06:00 ~ 07:30	조조 훈련	운동장 및 역도장	
07:30 ~ 09:50	아침식사 및 오전 훈련 준비	식당 및 숙소	
10:00 ~ 12:30	오전 훈련	역도장	
12:30 ~ 14:50	점심식사 및 오후 훈련 준비	식망 및 숙소	
15:30 ~ 18:30	오후 훈련	역도장	
18:30 ~ 20:30	저녁식사 및 휴식	식망 및 숙소	

지속적인 국제 및 국내 대회를 준비하는 관계로 장기 훈련 계획과 단기 훈련 계획을 병행할 수 있는 연간 프로그램을 수립해야 한다.

기본적으로 국제 시합 3개월 전을 기준으로 개개인의 약점과 특성에 따라 개인별 프로그램이 진행되며 4주마다 기본 운동 형태와 강도를 변경하며 인상, 용상 종목과 보조 운동 데드리프트, 풀 등 종목을 병행 실시하며 1~5회 반복하며 3세트 85~95% 범위 내의 최고 중량을 주로 사용한다.

모든 운동의 중량 부하는 점진적으로 늘려 최종 단계는 각 운동별로 최고 중량 마지막 세트는 1회만 실시하도록 한다.

무게 중량은 1주마다 주기적으로 변화시키며 1주차 중강도, 2주차 고강도, 3주차 중강도, 4주차 고강도로 실시하는 것이 바람직하다. 시합 2주전부터 시합을 준비하는 프로그램으로 변경한다.

시합 이외 프로그램은 동일하며 시합 2주프로그램은 역도 경기의 시합 1차시기 에 해당하는 중량이나 최고 중량의 5%~10% 이하의 중량을 가지고 Squat, Pull등 역도 보조운동을 제외한 모든 운동을 1~3회 3세트 반복 실시하며 운동량을 조절하여 역도 두 종목에 집중한다.

국제적인 역도선수 수준의 연습과 훈련 량을 소화하기 위해서는 시합기를 제외한 훈련 량은 주당 최소 4~5회 이상의 훈련이 필요하며 이러한 운동량의 훈련은 역도 경기의 기록 향상과 결과로 나타난다.

4) 고급자 주간 훈련

〈표 34〉 국가대표 주간 훈련 계획표

요일	월	화	수	목	금	토
%	19.10%	14.50%	19%	13.70%	19.20%	14.50%
반복 횟수	153	116	152	110	153	116
오전	Snatch 80% 3.3.3. 4.3.3. Power Jerk Rack 80% 3.3.4.3. Bench Press 80% 4.5.4. 85% 4. Snatch Pull 90% 5.5.5. 100% 2.2.	Power Snatch + Press + Squat 80% (3+3+2) 3, 4+3+2 Power Clean 80% 3.3.3. 4.3.3. Clean Pull 90% 5.5.5. 100% 2.2. Front Squat 80%6. 85% 4.4.4.4. Deadlift 100% 3.4.5.4.3	Snatch 80% 3.3.3. 4.3.4. Power Jerk Rack 80% 3.3.4.3. Bench Press 80% 4.4.4. 85% 4. Snatch Pull 90% 5.4.5. 100% 2.2.	Power Snatch + Press + Squat 80%(3+2+2)4 Power Clean 80% 3.3.3. 4.3.3. Clean Pull 90% 5.4.5. 100% 2.2. Front Squat 80% 5. 85% 4.4.4.4. Deadlift 100% 3.4.4.3.4	Snatch 80% 3.3.3. 4.3.3. Power Jerk Rack 80% 3.3.4.3. Bench Press 80% 4.5.4. 85% 4. Snatch Pull 90% 5.5.5. 100% 2.2.	Power Snatch + Press + Squat 80%(3+3+2)3, 4+3+2 Power Clean 80% 3.3.3. 4.3.3. Clean Pull 90% 5.5.5. 100% 4. Front Squat 80% 6. 85% 4.4.4.4.4. Deadlift 100% 3.4.5.4.3
오후	Cleantech.+ Jerktech. 80% 1+3,3+1. (2+2)2 Squat 80% 5.5.5. 85% 3.4.4.4. 3.4.4.4. Deadlift 100% 3.4.5.4.3.		Cleantech.+ Jerktech. 80%1+3,3+1. (2+2)2 Squat 80% 5.6.5.5. 85% 3.4.4.4. 3.4.4.4. Deadlift 100% 3.4.4.3.4.		Cleantech.+ Jerktech. 80%5.5.5.5. 85%3.4.4.4. 3.4.4.4. Deadlift 100%3.4.5.4.3.	

〈표 35〉 국가대표 주간 훈련 계획표

일정		월	화	수	목	금	토
조조 훈련	훈련내용	Running& Plyometric	Running& Plyometric	산책 및 ABS Back	Running& Plyometric	Running& Plyometric	산책 및 ABS Back
	시간	06:00~07:30	06:00~07:30	06:00~07:30	06:00~07:30	06:00~07:30	06:00~07:30
	훈련장소	대운동장	대운동장	대운동장	대운동장	대운동장	대운동장
오전 훈련	훈련내용	상,하체전문 보조근력훈련 및 자세연습	전문기술 및 보조근력훈련	상,하체전문 보조근력훈련 및 자세연습	전문기술 및 보조근력훈련 및 자세연습	상,하체전문 보조근력훈련 및 자세연습	전문기술 및 보조근력훈련 및 자세연습
	시간	10:00~12:30	10:00~12:30	10:00~12:30	10:00~12:30	10:00~12:30	10:00~12:30
	훈련장소	역도장	역도장	역도장	역도장	역도장	역도장
오후 훈련	훈련내용	전문기술 및 보조근력훈련	온욕 및 물리치료	전문기술 및 보조근력훈련	온욕 및 물리치료	전문기술 및 보조근력훈련	개인정비
	시간	15:30~18:30	15:30~18:30	15:30~18:30	15:30~18:30	15:30~18:30	15:30~18:30
	훈련장소	역도장	목욕탕 및 의과학부	역도장	목욕탕 및 의과학부	역도장	생활관

국내 국가대표의 훈련은 아래 주간 훈련 계획에서 나타나듯이 주당 5회 이상의 훈련을 진행 하고 있으며 아래 표의 역도 프로그램은 국내 국가대표 역도선수의 2일 훈련과 1일 휴식 프로그램과 해외 역도 국가대표 선수(중국)의 3일 훈련 1일 휴식 운동 프로그램은 엘리트 역도선수들이 주로 사용하는 연속 2일 훈련과 3일 훈련의 예시로 프로그램 내용은 달라질 수 있다.

이러한 훈련 종목의 선택은 선수의 특성과 약한 신체 부위 및 종목(인상, 용상) 보강을 위해서 선수나 지도자의 성향(기술 중점, 근력 중점)에 따라 다르게 계획되며 개인별 취약한 종목을 우선적으로 배정해야 한다.

〈표 36〉 고급자 주 4회 훈련(2일 훈련 1일 휴식)

월 (고강도)	화 (중강도)	수 (휴식)	목 (고강도)	금 (중강도)
Warm-up	Warm-up	Warm-up	Warm-up	Warm-up
Clean & Jerk	S. Balance	기술 자세 분석	Snatch	P. Snatch
P. Snatch	P. Clean	심리 훈련, 휴식	P. Clean	Clean & Jerk
Clean Pull	Squat Rack Jerk		C. Box Pull	Front Squat
Back Squat	Back Squat		Squat Rack Jerk	S, Pull
S. Balance			Front Squat	
Cool Down	Cool Down		Cool Down	Cool Down

〈표 37〉 고급자 주5~6 회 훈련(3일 훈련. 1일 휴일)

월 (고강도)	화 (중강도)	수 (중강도)	목 (휴식)	금, 토, 일 (훈련)
Warm-up	Warm-up	Warm-up	Warm-up	Warm-up
P. Snatch	P. Clean	Snatch	기술 자세 분석	P. Snatch
S, Pull	Clean Pull	Clean & Jerk	심리 훈련	S, Pull
Back Squat	Front Squat	Back Squat		Front Squat
S. Balance	Good morning	Clean Pull		S. Balance
Neck Press				Push Press
Cool Down	Cool Down	Cool Down	Cool Down	Cool Down

(1) 국가대표 선수의 훈련 계획

〈표 38〉 국가대표 선수의 훈련 계획표

훈련단계/주	훈련 목표	훈련 내용
1,2주	1주: 컨디션 체크 및 준비기 2주: 기초 전문 훈련 실시	•역도 고중량 운동을 대비하여 근 발달과 컨디션을 조절하며 부상 원인을 체크한다. •유연성 훈련 및 기초 근력 훈련에 초점을 맞추어 수행. •유산소 운동을 통한 체지방 감소, 허리, 복근 및 상체 근육의 강화에 초점.
3주-8주	6주간 : 전문훈련기, 개인 단점 기술 반복 훈련, 훈련 중량 경기 시 훈련 중량 대비	•목표 의식을 확립 •전문 근력 기술 훈련의 완성화 훈련 Weight training(상체근육, 상배근 강화), ABS &Back Training, Ploymetric, Agility Training, Speed Training •훈련 목표를 정확하게 숙지하도록 시청각 교육(비디오 분석 및 토론 및 개별 면담)
9주-13주	6주간 : 경기 준비기(기록 향상), 실전 경기 중량 도전 1RM 훈련, 전문 근력 유지 및 단점 보완, 강화, 훈련 강도 조절(최상의 컨디션유지)	•기술훈련 최대화 - Snatch, C&J 중점, 집중력, 자신감, 기술 정확도 강화. •전문근력, 전문기술의 Speed 및 Power 향상에 중점을 둔 훈련. •경기 시기 차 훈련, 훈련 시 적용(현지 경기시간, 경기 적응 훈련) •주기적 시청각 피드백을 통한 개인 훈련 목표 확립.
시합준비 14주-16주	2주 : 시합기, 최상의 컨디션 점검	•현지 시차 및 기후적응 - 취침, 기상 시간 철저 •최상의 컨디션 유지 •체중관리
시 합	개인 최고 기록 도전 및 대회 메달 도전	국제, 올림픽 경기 대회

(2) 고급자 엘리트 선수의 훈련프로그램

〈표 39〉 제 1~2주차 준비기 훈련

요일	월	화	수	목	금	토
새벽	- 400M Running - Agility 훈련 - ABS&BACK	- Stretching - ABS&BACK	- 400M Running - Agility 훈련 - ABS&BACK	- 400M Running - 계단뛰기 10set - ABS&BACK	- 400M Running - Agility 훈련 - ABS&BACK	휴식
오전	Warm-up 유연성 - 200M 6 Running - weight training 훈련 - ABS&BACK	Warm-up 유연성 - speed run Running - weight training 훈련 - ABS&BACK	Warm-up 유연성 - 200M 6 Running - weight training 훈련 - ABS&BACK	Warm-up 유연성 - speed run Running - weight training 훈련 - ABS&BACK	Warm-up 유연성 - 200M 6 Running - weight training 훈련 - ABS&BACK	Warm-up 유연성 - speed run Running - weight training 훈련 - ABS&BACK
오후	Warm-up Clean & Jerk 80% 1+2/8set Snatch Pull 80% 3/10set Back Squat 80% 6/6set 85% 4/6set Dead lift 90% 5/6set 100% 3/5set Bench Press 80% 6/6set	휴식	Warm-up Power Snatch +Snatch Balance 80% 2+2/8set Snatch 80% 3/8set Power Clean 80%2/10set Clean Pull 90% 3/10set Front Squat 85% 3/10set	휴식	Warm-up Clean & Jerk 80% 1+2/8set Snatch Pull 80%3/10set Back Squat 80% 6/6set 85% 4/6set Dead lift 90% 5/6set 100% 3/5set Bench Press 80% 6/6set	휴식

〈표 40〉 제 3~8주차 훈련기 훈련

요일	월	화	수	목	금	토
새벽	- 400M Running - Agility 훈련 - ABS&BACK	휴식	- 100M Running - plyometric 훈련 - Agility 훈련 - ABS&BACK	휴식	- 400M Running - 계단점프 10세트훈련 - ABS&BACK	휴식
오전	Front Squat 80%4/3set 85%3/5set 90%2/8set Snatch Pull 90%5/6set 100% 3/6set Power Snatch 80%3/10set Squat rack Jerk 80%3/10set Bench Press 80%6/8set	휴식	Push Press 80% 2.2 90% 2.2 95% 1.1 100% 1.1 Back Squat 80% 6/8set Snatch Balance 80%3/8set	휴식	Back Squat 90%3/6set 100%3/6set P. Snatch 80%3/10set Power Clean 80%3/10set Squat rack Jerk 80%2/12set	Front Squat 80%6/6set 85%4/6set Power Snatch + Snatch Balance 80% 2+1/8set Pull +Clean 70% 3+1 5set 80% 3+1 5set

<table>
<tr><th>요일</th><th>월</th><th>화</th><th>수</th><th>목</th><th>금</th><th>토</th></tr>
<tr><td>오후</td><td>Snatch
80%3/6set
90%2/8set
S Dead lift
90%3/6set
95%3/6set
Power Snatch
80%2/8set
Clean & Jerk
65%1/6set
70%1/6set
Snatch Pull
90%5/6set
100%3/6set
Squat rack Jerk
80%3/6set</td><td>Back Squat
80%6/6set
85%4/6set
Dead lift
90% 5/6set
100%4/6set</td><td>Clean &Jerk
80% 1+2/5set

Snatch Box Pull
90%4/6set
100%3/6set
Front Squat
80%6/6set
85%4/6set
Dead lift
90%5/6set
100% 4/6set</td><td>휴식</td><td>Snatch
80%3/6set
90%2/8set
Power Clean
80%3/10set
Clean &Jerk
80%
2+1/10set
Box Dead lift
90%3/6set
100%3/6set</td><td>휴식</td></tr>
</table>

〈표 41〉 제 9~13주차 시합 준비기 훈련

<table>
<tr><th>요일</th><th>월</th><th>화</th><th>수</th><th>목</th><th>금</th><th>토</th></tr>
<tr><td>새벽</td><td>- 400M Running
- Agility 훈련
- ABS&BACK</td><td>- Stretching
- ABS&BACK</td><td>- 30M Running
- plyometric 훈련
- Agility 훈련
- ABS&BACK</td><td>휴식</td><td>- 400M Running
- Agility 훈련
- ABS&BACK</td><td>휴식</td></tr>
<tr><td>오전</td><td>Push press
80% 5/6set
Squat rack Jerk
80%2/10set
Front Squat
95% 2/10set
Power Snatch
80%2/8set</td><td>휴식</td><td>Push Press
80%3/6set
90% 2/6set
Squat rack Jerk
80% 2/10set
Power Clean
80% 2/10set
Front Squat
90%2/8set</td><td>휴식</td><td>Back Squat
100% 2/8set
Snatch
80% 2/8set
Clean &Jerk
80% +1/8set
Push Press 80%
6/6set</td><td>Front Squat
100%2/8set
Snatch
80% 2/8set
Power Clean &
Jerk
80%2+18set
Snatch Balance
80% 3/6set</td></tr>
<tr><td>오후</td><td>Snatch
80%2/6set
90%1/6set
Power Snatch
80% 3/10set
Clean & Jerk
85%2/6set
90%1/6set
Power Clean
80%2/10set
Back Squat
70%3/6set
80%3/6set</td><td>S. Dead lift
90%3/6set
100%2/6set
Snatch
80% 2/15set
C. Dead lift
90%3/6set
100%2/6set
Clean &Jerk
80%
2+1/12set
Snatch Balance
80%3/10set</td><td>Snatch
80%2/8set
90% 1/10set
S. Dead lift
105% 2/10set
Clean & Jerk
85%2 +1/ 8set
90%.2+1/8set
C. Dead lift
105% 2/10set</td><td>휴식</td><td>Snatch
95% 1/10set
Clean & Jerk
95% 1+1/10set</td><td>휴식</td></tr>
</table>

〈표 42〉 제 14~16주차 시합 준비기 훈련 개인 프로그램 전환

요일	월	화	수	목	금	토
새벽	- 200M Running - Agility 훈련 - ABS&BACK	휴식	휴식	휴식	휴식	휴식
오전	Snatch 60% 2/5set Clean &Jerk 60% 2+1/5set	Push Jerk 60% 2/5set Dead lift 100% 1/3set	Front Squat Snatch Clean &Jerk 60-70% 1/3set	휴식	Back Squat Snatch Clean &Jerk 60-70% 1/3set	Front Squat 80% 2/3set Snatch Balance 60-70% 2/3set
오후	Snatch 95% 1/3set Clean & Jerk 95% 1+1/3set Back Squat 100% 1/3set	S. Dead lift 90% 3.3.3.3.3 100%2.2.2.2.2 Snatch 80% 2/15set C. Dead lift 90% 3.3.3.3.3 100%2.2.2.2.2 Clean &Jerk 80% 2+1/12set Snatch Balance 80% 3/8set	Snatch 90% 1/3set S. Dead lift 105% 1/3set Clean & Jerk 90%.1+1/3set C. Dead lift 105% 1/3set	휴식	Snatch 95% 1/3set Clean &Jerk 95% 1+1/3set C. Dead lift 80% 1/3set	휴식

(3) 고급자 엘리트 선수의 시합 준비 테이퍼링(Tapering)

긍정적인 시합상황을 만들기 위한 과정은 준비하는 모든 트레이닝이 정점에 이르도록 하는 것이며 역도선수의 경우 최대근력과 파워를 최고수준 까지 끌어 올리는 모든 단계가 끝난 시점으로 시합에서 성공적인 결과를 만들 수 있도록 최상의 컨디션 및 심리적인 준비를 하는 것이다.

일반적으로 시합 1개월 전에 시합준비를 위한 개개인의 최고 기록을 만들며 80~100% 강도의 운동과 주당 9회의 훈련일수 및 900시간이상의 운동시간을 실시한다.

시합 준비기간 동안 그 기록이 유지되도록 노력해야하며 시합 당일 까지 유지 시켜야 한다.

시합 준비기간의 트레이닝 형태는 높은 고강도 80~90% 이상의 강도 훈련과 낮은 운동량의 1~3세트 1~2회 반복횟수 및 3~6종의 운동 종목으로 종목을 줄여 나간다.

즉, 운동 강도는 급격하게 증가하는 반면 운동량은 점진적으로 줄인다. 시합기간 중에는 역도 두 종목을 중점으로 고중량 부하에 따른 기술적응을 목적으로 시합을 준비하며 시합 1차시기 기록을 실시, 시합 상황과 유사한 조건에서 최대중량을 들어 올린다.

시합현장과 유사한 상황의 3회 도전이나 평가 및 시합의 긴장감을 유도해야한다.

시합 2주전의 훈련은 주당 훈련수를 9회에서 4회로 줄이며 시합 준비기간의 운동량을 50~75%로 줄일 수 있다.

시합에 대비한 근 골격계의 누적된 신경 피로를 줄이며 신체 컨디션을 유지해야 하기 때문에 시

합 1주전까지 90~95%의 역도 두 종목의 무게 중량을 유지시킨다.

주당 훈련의 형태는 월요일 90%, 화요일 휴식, 수요일 80%,목요일 휴식, 금요일 50%, 토요일, 일요일 휴식으로 주당 1회 수준의 최대 무게로 시합 1차시기 기록을 평가한다. 이시기 근 골격계의 근 신경피로와 과도한 훈련을 주의해야 한다.

(4) 고급자 엘리트 선수의 시합 이후 전이 단계

장기간 시합을 준비하며 고강도의 운동 강도와 운동량에 의해 시합을 끝낸 뒤 선수는 시합의 성과에 따라 심리적 상태가 다를 수 있으나 일반적인 모든 선수는 육체적으로 심리적으로 지친 피로 상태를 나타낸다.

육체적 피로는 휴식과 영양 공급으로 또는 항상성(Homeostasis)에 의해 회복한다. 하지만 정신적인 피로는 상당기간 오래 지속되며 연간, 월간 시합횟수에 따라 운동 강도 수준에 따라 정신적 피로는 최고 수준으로 높게 나타난다.

이러한 이유로 다음 훈련이나 시합을 준비하는 선수의 정신적 피로를 회복시키며 다시 훈련시키기 위한 심리적 준비 단계로서 전이 단계는 중요 역할을 한다.

올림픽이나, 세계선수권 등 비중이 큰 대회가 끝난 이후 선수는 완전 회복을 목표로 준비단계를 시작해야 한다.

하지만 완전한 휴식의 훈련 중단은 체력 저하와 골격근 등의 손실이 있어 다음 시합을 준비하는 과정에서 경기력의 저해 요인으로 나타날 수 있다.

때문에 시합 단계의 50~60% 수준의 운동 부하를 유지하며 육체적, 심리적 휴식 및 신체를 준비시킨다. 엘리트 역도선수의 전이 단계는 2~4주기간이며 6주이상 진행하지 않는다. 전이 단계의 목표는 시합에 대한 분석과 다음 훈련의 주요 기술 및 근력 프로그램의 수정과 운동량의 조율을 진행한다.

5 개인별 목표 향상을 위한 프로그램

〈표 43〉 인상의 기술 향상 프로그램

종목	운동 강도 / 횟수 / 세트
Warm-up	체조, 스트레칭, 10분 조깅,10m x 10
Muscle Snatch / Power Snatch	60% 2.2.2 70% 2.1.1
Snatch	60% 3.3.3 70% 3.3.3 80% 2 90% 1.1.1.1.1
Back Squat	80% 5 90% 5.5.5.5.5.5
S. Balance	80% 3.3.3.3
Good Morning	50% 6 70% 6.6.6.6.6
Cool Down	15분 조깅, 스트레칭

〈표 44〉 인상의 보조 운동 기술 향상 프로그램

종목	운동 강도 / 횟수 / 세트
Warm-up	체조, 스트레칭, 10분 조깅,10m x 10
Muscle Snatch	80% 2.2.2 90% 2.2.2.2
Snatch	60% 2.2.2 70% 1.1.1.1.1.1
Snatch Box Pull	80% 2.2 90% 2 100% 3.3.3.3
Back Squat	80% 3.3 90% 2.2.2
Hang Snatch	50% 2.2 60% 2 70% 1.1.1.1.1.1
Cool Down	15분 조깅, 스트레칭

〈표 45〉 용상의 기술 향상 프로그램

종목	운동강도 / 횟수 / 세트
Warm-up	체조, 스트레칭, 10분 조깅,10m x 10
Power Clean	60% 3.3.3 70% 3.3 80% 2 90% 2.2
Clean & Jerk	70% 2.2.2 80% 1.1 90% 1.1.1.1.1
Front Squat	80% 5 90% 5.5.5.5.5.5
Push Press	80% 3.3.3.3
Jerk / Push jerk	30% 3.3.3 40% 3.3.3 50% 3.3.3.3.3
Cool Down	15분 조깅, 스트레칭

〈표 46〉 용상의 보조운동 기술 향상 프로그램

종목	운동강도 / 횟수 / 세트
Warm-up	체조, 스트레칭, 10분 조깅,10m x 10
Clean & Jerk	50% 3.3 60% 2.2 70% 1.1.1.1.1.1
Front Squat	70% 3.3.3.3.3 80% 3.3.3.3
Clean Pull	80% 3.3 90% 2.2 100% 1.1.1.1
Hang High Pull Up	60% 3.3 70% 2.2 80% 3.3.3.3
Jerk / Push Jerk	60% 3.3 70% 3.3 80% 3.3.3.3.3
Cool Down	15분 조깅, 스트레칭

〈표 47〉 역도 전문 근력 향상 프로그램

종목	운동강도 / 횟수 / 세트
Warm-up	체조, 스트레칭, 10분 조깅,10m x 5
Power Rack Clean First Pull Hold	70% 3.3 80% 2.2 90% 2.2.2 5초
Box Snatch	60% 3 70% 2.2 80% 2.2 90% 1.1.1
Clean & Jerk	70% 3 80% 3 90% 1.1.1 100% 1.1
Back Squat	100% 1 100% 1.1 100% 1.1.1.1
Jerk	60% 5.5.5.5.5.5
Push Press	50% 6.6.6.6.6
Cool Down	15분 조깅, 스트레칭

VI.

Weight Lifting의 실기

역도의 전문근력 향상은 인상과 용상 종목의 경기 기록향상을 위한 다양한 보조 훈련방법을 통하여 얻어진 근력의 증가를 말하며, 역도선수의 전문적인 기술의 향상 또한 역도 보조 운동에 의해서 만들어진다.

역도 두 종목의 기술적 특성에 따라 또는 개개인의 신체적 특성을 고려한 올바른 보조운동의 적용은 역도 경기력에 직접적인 향상을 가져다줄 수 있다.

때문에 역도 자세에서 나타나는 불필요한 동작의 수정 또한 역도 보조운동의 부분 동작에 의해서 수정 및 교정 돼야 하며 근력과 근육의 발달과 기술의 숙달 또한 역도 보조 훈련에 의해서 나타나야 한다.

이러한 효율적인 역도기술과 전문근력의 발달을 위해서 역도 보조운동은 역도 두 종목(Snatch 및 Clean과 Jerk)에 가까운 동작으로 실시해야 한다. 개개인의 기술특성을 고려한 역도 보조운동은 단기간의 성과를 기대할 수 없으며 적어도 근육과 근신경계의 발달과 적응을 위해 6개월의 기간은 반복해야 하며 그 노력에 의해서 근력과 기술 발달의 성과가 나타날 것이다.

또한 보조 운동에 의해서 역도선수들은 개개인의 한계기록을 달성하기 위한 정신적, 육체적인 신체의 준비과정 단계를 뛰어넘으며 무게 증량의 심리적 안정감을 갈게 된다.

역도보조운동의 종류는 매우 다양하며 그 수가 많다.

때문에 지도자는 개개인 선수별 특성을 고려한 효율적인 보조운동을 선택해야 하며 기술의 완성뿐만 아니라 보조운동에 의한 근력의 변화로 나타나는 골격과 골격근 그리고 중요한 신체 운동기능의 발달을 더욱 향상시키는데 노력해야 한다.

1 스내치 기술의 보조 운동

역도 종목인 스내치의 기록과 기술을 향상시키기 위해서는 부분 동작의 반복적인 훈련과 운동강도, 속도 등을 조절하여야 하며 그 효과를 이해하고 훈련하는 것이 역도 경기력과 기술향상에 유리하다. 또한 역도선수의 근력 및 정교한 기술 동작의 수정을 위해서는 여러 형태의 보조운동이 필요하며 선택해야 한다.

1) 스내치(Snatch)

〈그림 173〉 스내치(Snatch)

(1) 방법

정규 역도 시합 종목으로 양어깨 끝에서 손바닥 한 뼘 정도 간격 또는 한 쪽 어깨 끝 부위에서 반대쪽 팔을 벌려 중수지관절까지 너비로 바벨을 양손으로 넓게 잡은 뒤 허리와 등을 펴고 무릎을 구부린 스타트 자세를 취한다. 호흡을 들이마신 뒤 호흡을 멈추며 그대로 다리로 바벨을 끌어올려 바벨이 무릎을 지나갈 때 강하게 다리를 펴줌과 동시에 팔꿈치를 당기며 바벨이 머리 위까지 올려준다.

이때 몸은 Snatch Squat 동작으로 빠르게 앉는 동시에 허리를 곧게 펴서 바벨을 들어 올리며 팔을 강하게 뻗어 앉아 받기 동작을 취한다. 정확하고 강한 풀 동작을 해야 하며 앉아 받기 동작과 팔을 뻗치는 속도가 빨라야 안정적인 자세를 취할 수 있다. 스내치 최고 기록의 %에 의한 횟수와 세트로 중량을 조절하며 반복 훈련을 한다.

(2) 효과

정규 역도 시합 종목으로 시합현장에서 나타나는 실수를 방지하며 전문기술의 근력을 강화 시키는 훈련으로 무게 %훈련에 의한 파워 향상 및 스내치 기술의 안정성을 강화시킨다. 또한 반복적인 스내치 연습으로 시합기록의 향상과 기술 자세를 숙달시킨다.

2) 파워 스내치(Power(High) Snatch)

〈그림 174〉 파워 스내치
(Power(High) Snatch)

(1) 방법

하이 스내치(High Snatch) 혹은 하이 스쿼트 스내치(High Squat Snatch)라는 명칭으로도 사용되며, 스내치 동작과 마찬가지의 기초 자세로 바벨을 잡고 같은 동작으로 실시한다.

그러나 앉아 받기 자세에서 무릎 각도가 직각이 되도록 하여 높은 위치에서 바벨을 받는다. 스내치(Snatch) 연습보다 무게 중량을 내리며 가볍게 하여 빠른 속도의 동작으로 자세를 실시해야 한다.

(2) 효과

스내치 전체 기술 동작을 빠른 속도로 진행하는 연습으로 풀 동작이 강화되며 빠른 받기 동작으로 팔, 다리의 근 신경을 발달시켜 스내치 기술을 강화한다. 또한 스내치 기술에 필요한 근력의 발달과 풀 동작 및 빠르게 받는 순간 자세의 감각을 발달시킨다.

3) 행 스내치(Hang Snatch)

〈그림 175〉 세컨드 스내치(Second Snatch)

(1) 방법

스내치 동작과 마찬가지의 기초 자세로 바벨을 잡는다. 하지만 무게를 들어 올려 앉아 받기를 하는 기술 자세의 스내치 시작 자세와는 다르게 끌기 동작을 완전히 마친 후 다시 무릎을 구부리며 바벨을 아래로 내려 대퇴근이 경사지게 하고 상체를 곧게 수직으로 세운 자세에서 시작하며 바벨을 지면에 내려놓지 않고 스내치 동작을 하는 훈련이다. 행 스내치 스타트 자세의 바벨 높이의 위치는 바벨을 들고 서 있는 자세에서 바벨을 아래로 내려 무릎보다 낮은 위치, 무릎 높이 위치, 무릎보다 높은 위치로 잠시 멈추고 스타트 하며 스내치 자세를 진행한다. 또한 행 스내치 동작의 많은 사용에 의한 기본적인 바벨의 위치는 무릎을 구부려 바벨이 허벅지 중간(Mid thigh)위치 또는 허벅지의 1/3지점 위치로 주로 많이 사용하며 세트 당 2~3회를 반복하는 동안 바닥에 내려놓지 않아야 한다.

(2) 효과

스내치 동작을 단계적으로 나누어 구분하여 기술 보강 훈련을 실시할 수 있으며 스내치 끌기 동작과 풀 동작을 강화시켜 무릎 부위 연결 동작(무릎 이중 굽힘)으로 기술을 완성 시킬 수 있다.

또한 스내치에 필요한 전문 근력(등척성과 신장성)을 강화시킨다. 행 스내치(Hang Snatch) 무릎 위(Upper Knee) 동작은 라스트 풀 동작 바벨의 높이에 대한 풀 감각과 동작의 기능 강화를 위한 연습으로 사용하며 행 스내치(Hang Snatch) 무릎(Knee) 동작은 이중 무릎 굽힘 동작과 라스트 풀 동작의 연결 동작을 강화하기 위해 사용한다. 또한 행 스내치(Hang Snatch) 무릎 아래(Low knee) 동작은 무릎 이중 굽힘 동작의 감각과 기술 기능 강화를 위한 연습으로 사용한다. 이러한 스내치 기술의 구간별 운동은 스내치 동작의 전반적인 구간 기술 및 상체 근육의 유연성과 전문근력을 강화한다.

4) 세컨드 스내치(Second Snatch)

〈그림 176〉 세컨드 스내치
(Second Snatch)

(1) 방법

세컨드 스내치(Second Snatch)는 스내치 동작과 마찬가지의 기초 자세로 바벨을 잡는다. 또한 행 스내치(Hang Snatch) 동작과 유사하게 끌기 이후 다시 바벨을 내리며 스내치 동작을 실행한다. 하지만 내려가는 바벨의 위치가 세컨드 풀 자세의 허벅지 중간부위에서 스내치 시작 자세로 스내치 동작을 하며 앉아 받기를 하거나 높은 위치에서 파워 스내치 자세로 받는다. 바벨을 내리는 과정에서 중심의 이동 없이 무게를 버티며 자세를 유지해야 한다.

스내치(Power Snatch) 자세로 2~3회 횟수를 반복하는 동안 바닥에 내려놓지 않아야 한다. 빠르고 강한 풀 동작으로 앉아 받기 동작을 실행해야 한다.

(2) 효과

스내치 부분 동작의 기술 자세를 유지시키는 능력과 세컨드 풀 이후 라스트 풀 자세를 강화하며 스내치 자세의 교정과 앉아 받기 자세를 강화시킨다.

또한 스내치 기술에 필요한 전문근력을 강화시키며 라스트 풀 동작에서 나타나는 자세의 수정과 앉아 받기 동작으로 연결하는 상체의 수직 이동하며 바벨을 잡아당기는 몸통과 팔 근육 동작 및 척추의 바른 자세를 유지하게 한다.

5) 힙 스내치(Hip Snatch)

〈그림 177〉 힙 스내치(Hip Snatch)

(1) 방법

힙 스내치(Hip Snatch)는 톱 스내치(Top Snatch) 동작과 마찬가지의 기초 자세로 바벨을 잡고 서 있는 동작에서 바벨을 고관절에서 아래로 내리며 신전하는 톱 스내치 동작과는 다르게 바벨을 몸에 밀착시킨 상태에서 힙을 뒤로 빼며 바벨이 전, 후로 움직이게 하는 동작으로 고관절을 활용하여 바벨을 수직 상 방향으로 던지듯 하며 회전시키는 동작에서 양팔과 몸통으로 바벨을 수직으로 강하게 잡아당기며 밀어 올리는 스내치 앉아 받기 또는 파워 스내치 자세로 받기 동작을 한다. 이때 상체는 곧게 세운 자세를 유지해야 하며 바벨은 뒤로 이동한 힙과 동시에 전방의 수직으로 강하게 몸을 회전시키며 밀어 올리는 동작으로 앉아 받기를 한다. 스내치 풀 동작과는 다른 형태의 고관절을 전, 후로 움직여 몸통을 회전시킨다. 스내치(Snatch) 최고 기록 무게 % 중량으로 훈련하며 앉아 받기 동작을 정확하게 실시해야 한다. 2~3회 횟수를 반복하는 동안 바벨의 균형을 유지해야 한다.

(2) 효과

라스트 풀 구간의 골격근과 라스트 풀 동작 각도를 강하게 자극하며 고정시키는 동작과 빠른 앉아 받기 자세 연습을 가능하게 한다. 짧은 풀 구간을 만들어 그 구간을 강하게 수직으로 상승시키는 고반복 횟수 연습과 앉아 받기 자세의 강화를 위한 훈련을 가능하게 한다. 스내치 풀 동작 이후 신체 근육의 기술 동작 연습으로 활용한다. 스내치 자세로 2~3회 횟수를 반복하는 동안 바닥에 내려놓지 않아야 한다. 스내치 기술의 구분 동작으로 앉아 받기에 대한 기능을 쉽게 강화할 수 있어 초급자의 스내치 앉아 받기 기술 구분 동작으로 사용한다.

6) 머슬 스내치(Muscle Snatch)

〈그림 178〉 머슬 스내치 (Muscle Snatch)

(1) 방법

머슬 스내치(Muscle Snatch) 또는 힘 스내치의 명칭으로 사용되며 풋 플랜티드 스내치(Foot Planted Snatch)와 유사하게 데드리프트의 스타트 자세 발 위치에서 양발을 스쿼트 자세로 벌리며 이동하지 않으며 지면에 고정시킨 상태로 스내치 동작을 실시한다.

이때 앉아 받기 자세를 하지 않으며 수직으로 서 있는 자세까지 바벨을 들어 올린다. 이 과정에서 풀 동작 없이 발꿈치를 들어 올리는 경우도 있다. 바벨을 서서 받는 자세의 스내치 동작으로 스내치 기술에서 사용 되어지는 동작을 저중량으로 반복한다. 세트 당 2~3회를 반복하는 동안 양발을 움직이지 않고 스내치 동작을 전신이 완전히 펴진 상태의 바벨을 들고 서 있는 자세로 바벨을 받아 올리는 동작을 정확하게 실행해야 한다. 스내치 라스트 풀 구간에서 지면을 강하게 누르며 풀 동작과 동시에 무릎을 완전히 펴 주어야 하며 이때 올라오는 바벨을 강하게 잡아당겨 머리 위로 들어 올려야 한다. 받는 동작에서 무릎을 구부려서는 안 된다. 경량의 바벨을 사용하며 워밍업 동작으로 사용하기도 한다.

(2) 효과

스내치(Snatch) 자세에서 데드리프트 이후 무릎 이중 굽힘 동작의 연결과 강한 라스트 풀 동작의 기술 타이밍 감각을 강화시키며 이후 스내치 앉아 받기 동작에서 양팔을 잡아당기는 근력과 타이밍 감각을 강화시키는 운동이다. 또한 스내치 풀 동작의 기본자세를 강화시키며 데드리프트 이후 풀 자세의 근력을 발달시킨다. 세컨드 풀과 라스트 풀 동작을 강화하며 받기 동작의 상체 기술을 습득시키는 운동이다.

7) 스내치 데드리프트(Snatch Dead lift)

〈그림 179〉 스내치 데드리프트(Snatch Dead lift)

(1) 방법

스내치 데드리프트(Snatch Dead lift)는 스내치 동작과 마찬가지의 기초 자세로 바벨을 넓게 잡고 같은 동작으로 실시한다. 하지만 라스트 풀 동작 없이 바벨을 들고 데드리프트 시작 자세에서 라스트 풀 위치까지 들어 올리며 이때 상체와 팔은 정자세를 유지하고 스내치 기술과 유사하게 다리를 끝까지 펴준다.

이때 뒤꿈치가 들려서는 안 되며 어깨를 사용하지 않는다. 세트 당 2~3회를 반복하는 동안 스내치 데드리프트 동작을 정확하게 실시해야 한다. 동작 중허리가 구부러지는 자세는 허리에 부상을 줄 수 있다. 스내치 기록의 무게 %로 훈련하며 그 이상의 무게로 훈련이 가능한다.

(2) 효과

스내치 데드리프트(Snatch Dead lift)는 스내치의 전문근력을 발달시키는 운동으로 스내치 스타트 자세에서 라스트 풀 위치까지의 등장성 근 수축 운동이며 고중량의 무게에 의해 상체의 등척성 및 신장성 운동으로 근육을 자극시키며 근력의 증가시킨다.

또한 양팔의 너비를 넓게 잡은 상태의 데드리프트 자세에 의한 하체 및 상체 전반의 근육 군들을 발달시키는 운동이다.

스내치보다 많은 중량을 다룰 수 있어 기술 강화의 효과가 크며 스내치 Dead lift 자세를 정교하게 한다. 즉 스내치 최고 기록으로 횟수 운동을 할 수 있으며 무게의 % 운동으로 고중량의 기술 자세를 트레이닝 할 수 있다.

8) 블록 박스 스내치 데드리프트(Block Box Snatch Dead lift)

〈그림 180〉 블록 박스 스내치 데드리프트 (Block Box Snatch Dead lift)

(1) 방법

블록 박스 스내치 데드리프트(Block Box Snatch Dead lift)는 양쪽 바닥에 블록 박스를 놓고 그 위에 바벨을 올린 후 바벨을 무릎보다 낮은 위치, 무릎 높이 위치, 무릎보다 높은 위치 또는 세컨드 스내치 위치 등으로 바벨의 위치를 수정하여 데드리프트 동작을 훈련한다. 상체와 팔은 정자세를 유지하고 스내치 기술과 유사하게 다리를 끝까지 펴 준다. 이때 뒤꿈치가 들려서는 안 되며 어깨를 사용하지 않는다. 세트 당 2~3회를 반복하는 동안 스내치 데드리프트 동작을 정확하게 실시해야 한다. 동작 중허리가 굽히는 자세는 허리에 부상을 줄 수 있다.

(2) 효과

블록 박스 스내치 데드리프트(Block Box Snatch Dead lift)는 스내치 데드리프트 동작을 단계적으로 나누어 구분하여 기술 보강 훈련을 실시할 수 있으며 블록 위에서 데드리프트 동작을 실시하므로 무게를 지면에서 끌어올리거나 내리는 동작으로 인한 신체 에너지 소모를 최소화할 수 있다.

스내치 데드리프트 최고 중량보다 무거운 중량으로 연습을 가능하게 한다. 스내치 데드리프트 기술 및 근력 강화 운동에 전반적으로 적용하여 스내치 최고 기록으로 횟수 운동을 할 수 있으며 무게의 % 운동으로 고중량으로 정교한 기술 자세를 트레이닝 할 수 있다. 무릎 이중 굽힘에서 나타나는 상체의 각도 변화를 수정 교정할 수 있다.

9) 어퍼 니 홀드 앤 스내치 데드리프트(Upper Knee Hold & Snatch Dead lift)

〈그림 181〉 어퍼 니 홀드 앤 스내치 데드리프트 (Upper Knee Hold & Snatch Dead lift)

(1) 방법

어퍼 니 홀드 앤 스내치 데드리프트(Upper Knee Hold & Snatch Dead lift), 로어 니 홀드 앤 스내치 데드리프트(Lower Knee Hold & Snatch Dead lift)는 스내치 데드리프트와 같은 동작으로 자세를 한다. 하지만 데드리프트 시작 자세에서 호흡을 들어 마신 뒤 정지한 상태로 바벨을 들어 올려 무릎 바로 위 또는 무릎 아래에서 2~3초를 멈춘 상태로 자세를 유지한 이후 다리를 완전히 펴고 일어서는 스내치 데드리프트 들어 올리는 동작을 실시한다.

최대한 스내치 자세를 유지하고 실시해야 하며 바벨을 무릎보다 낮은 위치, 무릎 높이 위치, 무릎보다 높은 위치 또는 세컨드 풀 위치 등으로 바벨의 위치를 수정하여 홀드 데드리프트 동작을 연습한다.

바벨을 들어 올리는 위치는 라스트 풀 위치까지 들어 올리며 이때 상체와 팔은 정자세를 유지하고 발이 움직이거나 뒤꿈치가 들려서는 안 되며 어깨를 사용하지 않는다. 세트 당 2~3회를 반복하는 동안 데드리프트 동작을 정확하게 실시해야 한다.

동작 중 허리가 구부러지는 자세는 부상이 발생할 수 있다.

(2) 효과

어퍼 니 홀드 앤 스내치 데드리프트(Upper Knee Hold & Snatch Dead lift) 또는 바벨의 위치에 따라 명칭이 나누어지며 로어 니 홀드 앤 스내치 데드리프트(Lower Knee Hold & Snatch Dead lift)등 스내치의 전문근력을 발달시키는 운동으로 스내치 스타트 자세에서 라스트 풀 위치까지의 바벨 위치에 따라 멈춘 상태를 유지하는 등척성 근 수축 운동이며 신장성 근 수축을 자극하며 근력을 증가시킨다.

또한 양팔의 너비를 넓게 잡은 상태에서의 데드리프트 자세에 의한 상체 전반의 근육군들 을 발달시키는 운동이다. 스내치 자세의 전반적인 기술 동작 구간의 근력과 기술 강화의 효과가 크며 스내치 데드리프트 자세를 정교하게 한다. 스내치 데드리프트 최고 무게의 % 운동으로 기술 자세를 트레이닝 시킨다.

10) 스내치 풀(Snatch Pull)

〈그림 182〉 스내치 풀(Snatch Pull)

(1) 방법

스내치 풀(Snatch Pull) 동작은 스내치 데드리프트 동작과 마찬가지의 기초 자세로 바벨을 잡고 같은 자세와 동작으로 유사하게 실시한다.

하지만 데드리프트 동작과 다르게 스내치 동작의 기술 속도를 활용한다. 무릎 이중 굽힘 동작에서 강하게 수직 상 방향으로 바벨을 들어 올려 상체와 팔을 동시에 사용하며 바벨을 수직으로 던지는 듯한 동작을 실시한다.

이러한 스내치 풀 동작은 바닥에서 시작 자세를 하거나 바닥에서 원판이 들려진 상태에서 시작 자세를 취하며 호흡을 들이마신 뒤 호흡을 정지하고 등과 허리를 펴고 엉덩이를 낮추어 데드리프트 시작 자세를 취한 상태에서 상체를 유지하고 다리를 끝까지 펴고 일어서서 강하고 역동적으로 바벨과 전신이 수직 운동을 하는 스내치의 기술 훈련이다.

이때 상체는 수직 운동에 의한 팔이 들어 올려지는 타이밍만으로 바벨을 들어 올리며 일부러 팔을 잡아당기는 동작은 하지 않는다. 스내치와 같은 속도와 기술 및 자세로 2~3회 횟수를 반복하는 동안 스내치 또는 풀 동작의 최대근력 무게 %에 의한 횟수와 세트로 중량을 조절하며 반복 훈련을 한다.

(2) 효과

스내치 풀 동작은 스내치 데드리프트 동작과 앉아 받기 동작을 연결시키는 기술 강화 훈련이며 역도 종목의 전문근력을 발달시키는 운동으로 스내치 풀 구간 동작을 정교하게 만든다. 스내치 기술에 필요한 근력의 발달과 강한 풀 동작의 감각을 발달시킨다.

스내치 풀 동작의 자세를 수정시키며 무게의 % 운동으로 고중량으로 기술 자세를 트레이닝 한다.

11) 스내치 하이 풀(Snatch High Pull)

〈그림 183〉 스내치 하이 풀(Snatch High Pull)

(1) 방법

스내치 하이 풀(Snatch High Pull) 동작은 데드리프트 시작 자세에서 호흡을 들이 마신 뒤 호흡을 정지하고 등과 허리를 펴고 엉덩이를 낮추어 상체를 유지하고 다리를 끝까지 펴고 일어서서 강하고 역동적으로 바벨과 전신이 수직 운동을 하게 하는 스내치의 기술 훈련이다. 스내치 풀 동작과 마찬가지의 기초 자세로 발은 골반이나 어깨너비로 벌리고 양손으로 바벨을 넓게 잡고 같은 자세와 동작으로 유사하게 실시한다.

하지만 스내치 풀 동작과 다르게 라스트 풀 이후 다리를 최대한 신전시키며 발끝까지 수직으로 바벨을 들어 올리며 바벨이 가슴까지 오도록 팔꿈치를 당겨준다. 스내치 동작과 같은 속도로 기술을 활용하며 무릎 이중 굽힘 동작에서 강하게 수직 상 방향으로 바벨을 들어 올려 상체와 팔을 동시에 사용하여 바벨을 최대한 수직으로 들어 올려지도록 한다.

이때 상체는 수직 운동에 의한 팔이 들어 올려지는 타이밍에서 최대한 바벨이 몸에 가깝도록 팔을 잡아당기는 동작을 한다. 스내치와 같은 기술 및 자세로 2~3회 횟수를 반복하는 동안 스내치 또는 풀 동작의 최대근력 무게 %에 의한 횟수와 세트로 중량을 조절하며 반복 훈련을 한다.

(2) 효 과

스내치 하이 풀 동작은 스내치 데드리프트 동작과 풀 동작을 연결시키는 기술 강화 훈련이며 역도 종목의 전문근력을 발달시키는 운동으로 스내치 풀 구간 동작을 정교하게 만든다. 스내치 기술에 필요한 근력의 발달과 강한 풀 동작의 감각을 발달시킨다. 스내치 풀 동작의 자세를 수정시키며 무게의 % 운동으로 고중량으로 기술 자세를 트레이닝 시킨다.

12) 스내치 하이 풀 업(Snatch High Pull Up)

〈그림 184〉 스내치 하이 풀 업(Snatch High Pull Up)

(1) 방법

스내치 하이 풀 업(Snatch High Pull Up) 동작은 스내치 하이 풀 동작과 마찬가지 자세로 데드리프트 시작 자세에서 호흡을 들이 마신 뒤 호흡을 정지하고 등과 허리를 펴고 엉덩이를 낮추어 상체를 유지하고 다리를 끝까지 펴고 일어서서 강하고 역동적으로 바벨과 전신이 수직 운동을 하며 스내치 앉아 받기 직전 자세까지 구간을 연습하는 스내치의 기술 훈련이다. 발은 골반이나 어깨너비로 벌리고 양손으로 바벨을 넓게 잡고 스내치 하이 풀과 같은 자세와 동작으로 유사하게 실시한다.

하지만 스내치 하이 풀 동작과 다르게 라스트 풀 이후 다리를 최대한 신전시키며 발끝까지 수직으로 바벨을 들어 올리며 바벨이 가슴까지 오도록 팔꿈치를 당겨줌과 동시에 양발을 어깨너비로 벌리며 앉아 받기 자세와 유사하도록 발바닥을 강하게 지면을 누르는 동작을 하며 이때 바벨은 수직 상승시키고 몸통은 아래로 내리는 동작을 빠르게 진행한 후 원위치로 서서 바벨을 골반에 내린다.

스내치 동작의 속도로 기술을 활용하며 무릎 이중 굽힘 동작에서 강하게 수직 상 방향으로 바벨을 들어 올려 상체와 팔을 동시에 사용하여 바벨을 최대한 수직으로 들어 올려지도록 한다. 상체는 수직 운동에 의한 팔이 들어 올려지는 타이밍을 활용하여 양 가슴 수준으로 바벨을 올려주며 팔의 근력과 자세로 바벨을 유지시키며 최대한 바벨이 몸에 가깝게 한다. 스내치와 같은 속도와 기술 및 자세로 2~3회 횟수를 반복하는 동안 스내치 또는 풀업 동작의 최대 근력 %에 의한 횟수와 세트로 중량을 조절하며 반복 훈련을 한다.

(2) 효과

스내치 하이 풀 동작은 스내치 데드리프트 동작과 풀 동작 및 스내치 앉아 받기 직전 동작을 연결시키는 기술 강화 훈련이며 역도 종목의 전문근력을 발달시키는 운동으로 스내치 풀 구간 동작을 정교하게 만든다. 스내치 기술에 필요한 근력의 발달과 강한 풀 동작과 앉아 받기 직전 드롭 동작의 감각을 발달시킨다.

스내치 풀 동작의 자세를 수정시키며 무게의 % 운동의 고중량으로 기술 자세를 트레이닝 시킨다.

13) 스내치 슈러그(Snatch Shrug)

〈그림 185〉 스내치 슈러그(Snatch Shrug)

(1) 방법

스내치 슈러그(Snatch Shrug), 힙 스내치 슈러그(Hip Snatch Shrug)는 스내치 행 풀과 같은 자세로 바벨을 잡고 끌기 동작을 완전히 마친 후 고 관절에 바벨을 위치시킨 상태에서 시작하며 몸통과 상체를 곧게 세운 상태로 관절을 구부렸다 펴는 신전 운동 없이 서 있는 자세에서 양발로 지면을 수직으로 강하게 누르며 상체와 어깨만으로 최대한 바벨을 수직으로 들어 올리며 양어깨가 귀에 닿을 정도로 가슴을 펴고 승모근을 수축시킨다.

고중량의 무게를 사용하며 무릎을 약간 구부리며 하체를 동원하여 슈러그 동작을 실시하는 경우도 있으며 또한 유사한 동작으로 힙 스내치 슈러그(Hip Snatch Shrug)가 있다.

힙 슈러그는 스내치 슈러그와 시작 자세는 같으나 다르게 무릎을 구부리며 엉덩이를 후방으로 이동시킨 후 다시 전방의 수직으로 바벨을 밀어 올리며 힙을 사용하여 회전력을 만들어 상체와 어깨를 최대한 수직으로 들어 올려 어깨가 귀에 닿을 정도로 가슴을 펴고 승모근을 수축시키는 훈련이다. 스내치 풀 동작과 같은 속도의 자세로 5~6회 횟수를 반복하는 동안 스내치보다 좀 더 무거운 무게 중량을 사용한다.

(2) 효과

스내치 풀 동작의 근력 강화 보조운동으로 스내치 기술을 세분화한 훈련이며 스내치 라스트 풀 동작을 강화한다. 일반적인 근육증가 운동 슈러그(Shrug)와 달리 어깨를 최대 가동범위의 수직으로 움직이며 승모근과 몸통의 스내치 동작에 필요한 전문근력을 강화시킨다.

스내치 최고 기록으로 횟수 운동을 할 수 있으며 스내치 무게 % 운동으로 고중량의 기술과 근력 트레이닝을 할 수 있다.

14) 스내치 밸런스 (Snatch Balance)

〈그림 186〉 스내치 밸런스
(Snatch Balance)

(1) 방법

스내치 밸런스(Snatch Balance)는 스쿼트 렉 을 활용하여 양팔을 벌려 양 어깨너비에서 손바닥 한 뼘 정도 간격으로 바벨을 넓게 잡은 자세로 숨을 들어 마시며 멈춘 상태로 바벨을 상 배근의 승모근 위에 올려놓고 일어서서 한걸음 거리로 뒤로 이동하여 다시 호흡을 가다듬으며 양발을 골반 너비로 벌린 뒤 스쿼트 시작 자세에서 다시 호흡을 들이 마신 뒤 호흡을 정지하고 넓게 잡은 양팔을 강하게 밀어 올리며 스내치 앉아 받기의 양발을 어깨너비로 벌리며 몸통의 균형을 유지시키고 동작을 실시한다.

이때 호흡을 멈춘 상태에서 승모근에 올린 바벨과 몸통이 저크의 구르기 자세(Dip, Up) 바벨이 승모근에 올려진 상태에서 무릎과 엉덩이로 무릎을 굽히는 자세가 이루어지며 아주 짧은 시간 안에 몸통의 움직임 없이 10~15cm 아래로 무릎의 각도는 110~120°내외로 내리는 동작 이후 강하게 바벨을 수직으로 밀어 올리며 빠른 앉아 받기 동작만을 집중하며 실시한다.

하프 스쿼트 스내치 밸런스(Half Squat Snatch Balance)는 스내치 밸런스와 마찬가지의 자세에서 깊게 앉아 받기를 하지 않고 하체 길이의 1/2 수준으로 무릎 관절 높이에 엉덩이가 수평으로 위치하는 하프 스쿼트 앉아 받기 자세의 높이 위치로 스내치 밸런스 동작을 실시하고 풋 플랜티드 스내치 밸런스(Foot Planted Snatch Balance)는 스내치 밸런스 동작과 같으며 다만 발의 위치가 스내치 밸런스 시작 자세에서 어깨너비로 시작되며 발의 움직임이나 이동 없이 스내치 밸런스 동작을 실시하는 훈련이다. 스내치 밸런스는 한 동작으로 연결하여 스내치(Snatch)연습 % 중량으로 훈련하며 앉아 받기 동작을 정확하게 실시해야 한다. 2~3회 횟수를 반복하는 동안 스내치보다 좀 더 무거운 무게 중량을 사용할 수 있다.

(2) 효과

역도 시합 종목인 스내치의 앉아 받기 동작의 보조 훈련으로 상체 근육의 등척성 요인이 강한 하체 등장성 근 수축 운동으로 상, 하체 자세의 정교한 받기 동작을 수정하며 균형감각과 근력을 발달시키다. 스내치 앉아 받기 동작을 정교하게 만들기 위한 훈련이다. 스내치 밸런스(Snatch Balance)등 동작에 의해 개개인의 앉아 받기 기술 동작을 교정하며 수정하는 훈련으로 사용한다.

15) 백 스쿼트(Back Squat)

〈그림 187〉 백 스쿼트(Back Squat)

(1) 방법

백 스쿼트(Back Squat), 하프 백 스쿼트(Half Back Squat)는 스쿼트 렉을 활용하여 렉에 올려진 바벨을 양손으로 팔꿈치 너비 또는 어깨너비보다 넓게 바벨을 잡은 자세로 바벨을 상배근의 승모근과 삼각근에 일치하도록 위에 올려놓고 호흡을 들이마시며 호흡을 정지하고 등과 허리를 펴 허리를 아치 상태로 유지하며 양발로 강하게 지면을 누르며 바벨을 들고 일어선다.

이후 한걸음 거리로 뒤로 이동하여 다시 호흡을 가다듬으며 양발을 어깨너비로 벌린 뒤 유지하며 스쿼트 시작 자세에서 다시 호흡을 들이마신 뒤 호흡을 정지하고 엉덩이를 낮추어 무릎과 고관절을 동시에 굽히며 아래로 천천히 등이 굽어지지 않도록 복부를 앞으로 내밀며 허리를 편 상태를 유지하여 깊게 스쿼트 또는 하체 길이의 1/2수준으로 무릎 관절 높이에 엉덩이가 수평으로 위치하는 자세의 높이까지 바벨을 내리며 동작을 반복한다.

앉거나 일어설 때 고관절과 무릎 및 발의 앞 꿈 치 각도가 같도록 유지해야 한다. 스쿼트 최고중량 무게 % 훈련을 해야 하며 2~3회 횟수로 반복하는 동안 고중량의 무게를 사용한다.

(2) 효과

백 스쿼트(Back Squat) 및 하프 백 스쿼트(Half Back Squat)는 스내치 받기 동작과 기립하는 동작을 위한 하체 근력 강화 훈련이며 역도선수에게 가장 필요한 근력운동이다. 고중량을 사용할 수 있는 훈련이며 스쿼트 동작에 의한 근육의 등장성 근 수축과 신장성, 등척성을 동시에 강화시킨다. 역도선수의 하체 전문근력을 발달시키는 운동이다.

하프 백 스쿼트(Half Back Squat)의 경우 스쿼트 자세에서 가장 무게 자극이 강한 구간에서 다시 일어나는 동작에 의해 다리 근력과 기립근의 강화를 좀 더 증가시키며 백 스쿼트(Back Squat)는 깊은 스쿼트 동작에 의한 관절의 유연성과 전반적인 하체 근력을 발달시킨다. 또한 스내치 앉아 받기 및 기립 동작에서 나타나는 하체 및 배근과 허리 근육의 발달을 강화하며 스내치의 전문근력을 발달시킨다.

16) 벤트 오버 백 스쿼트(Bent Over Back Squat)

〈그림 188〉 벤트 오버 백 스쿼트(Bent Over Back Squat)

(1) 방법

벤트 오버 백 스쿼트(Bent Over Back Squat)는 스쿼트 렉을 활용하여 백 스쿼트와 마찬가지의 자세로 렉에 올려진 바벨을 양손으로 팔꿈치 너비 또는 어깨너비보다 넓게 바벨을 잡은 자세로 바벨을 상 배근의 승모근과 삼각근에 일치하도록 위에 올려놓는다.

또한 호흡을 들어 마시며 호흡을 정지하고 등과 허리를 펴 허리를 아치 상태로 유지하며 양발로 강하게 지면을 누르며 바벨을 들고 일어선다. 이후 한걸음 거리 뒤로 이동하여 다시 호흡을 가다듬으며 양발을 어깨너비로 벌린 뒤 유지하며 스쿼트 시작 자세에서 다시 호흡을 들이마신 뒤 호흡을 정지하고 엉덩이를 낮추어 무릎과 고관절을 동시에 굽히며 스쿼트 자세와 다르게 굿모닝 엑서사이즈(Good Morning Exercise) 자세로 최대한 상체를 펴고 엉덩이를 후면으로 이동시켜 상체를 구부리며 승모근 에 올려진 바벨을 엉덩이와 일직선이 되도록 내린다.

이때 무릎을 앞으로 밀어내듯이 골반과 동시에 구부리며 아래로 천천히 등이 굽어지지 않도록 복부를 앞으로 내밀며 허리를 편 상태를 유지하여 스내치 앉아 받기 자세 위치까지 바벨을 내리며 딥 스쿼트(Deep Squat) 동작을 실시한다. 최대한 골반과 발목을 전면으로 누르는 자세를 실시한 후 다시 굿모닝 자세의 각도로 원 위치시키며 고관절과 기립 근을 활용하여 일어서 호흡을 내쉰다. 앉거나 일어설 때 고관절과 무릎 및 양발의 앞 꿈 치 각도가 같도록 유지해야 한다. 중량으로 무게 % 훈련을 해야 하며 5~6회 횟수로 반복하는 동안 저 중량의 무게를 사용하며 점차 무게를 증가시킨다.

(2) 효과

벤트 오버 백 스쿼트(Bent Over Back Squat)는 스내치 받기 동작과 기립하는 동작을 위한 하체 근력 강화 훈련이며 저 중량을 사용하는 훈련이다. 스쿼트 동작의 보조 훈련으로 관절의 유연성과 복강 압을 자극하며 동시에 발달시키다. 앉아 받기 스내치 동작과 백 스쿼트의 예비 워밍업 동작으로 많이 사용되며 자세를 교정시키는 운동으로 근육의 등장성 수축에 의한 하체 관절의 근력을 강화시킨다. 역도선수의 상체 후면 배근과 하체의 전문근력을 발달시키는 운동이며 백 스쿼트(Back Squat)의 깊은 스쿼트 동작에 의한 관절의 유연성과 정교한 관절의 각도를 유지 시킨다. 또한 스내치 앉아 받기 및 기립 동작에서 나타나는 하체 및 배근과 척추 기립근, 대둔근, 슬건근 등의 발달을 강화하며 발달시킨다.

17) 세그먼트 백 스쿼트(Segment Back Squat)

〈그림 189〉 세그먼트 백 스쿼트(Segment Back Squat)

(1) 방법

세그먼트 백 스쿼트(Segment Back Squat)는 개개인의 스쿼트 앉은 자세의 바벨 높이 위치에 따라 쿼터 스쿼트(Quarter Back Squat)자세, 하프 스쿼트(Half Back Squat)자세, 딥 스쿼트(Deep Squat)자세 등 앉은 각도를 한번 에 여러 자세로 변경하며 스쿼트 자세를 유지하고 버티는 등척성 훈련이다. 역도 스쿼트 렉에 올려진 바벨을 활용하여 양발을 골반 너비로 벌린 뒤 숨을 들어 마시며 멈춘 상태에서 바벨을 승모근 위에 올려놓고 일어선다.

이후 한걸음 거리로 뒤로 이동하여 다시 호흡을 가다듬으며 양발을 어깨너비로 벌린 뒤 유지하며 스쿼트 시작 자세에서 다시 호흡을 들어 마신 뒤 호흡을 정지하고 엉덩이를 낮추어 무릎과 고관절을 동시에 굽히며 바벨을 아래로 천천히 등이 굽어지지 않도록 복부를 앞으로 내밀며 허리를 편 상태를 유지하여 2~3초 정지구간으로 하체 길이의 1/4 수준의 쿼터 스쿼트 높이 2~3초 하프 스쿼트 하체 길이의 1/2 수준으로 무릎 관절 높이에서 또는 무릎과 엉덩이가 수평으로 위치하는 자세의 높이 2~3초 다시 딥 스쿼트 자세 높이에서 2~3초 다시 일어서며 쿼터 스쿼트 높이 2~3초까지 바벨의 높이를 나누어 내리고 버티며 올리고 버티는 훈련을 실시한다.

이후 스쿼트 자세를 유지하고 일어서며 호흡을 내쉰다. 앉거나 일어설 때 또는 무게를 들고 버티는 자세에서 고 관절과 무릎 및 발의 앞 꿈 치 각도가 같도록 유지해야 하며 정확한 스쿼트 각도로 해야 한다. 중량무게 % 훈련을 해야 하며 2~3회 횟수로 반복하는 동안 저 중량의 무게를 사용하며 점차 무게를 증가시킨다.

(2) 효과

세그먼트 백 스쿼트(Segment Back Squat)는 쿼터 스쿼트(Quarter Back Squat)자세, 하프 스쿼트(Half Back Squat)자세, 딥 스쿼트(Deep Squat) 자세와 다시 마지막으로 쿼터 스쿼트(Quarter Back Squat) 자세를 각각 2~3초씩 버티며 유지하는 역도 앉아 받기 동작과 기립하는 순간 동작의 역도 전문근력 강화 및 자세교정 훈련이다.

스내치와 클린 앉아 받기 동작에서 일어서는 형태의 정적인 기술 동작을 보강하며 동작을 정교하게 만들기 위한 훈련으로 중량의 바벨을 들어 올리는 동작 자세를 유지하여 근육의 등척성 운동과 등장성 및 신장성 근 수축을 동시에 자극하며 근력을 증가시킨다. 다양한 각도의 등척성 운동으로 빠른 근력 발달을 유도한다.

18) 비하인드 더 넥 프레스(Behind The Neck Press)

〈그림 190〉 비하인드 더 넥 프레스(Behind The Neck Press)

(1) 방법

비하인드 더 넥 프레스(Behind The Neck Press), 와이드 그립 비하인드 더 넥 프레스(Wide Grip Behind The Neck Press)는 스쿼트 렉을 사용하여 렉에 올려진 바벨을 양손 팔꿈치 너비로 벌리거나 어깨너비보다 넓게 또는 스내치 그립으로 바벨을 잡은 뒤 숨을 들어 마시며 멈춘 상태에서 바벨을 승모근 위에 올려놓고 일어선다.

이후 한걸음 거리로 뒤로 이동하여 다시 호흡을 가다듬으며 양발을 어깨너비의 자세를 취하고 복부에 힘을 주어 몸통을 고정시킨 자세에서 강하게 바벨을 위로 밀어 올리며 넥 프레스를 실시한다. 손목은 스내치 받기 자세 동작과 동일하게 유지해야 하며 바벨의 위치는 목 뒤까지 내리며 다시 들어 올린다. 이때 호흡을 들이마시며 호흡을 정지하고 가슴을 펴고 몸통을 유지하며 양다리로 지면을 누르며 바벨을 팔 힘으로 밀어 올리며 양팔을 곧게 편다. 양팔이 완전히 펴진 상태에서 호흡을 내쉬며 다시 호흡 을이 마신 뒤 호흡을 정지하고 바벨을 아래로 천천히 내려 목 뒤까지 바벨을 내리며 승모근까지 내리지 않도록 주의하며 동작을 반복한다. 5~6회 횟수로 반복하는 동안 중량의 무게를 사용한다.

(2) 효과

비하인드 더 넥 프레스(Behind The Neck Press), 와이드 그립 비하인드 더 넥 프레스(Wide Grip Behind The Neck Press)는 스내치 받기 동작을 위한 상체 근력 강화 훈련으로 넥 프레스 동작에 의한 삼각근의 발달과 상체 근육의 등장성 운동과 신장성 근 수축을 자극 동시에 강화시키며 역도 전문근력을 발달시킨다. 스내치 앉아 받기 및 기립 동작에 필요한 후면 삼각근 부위와 삼각근 중간 부위 및 승모근의 발달을 강화한다. 넥 프레스 중량무게 % 횟수 훈련이 가능하다.

19) 비하인드 더 넥 프레스 인 스쿼트(Behind The Neck Press In Squat)

〈그림 191〉 비하인드 더 넥 프레스 인 스쿼트(Behind The Neck Press In Squat)

(1) 방법

비하인드 더 넥 프레스 인 스쿼트(Behind The Neck Press In Squat), 비하인드 더 넥 프레스 인 하프 스쿼트(Behind The Neck Press In Half Squat)는 스쿼트 렉을 사용하여 바벨을 그 위에 올려놓은 상태에서 렉에 올려진 바벨을 양발을 골반너비 자세를 취하고 양손은 팔꿈치 너비로 벌리거나 어깨너비보다 넓게 또는 스내치 그립으로 바벨을 잡은 뒤 숨을 들어 마시며 멈춘 상태에서 바벨을 승모근 위에 올려놓고 일어선다.

이후 한걸음 거리로 뒤로 이동하여 다시 호흡을 가다듬으며 양발을 어깨너비의 자세를 취하고 squat 시작 자세에서 다시 호흡을 들이마신 뒤 호흡을 정지하고 엉덩이를 낮추어 무릎과 고 관절을 동시에 굽히며 바벨을 아래로 천천히 등이 굽어지지 않도록 복부를 앞으로 내밀며 허리를 편 상태를 유지하여 딥 스쿼트 자세 높이 또는 하프 백 스쿼트 하체 길이의 1/2 수준으로 무릎 관절 높이에 엉덩이가 수평으로 위치하는 자세의 높이까지 바벨을 내림과 동시에 관절의 각도와 균형을 유지하며 복부에 힘을 주어 몸통을 고정시킨 자세에서 강하게 바벨을 머리 위로 밀어 올리며 넥 프레스를 실시한다.

손목은 스내치 받기 자세 동작과 동일하게 유지해야 하며 바벨의 위치는 목 뒤까지 내리며 다시 들어 올린다. 이때 호흡을 들어 마시며 호흡을 정지하고 가슴을 펴고 몸통을 유지하며 양다리로 균형을 유지하며 바벨을 팔 힘으로 밀어 올리며 양팔을 곧게 편다. 양팔이 완전히 펴진 상태에서 호흡을 내쉬며 다시 호흡을 마신 뒤 호흡을 정지하고 바벨을 아래로 천천히 내려 목 뒤까지 바벨을 내리며 승모근까지 내리지 않도록 주의하며 동작을 반복한다. 5~6회 횟수로 반복하는 동안 저중량의 무게를 사용하며 점차 무게를 증가시킨다.

(2) 효과

비하인드 더 넥 프레스 인 스쿼트(Behind The Neck Press In Squat), 비하인드 더 넥 프레스 인 하프 스쿼트(Behind The Neck Press In Half Squat)는 스내치 받기 동작을 위한 상체 근력 강화 훈련으로 넥 프레스 동작에 의한 삼각근의 발달과 하체의 스쿼트 동작에 의한 신체 균형감각을 유지시키며 전신의 등장성 운동과 신장성 및 등척성 근 수축을 동시에 자극 강화하여 역도 전문근력을 발달시킨다. 스내치 앉아 받기 및 기립 동작에 필요한 하체의 등척성 근력과 유연성 및 삼각근 후면 부위와 발달을 강화한다. 넥 프레스 동작보다 더욱 상체 근육을 자극한다.

2 클린 앤 저크 기술의 보조 운동

클린 앤 저크 기술을 향상시키기 위해서는 보조운동의 부분 동작을 반복적으로 연습과 훈련 및 강도를 조절해야 하며 그 효과를 이해하고 훈련하는 것이 역도 경기력과 기술향상에 유리하다.

또한 전신의 근력 발달 및 정교한 기술 동작의 교정을 위해서는 여러 형태의 보조운동이 필요하며 대상에 따라 또는 기술 동작의 수정 목표에 의한 합리적인 보조운동의 선택과 집중 훈련은 역도 경기력 향상에 매우 중요한 요소이다.

1) 클린 앤 스플릿 저크(Clean & Split Jerk)

〈그림 192〉 클린 앤 스플릿 저크
(Clean & Split Jerk)

2) 클린 앤 파워 푸시 저크(Clean & Power Push Jerk)

〈그림 193〉 클린 앤 파워 푸시 저크
(Clean & Power Push Jerk)

(1) 방법

클린 스플릿 저크(Clean Split Jerk), 클린 파워 푸시 저크(Clean Power Push Jerk)는 클린 앤 스플릿 저크와 클린 앤 파워 푸시 저크 와 같은 자세로 동작을 실시한다. 하지만 저크 동작에서 클린 앤 저크 동작과 다르게 클과 연결하는 동작으로 호흡을 짧게 들어 마신 후 호흡을 멈춘 상태의 저크 구르기 자세(Dip, Up) 동작 없이 클린 스쿼트 동작에서 바벨을 들고 일어서는 추진력을 이용하여 강하게 바벨을 수직으로 밀어 올리며 빠른 스플릿 저크 또는 파워 푸시 저크 동작을 집중하며 바벨을 머리 위로 들어 올리는 동작을 실시한다. 저크 동작에서 양손과 양발은 동시에 착지와 받기 동작이 정교하게 이루어져야 하며 저크 받기 동작과 팔의 뻗치는 속도가 빨라야 정확한 자세를 할 수 있다. 또한 스플릿 저크의 원위치 동작은 앞으로 나간 발부터 뒤로 반발씩 이동시키며 천천히 정확한 동작으로 실시한다. 성급하게 뒷발을 이동시키는 경우 중심이동의 불균형으로 저크 동작을 실패할 수 있다. 클린 앤 저크 기록의 무게 %에 의한 횟수와 세트로 중량을 조절하며 반복 훈련을 한다. 2~3회 반복 횟수를 하는 동안 저크 동작은 빠른 속도로 실시해야 한다.

(2) 효과

클린 앤 저크(Clean & Jerk) 전체 기술 동작에서 저크의 구르기 자세(Dip, Up) 동작 없이 바벨을 가슴 위로 앉아 받기 동작을 한 이후 빠르게 저크 동작으로 연결하여 저크의 밀어 올리는 동작을 강화하는 연습으로 강하게 들어 올려지는 스쿼트 동작을 활용 수직으로 이동하는 무게의 이동속도를 이용한 저크의 보조 강화 훈련으로 역도 용상 동작의 기술교정과 자세 습득을 수월하게 한다.

또한 용상 기술에 필요한 능률적인 반복연습이 가능하며 풀 동작 이후 빠른 받기 동작의 순간 자세 감각과 자세 각도를 숙달시킨다. 클린 앤 저크 기술의 안정성을 강화하며 반복적인 훈련으로 용상 자세를 숙달시킨다.

3) 스쿼트 렉 스플릿 저크(Squat Rack Split Jerk)

〈그림 194〉 스쿼트 렉 스플릿 저크(Squat Rack Split Jerk)

4) 스쿼트 렉 드롭 스플릿 저크(Squat Rack Drop Split Jerk)

〈그림 195〉 스쿼트 렉 드롭 스플릿 저크
(Squat Rack Drop Split Jerk)

(1) 방법

스쿼트 렉 스플릿 저크(Squat Rack Split Jerk), 스쿼트 렉 드롭 스플릿 저크(Squat Rack Drop Split Jerk)는 스쿼트 렉을 활용하여 저크 동작을 집중 훈련하는 연습 종목으로 양팔을 벌려 양어깨 바깥쪽 넓이로 바벨을 잡은 자세로 숨을 들어 마시며 멈춘 상태로 바벨을 전면 삼각근 위에 올려놓고 일어서서 한걸음 거리로 뒤로 이동하여 가슴과 어깨 위에 바벨을 들고 정교하게 고정시킨 자세에서 용상의 두 번째 기술 동작인 저크(Jerk) 시작 동작을 수행한다.

짧은 시간 안에 호흡을 가다듬으며 양발을 정렬하고 바벨과 몸이 바닥과 수직 선상에 서서 손은 자연스럽게 바벨을 잡고 몸통 위에 올려놓은 상태에서 팔꿈치는 어깨와 수평으로 움직이지 않아야 한다. 바벨의 저항을 이겨내기 위해 등은 아치형을 유지하며 상체가 곧게 펴져 있는 자세로 호흡을 통하여 복압을 상승시킨다. 바벨의 무게 중심은 발의 중앙에 위치한다.

양발을 골반 너비로 벌린 뒤 다시 호흡을 들이마신 후 호흡을 멈춘 상태에서 가슴 위에 올려진 바벨과 몸통이 저크의 구르기 자세(Dip, Up) 바벨이 어깨에 올려진 상태에서 무릎과 엉덩이로 무릎을 굽히는 자세가 이루어지며 아주 짧은 시간 안에 몸통의 움직임 없이 10~15cm 아래로 무릎의 각도는 110~120° 내외로 내리고 올리는 동작을 하는 스쿼트 렉 스플릿 저크(Squat Rack Split Jerk)와 이러한 구르기 동작 없이 스플릿 저크 동작을 하는 스쿼트 렉 드롭 스플릿 저크(Squat Rack Drop Split Jerk)를 실시한다.

드롭 스플릿 저크 동작은 10~15cm 몸을 아래로 내리는 동시에 강하게 바벨과 양팔을 강하게 수직으로 밀어 올리며 몸통의 균형을 유지시키고 저크 받기 동작만을 집중하며 저크를 한다. 이때 양발은 스플릿 자세 위치로 앞발은 주로 사용하는 발로써 90도 정도 구부려주고 반대 발은 뒤로 뻗어 뒤꿈치가 들린 자세로 벌리며 양팔을 강하게 뻗어 몸통 과 동시에 바벨 받기 동작을 취한 후 양발을 일직선으로 다시 원위치 하여야 한다. 역도 저크 동작에서 양손과 양발은 동시에 착지와 받기 동작이 정교하게 이루어져야 하며 저크 받기 동작과 팔의 뻗치는 속도가 빨라야 정확한 자세를 할 수 있다.

또한 스플릿 저크의 원위치 동작은 앞으로 나간 발부터 뒤로 반 발씩 이동시키며 천천히 정확한 동작으로 실시되어야 한다. 성급하게 뒷발을 이동시키는 경우 중심이동의 불균형으로 저크 동작을 실패할 수 있다. 저크 기록의 %에 의한 2~3회 횟수와 세트로 중량을 조절하며 반복 훈련을 한다.

(2) 효과

용상 저크 동작을 강화하기 위한 보조운동으로 저크 동작의 안정성 및 근력 강화를 위해 훈련이며 클린 동작을 생략해 좀 더 집중적으로 저크 동작을 하기 위한 훈련이다.

상체 근육의 등장성 근 수축 운동으로 속도에 의한 등 속성 근 수축 운동의 기계적 근 신경 발달과 저크 동작의 상, 하체 자세의 정교한 받기 동작을 수정하며 균형감각과 근력 및 근 파워를 발달시키다. 저크 받기 동작을 정교하게 만들기 위한 훈련으로 개개인의 저크 받기 기술 동작을 교정하며 수정하는 훈련으로 사용한다.

5) 스쿼트 렉 스쿼트 푸시 저크(Squat Rack Squat Push Jerk)

〈그림 196〉 스쿼트 렉 스쿼트 푸시 저크(Squat Rack Squat Push Jerk)

6) 스쿼트 렉 드롭 스쿼트 푸시 저크(Squat Rack Drop Squat Push Jerk)

〈그림 197〉 스쿼트 렉 드롭 스쿼트 푸시 저크(Squat Rack Drop Squat Push Jerk)

(1) 방법

스쿼트 렉 스쿼트 푸시 저크(Squat Rack Squat Push Jerk), 스쿼트 렉 드롭 스쿼트 푸시 저크(Squat Rack Drop Squat Push Jerk)는 스쿼트 렉을 활용하여 저크 동작을 집중 훈련하는 연습 종목으로 양팔을 벌려 양어깨 바깥쪽 너비로 바벨을 잡은 자세로 숨을 들어 마시며 멈춘 상태로 바벨을 전면 삼각근 위에 올려놓고 일어서서 한걸음 거리로 뒤로 이동하여 가슴과 어깨 위에 바벨을 들고 있는 자세에서 용상의 두 번째 기술 동작인 스쿼트 푸시 저크(Squat Push Jerk) 시작 동작을 수행한다.

짧은 시간 안에 호흡을 가다듬으며 양발을 정렬하고 바벨과 몸이 바닥과 수직 선상에 서서 양손은 자연스럽게 바벨을 잡고 몸통 위에 올려놓은 상태에서 팔꿈치는 어깨와 수평으로 움직이지 않아야 한다. 바벨의 저항을 이겨내기 위해 등은 아치형을 유지하며 상체가 곧게 펴져 있는 자세로 호흡을 통하여 복압을 상승시킨다. 바벨의 무게 중심은 발의 중앙에 위치한다.

양발을 골반 너비로 벌린 뒤 다시 호흡을 들이마신 뒤 호흡을 멈춘 상태에서 가슴 위에 올려진 바벨과 몸통이 저크의 구르기 자세(Dip, Up) 바벨이 어깨에 올려진 상태에서 무릎과 엉덩이로 무릎을 굽히는 자세가 이루어지며 아주 짧은 시간 안에 몸통의 움직임 없이 10~15cm 아래로 무릎의 각도는 110~120° 내외로 내리는 구르기 동작을 하는 스쿼트 렉 스쿼트 푸시 저크(Squat Rack Squat Push Jerk)와 다르게 이러한 구르기 동작 없이 푸시 저크 동작을 하는 스쿼트 렉 드롭 스쿼트 푸시 저크(Squat Rack Drop Squat Push Jerk)를 실시한다. 이후 강하게 바벨과 양팔을 강하게 수직으로 밀어 올리며 몸통의 균형을 유지시키고 저크 받기 동작만을 집중하며 저크를 한다.

이때 양발은 스쿼트 푸시 저크 자세 위치로 양발을 어깨 바깥쪽 너비의 스쿼트 너비로 벌리며 양팔을 강하게 뻗어 몸통과 동시에 바벨 받기 동작을 취한 후 일어서며 양발을 일직선으로 다시 원위치하여야 한다. 역도 저크 동작에서 양손과 양발은 동시에 착지와 받기 동작이 정교하게 이루어져야 하며 저크 받기 동작과 팔의 뻗치는 속도가 빨라야 정확한 자세를 할 수 있다.

또한 푸시 저크의 원위치 동작은 자주 사용하는 발부터 옆으로 반발씩 이동시키며 천천히 정확한 동작으로 실시되어야 한다. 성급하게 발을 이동시키는 경우 중심이동의 불균형으로 저크 동작을 실패할 수 있다. 저크 기록의 무게 %에 의한 2~3회 횟수와 세트로 중량을 조절하며 반복 훈련을 한다. 스쿼트 렉 스쿼트 푸시 저크(Squat Rack Drop Squat Push Jerk)의 경우 가벼운 무게를 사용하며 유연성 증가 후 점차 무게를 증가시킨다.

(2) 효과

용상 저크 동작을 강화하기 위한 보조운동으로 푸시 저크 동작의 안정성 및 근력 강화를 위해 훈련이며 클린 동작을 생략해 좀 더 집중적으로 푸시 저크 동작을 하기 위한 훈련이다. 상, 하체 근육의 등장성 근 수축, 등척성 근 수축을 강하게 자극하는 운동으로 기계적 속도에 의한 등속성 근 수축 운동의 근 신경 발달과 저크 동작의 상, 하체 자세의 정교한 받기 동작을 수정하며 균형 감각과 근력 및 근파워를 발달시키다. 저크 받기 동작을 정교하게 만들기 위한 훈련으로 개개인의 저크 받기 기술 동작을 교정하며 수정하는 훈련으로 사용한다.

7) 클린(Clean)

〈그림 198〉 클린(Clean)

8) 파워 클린(Power Clean)

〈그림 199〉 파워 클린(Power Clean)

(1) 방법

클린(Clean), 파워 클린(Power Clean) 동작은 양발을 골반 너비로 벌리고 양손은 어깨 바깥쪽 너비로 바벨을 잡은 뒤 허리와 가슴을 펴고 무릎을 구부린 데드리프트 시작 자세를 취한다. 호흡을 들이마신 뒤 호흡을 멈추며 등과 허리를 펴고 엉덩이를 낮추어 상체를 유지하고 양발로 강하게 지면을 누르며 다리를 펴고 일어서서 바닥에 놓여있는 바벨이 무릎을 지나갈 때 무릎의 이중 굽힘에 의한 강하고 역동적으로 바벨과 전신이 수직 운동을 하며 바벨을 끌어올려 다리를 끝까지 펴줌과 동시에 팔꿈치를 당기며 바벨을 어깨 전면 삼각근 위까지 올려준다.

신체는 클린 자세의 프런트 스쿼트 앉아 받기 동작으로 깊게 받거나 또는 파워 클린 동작의 무릎 각도가 직각이 되도록 하여 높은 위치에서 바벨을 받는 동작으로 빠르게 앉는다. 이때 상체는 허리를 곧게 펴며 몸통으로 바벨을 고정시킴과 동시에 하체와 같이 전신의 근육을 동원하여 바벨을 들고 일어선다.

이후 바벨을 들고 일어선 자세로 서서 다시 바벨을 허벅지 또는 고 관절 위치에 내리며 잠시 멈춘 상태에서 다시 바닥에 내려놓으며 데드리프트 자세를 취하는 동작으로 원위치 시킨다.

저크 동작 없이 클린 동작만을 연습하는 훈련으로 클린 앤 저크 기록 및 훈련 종목의 최대근력의 무게 %에 의한 횟수와 세트로 중량을 조절하며 반복 훈련을 한다.

(2) 효과

정규 역도 용상 시합 종목 클린 앤 저크(Clean & Jerk) 동작 중 첫 번째 동작으로 저크 동작 없이 클린(Clean) 또는 파워 클린(Power Clean) 동작만을 반복 횟수 훈련하는 클린 동작의 기술 및 근력을 강화하는 훈련이다.

시합현장에서 나타나는 클린 동작의 실수를 방지하며 전문기술의 클린 구간의 근력 또는 파워를 강화시키는 훈련으로 % 훈련에 의한 파워 향상 및 클린 기술의 안정성을 강화시킨다.

또한 반복적인 훈련으로 시합기록의 향상과 자세를 숙달시킨다. 또한 클린 동작 이후 일어서서 반복 동작을 위한 바벨을 내리는 연습을 하며 근 신장성 수축을 강화시킨다.

9) 행 클린(Hang Clean)

〈그림 200〉 행 클린(Hang Clean)

10) 행 파워 클린(Hang Power Clean)

〈그림 201〉 행 파워 클린(Hang Power Clean)

(1) 방법

클린 동작과 마찬가지의 기초 자세로 바벨을 잡는다. 하지만 바닥에 있는 바벨의 무게를 들어 올려 앉아 받기를 하는 데드리프트 클린 기술의 시작 자세와는 다르게 끌기 동작을 완전히 마친 후 다시 무릎을 구부리며 바벨을 아래로 내려 대퇴근이 경사지게 하고 상체를 곧게 수직으로 세운 자세에서 시작하며 바벨을 지면에 내려놓지 않고 클린 동작을 하는 훈련이다.

행 클린, 행 파워 클린 시작 자세 바벨 높이의 위치는 바벨을 들고 서 있는 자세에서 바벨을 아래로 내려 무릎보다 낮은 위치, 무릎 높이 위치, 무릎보다 높은 위치로 스타트 하며 클린 또는 파워 클린 자세를 진행한다.

하지만 국내 행 클린 동작의 기본적인 시작 자세의 바벨 높이 위치는 무릎을 구부려 바벨이 허벅지 중간(Mid thigh) 위치 또는 허벅지의 1/3지점 위치를 주로 많이 사용하며 세트 당 2~3회를 반복하는 동안 바닥에 내려놓지 않아야 한다.

(2) 효과

클린 풀 동작을 단계적으로 나누어 구분하여 기술 보강 훈련을 실시할 수 있으며 클린 끌기 동작과 풀 동작을 강화시키며 연결 동작(무릎 이중 굽힘)으로 기술을 완성 시킬 수 있다.

또한 클린 동작에 필요한 전문 근력(등척성과 신장성)을 강화시킨다. 행 클린, 행 파워 클린 무릎 위(Upper knee) 동작은 라스트 풀 동작 바벨의 높이에 대한 풀 감각과 동작의 기능 강화를 위한 연습으로 사용하며, 행 클린, 행 파워 클린 무릎 동작은 이중 무릎 굽힘 동작과 라스트 풀 동작의 연결 동작을 강화하기 위해 사용한다.

또한 행 클린, 행 파워 클린 무릎 아래(Low knee) 동작은 무릎 이중 굽힘 동작의 감각과 기술 기능 강화를 위한 연습으로 사용한다. 이러한 클린 기술의 구간별 운동은 클린 동작의 전반적인 구간 기술 및 전문근력을 강화한다.

11) 세컨드 클린(Second Clean)

〈그림 202〉 세컨드 클린(Second Clean)

12) 세컨드 파워 클린 (Second Power Clean)

〈그림 203〉 세컨드 파워 클린 (Second Power Clean)

(1) 방법

세컨드 클린(Second Clean), 세컨드 파워 클린(Second Power Clean)은 클린(Clean) 동작과 마찬가지의 기초 자세로 바벨을 잡는다. 또한 행 클린(Hang Clean)동작과 유사하게 끌기 이후 다시 바벨을 내리며 클린 동작을 실행한다. 하지만 내려가는 바벨의 위치가 세컨드 풀 자세의 허벅지 중간 부위에서 클린 시작 자세로 클린 동작으로 앉아 받기를 하거나 높은 위치에서 파워 클린 자세로 받는다. 바벨을 내리는 과정에서 중심의 이동 없이 무게를 버티며 자세를 유지해야 한다. 클린, 파워 클린 자세로 2~3회 횟수를 반복하는 동안 바닥에 내려놓지 않아야 한다. 클린과 파워 클린 최대근력의 무게 %에 의한 횟수와 세트로 중량을 조절하며 반복 훈련을 한다.

(2) 효과

클린 부분 동작의 기술 자세를 유지시키는 능력과 세컨드 풀 이후 라스트 풀 자세를 강화하며 클린 자세의 교정과 앉아 받기 자세를 강화시킨다.

또한 클린 기술 동작에 필요한 전문근력을 강화시키며 라스트 풀 동작에서 나타나는 자세의 수정과 앉아 받기 동작으로 연결하는 상체의 수직 이동하며 바벨을 잡아당기는 몸통과 팔 근육 동작 및 척추의 바른 자세를 유지하게 한다.

13) 힙 클린(Hip Clean)

〈그림 204〉 힙 클린(Hip Clean)

14) 힙 파워 클린(Hip Power Clean)

〈그림 205〉 힙 파워 클린(Hip Power Clean)

(1) 방법

힙 클린(Hip Clean), 힙 파워 클린(Hip Power Clean)은 탑 클린(Top Clean) 동작과 마찬가지의 기초 자세로 바벨을 잡고 서 있는 동작, 바벨을 고관절에서 아래로 내리며 신전하는 탑 클린 동작과는 다르게 서 있는 자세로 바벨을 몸에 밀착시킨 상태에서 힙을 뒤로 빼며 바벨을 전, 후로 움직여 회전 동작으로 고관절을 활용 바벨을 전방의 던지듯 하며 강하게 수직 회전시키는 동작과 동시에 양팔과 몸통으로 바벨을 수직으로 강하게 잡아당기며 밀어 올려 클린 앉아 받기 또는 파워 클린 자세로 받기 동작을 한다.

이때 상체는 곧게 세운 자세를 유지해야 하며 바벨은 뒤로 이동한 힙의 동시 동작 전방의 수직으로 강하게 바벨을 밀어 올리는 동작으로 앉아 받기를 한다. 클린 풀 동작과는 다른 형태의 고관절을 전, 후로 움직여 몸통을 회전시킨다. 클린과 파워 클린 최대근력의 무게 %에 의한 횟수와 세트로 중량을 조절하며 반복 훈련을 한다.

(2) 효과

라스트 풀 구간의 근육과 각도를 강하게 자극하며 고정시키는 동작과 빠른 앉아 받기 자세 연습을 가능하게 한다. 짧은 풀 구간을 만들어 그 구간을 강하게 수직으로 상승시키며 횟수연습과 앉아 받기 자세의 강화를 위한 고반복 운동을 가능하게 한다. 클린 풀 동작 이후 신체 근육의 기술 동작 연습으로 활용한다.

클린 자세로 2~3회 횟수를 반복하는 동안 바닥에 내려놓지 않아야 한다. 클린 기술의 구분 동작으로 앉아 받기에 대한 기능을 쉽게 강화할 수 있어 초급자의 클린 받기 기술 구분 동작으로 적용한다.

15) 머슬 클린(Muscle Clean)

〈그림 206〉 머슬 클린(Muscle Clean)

(1) 방법

머슬 클린(Muscle Clean) 또는 힘 클린의 명칭으로 사용되며 풋 플랜티드 클린(Foot Planted Clean)동작과 유사하게 데드리프트의 스타트 자세 양발위치에서 양발을 스쿼트 자세로 벌리며 이동시키지 않고 지면에 고정시킨 상태로 클린 동작을 실시한다. 이때 앉아 받기 자세를 하지 않으며 수직으로 서 있는 자세까지 바벨을 들어 올린다. 이 과정에서 풀 동작 없이 상체 근력으로 발꿈치를 들어 올리는 경우도 있다. 바벨을 서서 받는 자세의 클린 동작으로 클린 기술에서 사용되어지는 동작을 저 중량으로 반복한다. 세트 당 2~3회를 반복하는 동안 양발을 움직이지 않고 클린 동작을 전신이 완전히 펴진 상태의 바벨을 들고 서 있는 자세로 바벨을 받아 올리는 동작을 정확하게 실행해야 한다. 클린 라스트 풀 구간에서 지면을 강하게 누르며 풀 동작과 동시에 무릎을 완전히 펴 주어야 하며 수직으로 올라오는 바벨을 강하게 잡아당겨 어깨 위로 들어올려야 한다. 받는 동작에서 무릎을 구부려서는 안 되며 파워 클린 최대근력의 무게 %에 의한 횟수와 세트로 중량을 조절하며 반복 훈련을 한다. 초기 저강도의 % 트레이닝으로 최대한 자세를 숙달시킨 후 훈련을 한다.

(2) 효과

클린(Clean) 자세에서 데드리프트 이후 무릎 이중 굽힘 동작의 연결과 강한 라스트 풀 동작의 기술 타이밍 감각을 강화시키며 이후 클린 앉아 받기 동작에서 라스트 풀 구간 이후 양팔을 잡아당기는 근력과 타이밍 감각을 강화시키는 운동이다.

또한 클린 풀 동작의 기본자세를 강화시키며 데드리프트 이후 풀 자세의 근력을 발달시킨다. 세컨드 풀과 라스트 풀 동작을 강화하며 받기 동작의 상체 기술을 습득시키는 운동이다.

16) 클린 데드리프트(Clean Dead lift)

〈그림 207〉 클린 데드리프트(Clean Dead lift)

(1) 방법

클린 데드리프트(Clean Dead lift)는 클린 동작과 마찬가지의 기초 자세로 바벨을 잡고 골반 너비 또는 개개인의 특성에 따라 어깨너비의 클린 자세의 양발너비로 벌리고 클린 동작으로 실시하지만 라스트 풀 동작 없이 바벨을 들고 데드리프트 시작 자세에서 라스트 풀 위치까지 들어 올리며 이때 상체와 팔은 정자세를 유지하고 클린 기술과 유사하게 다리를 끝까지 펴준다.

이때 뒤꿈치가 들려서는 안 되며 어깨를 사용하지 않는다. 세트 당 2~3회를 반복하는 동안 클린 데드리프트 동작을 정확하게 실시해야 한다. 동작 중허리가 구부러지는 자세는 부상이 발생할 수 있다. 클린 또는 데드리프트 최대근력의 %에 의한 횟수와 세트로 중량을 조절하며 반복 훈련한다.

(2) 효과

클린 데드리프트(Clean Dead lift)는 클린의 전문근력을 발달시키는 운동으로 클린 스타트 자세에서 라스트 풀 위치까지의 등장성 근 수축 운동으로 등척성을 동시에 자극하며 근력을 증가시킨다. 또한 클린 보다 많은 중량을 다룰 수 있어 기술 강화의 효과가 크며 클린 시작 자세를 정교하게 한다. 클린 최고 기록으로 횟수 운동을 할 수 있으며 무게의 % 운동으로 고중량의 기술 자세를 트레이닝 할 수 있다.

17) 블록 박스 클린 데드리프트(Block Box Clean Dead lift)

〈그림 208〉 블록 박스 클린 데드리프트(Block Box Clean Dead lift)

(1) 방법

블록 박스 클린 데드리프트(Block Box Clean Dead lift)는 양쪽 바닥에 블록 박스를 놓고 그 위에 바벨을 올린 후 바벨을 무릎보다 낮은 위치, 무릎 높이 위치, 무릎보다 높은 위치 또는 세컨드 풀 위치 등으로 바벨의 위치를 수정하여 데드리프트 동작을 훈련한다. 상체와 팔은 정자세를 유지하고 클린 기술과 유사하게 다리를 끝까지 펴준다.

이때 뒤꿈치가 들려서는 안 되며 어깨를 사용하지 않는다. 세트 당 2~3회를 반복하는 동안 클린 데드리프트 동작을 정확하게 실시해야 한다. 동작 중허리가 구부러지는 자세는 부상이 발생할 수 있다. 클린 또는 데드리프트 최대근력의 무게 %에 의한 횟수와 세트로 중량을 조절하며 반복 훈련을 한다.

(2) 효과

블록 박스 클린 데드리프트(Block Box Clean Dead lift)는 클린 데드리프트 동작을 단계적으로 나누어 구분하여 기술 보강 훈련을 실시할 수 있으며 블록 위에서 데드리프트 동작을 실시하므로 무게를 지면에서 끌어올리거나 내리는 동작으로 인한 신체 에너지 소모를 최소화할 수 있다. 클린 데드리프트 최고중량보다 무거운 중량으로 연습을 가능하게 한다. 클린 데드리프트기술 및 근력 강화 운동에 전반적으로 적용하여 클린 최고 기록으로 횟수 운동을 할 수 있으며 무게의 % 운동으로 고중량으로 정교한 기술 자세를 트레이닝 할 수 있다.

18) 세그먼트 홀드 앤 클린 데드리프트(Segment Hold & Clean Dead lift)

〈그림 209〉 세그먼트 홀드 앤 클린 데드리프트(Segment Hold & Clean Dead lift)

(1) 방법

세그먼트 홀드 앤 클린 데드리프트(Segment Hold & Clean Dead lift)는 데드리프트 시작 자세에서 호흡을 들이마신 뒤 정지한 상태로 바벨이 지면 바닥에 떨어지는 순간 바벨을 멈추고 2~3초를 버티며 다시 바벨을 들어 올려 무릎 바로 아래에서 2~3초를 멈춘 상태로 버티고 다시 바벨을 들어 올려 무릎 바로 위에서 2~3초를 멈춘 상태 동작으로 전체 동작의 자세를 유지하며 다리를 완전히 펴고 일어서는 클린 데드리프트 동작이다.

최대한 클린 자세를 유지하고 실시해야 하며 바벨을 내리는 동작에서 내리는 속도를 빠르게 하여 바벨을 지면에 내려놓는다. 한 동작에 3번의 등척성 운동 동작을 실시하며 바벨을 들어 올리는 위치는 라스트 풀 위치까지 들어 올린다. 이때 상체와 팔은 클린 정자세를 유지하고 클린 기술과 유사하게 다리를 끝까지 펴준다. 이때 발이 움직이거나 뒤꿈치가 들려서는 안 되며 어깨를 사용하지 않는다. 세트 당 2~3회를 반복하는 동안 데드리프트 동작을 정확하게 실시해야 한다. 동작 중 허리가 구부러지는 자세는 부상이 발생할 수 있다.

(2) 효과

세그먼트 홀드 앤 클린 데드리프트(Upper Knee Hold & Clean Dead lift) 클린의 전문근력을 발달시키는 운동으로 클린 스타트 자세에서부터 가장 바벨의 중량 부하를 받는 동작에서 멈춘 상태를 유지하는 등척성 근 수축 운동이며 등장성을 동시에 강화시키며 근력을 증가시킨다. 클린 데드리프트 자세를 정교하게 하며 무게의 % 운동으로 고중량의 기술 자세를 트레이닝 시킨다.

19) 클린 풀(Clean Pull)

〈그림 210〉 클린 풀(Clean Pull)

(1) 방법

클린 풀(Clean Pull) 동작은 클린 데드리프트 동작과 마찬가지의 기초 자세로 바벨을 잡고 같은 자세와 동작으로 유사하게 실시한다. 하지만 데드리프트 동작과 다르게 빠른 속도로 클린 데드리프트 동작을 실시하고 상체 기술을 활용하여 무릎 이중 굽힘 동작에서 강하게 수직 상 방향으로 바벨을 들어 올려 상체와 팔을 동시에 사용하여 바벨을 던지는 듯한 동작을 실시한다.

이러한 클린 풀 동작은 바닥에서 시작 자세를 하거나 바닥에서 원판이 떨어진 상태에서 시작 자세를 취하며 호흡을 들이마신 뒤 호흡을 정지하고 등과허리를 펴 엉덩이를 낮추어 데드리프트 시작 자세를 취한 상태에서 상체를 유지하고 다리를 끝까지 펴고 일어서서 강하고 역동적으로 바벨과 전신이 수직 운동을 하는 클린의 기술 훈련이다.

이때 상체는 수직 운동에 의한 팔이 들어 올려지는 타이밍만으로 바벨을 들어 올리며 일부러 팔을 잡아당기는 동작은 하지 않는다. 역도 클린과 같은 속도와 기술 및 자세로 2~3회 횟수를 반복하는 동안 중량의 무게를 사용한다.

(2) 효과

클린 풀 동작은 클린 데드리프트 동작과 클린 앉아 받기 동작을 연결시키는 기술 강화 훈련이며 역도 종목의 전문근력을 발달시키는 운동으로 용상 클린 최대 가속을 내는 구간 동작을 정교하게 만든다.

클린 기술에 필요한 근력의 발달과 강한 풀 동작의 감각을 발달시킨다. 클린 풀 동작의 자세를 수정 및 교정시키며 클린 최고 무게의 % 운동으로 고중량의 기술 자세를 트레이닝 시킨다.

20) 클린 하이 풀(Clean High Pull)

〈그림 211〉 클린 하이 풀(Clean High Pull)

(1) 방법

클린 하이 풀(Clean High Pull) 동작은 데드리프트 시작 자세에서 호흡을 들이마신 뒤 호흡을 정지하고 등과 허리를 펴고 엉덩이를 낮추어 상체를 유지하고 다리를 끝까지 펴고 일어서서 강하고 역동적으로 바벨과 전신이 수직 운동을 하게 하는 클린의 기술 훈련이다. 클린 풀 동작과 마찬가지의 기초 자세로 발은 골반이나 어깨너비로 벌리고 양손으로 바벨을 잡고 같은 자세와 동작으로 유사하게 실시한다.

하지만 클린 풀 동작과 다르게 라스트 풀 이후 다리를 최대한 신전시키며 발끝까지 수직으로 바벨을 들어 올리며 바벨이 가슴까지 오도록 팔꿈치를 최대한 당겨준다. 클린 동작의 속도로 기술을 활용하며 무릎 이중 굽힘 동작에서 강하게 수직 상 방향으로 바벨을 들어 올려 상체와 팔을 동시에 사용하여 바벨을 최대한 수직으로 들어 올려지도록 한다.

이때 상체는 수직 운동에 의해 팔이 들어 올려지는 타이밍에서 최대한 바벨이 몸에 가깝도록 팔을 잡아당기는 동작을 한다. 역도 클린과 같은 속도와 기술 및 자세로 2~3회 횟수를 반복하는 동안 클린 또는 풀 동작의 최대근력 무게 %에 의한 횟수와 세트로 중량을 조절하며 반복 훈련을 한다.

(2) 효과

클린 하이 풀 동작은 클린 데드리프트 동작과 앉아 받기 동작을 연결시키는 기술 강화 훈련이며 역도 종목의 전문근력을 발달시키는 운동으로 클린 최대 가속을 내는 구간 동작을 정교하게 만든다.

역도기술에 필요한 근력의 발달과 강한 풀 동작의 감각을 발달시킨다. 클린 풀 동작의 자세를 수정시키며 무게의 % 운동으로 고중량으로 기술 자세를 트레이닝 시킨다.

21) 클린 하이 풀 업(Clean High Pull Up)

〈그림 212〉 클린 하이 풀 업
(Clean High Pull Up)

(1) 방법

클린 하이 풀 업(Clean High Pull Up) 동작은 데드리프트 시작 자세에서 호흡을 들이마신 뒤 호흡을 정지하고 등과 허리를 펴고 엉덩이를 낮추어 상체를 유지하고 다리를 끝까지 펴고 일어서서 강하고 역동적으로 바벨과 전신이 수직 운동을 하며 클린 앉아 받기 직전 자세까지 구간을 연습하는 클린의 기술 훈련이다. 클린 하이 풀 동작과 마찬가지의 기초 자세로 발은 골반이나 어깨너비로 벌리고 양손으로 바벨을 잡고 같은 자세와 동작으로 유사하게 실시한다.

하지만 클린 하이 풀 동작과 다르게 라스트 풀 이후 다리를 최대한 신전시키며 발끝까지 수직으로 바벨을 들어 올리며 바벨이 가슴까지 오도록 팔꿈치를 당겨줌과 동시에 양발을 어깨너비로 벌리며 앉아 받기 자세와 유사하도록 발바닥을 강하게 지면을 누르는 동작을 하며 이때 바벨은 수직 상승시키고 몸통은 아래로 내리는 동작을 빠르게 진행한 후 원위치로 서서 바벨을 골반에 내린다. 클린 동작의 속도로 기술을 활용하며 무릎 이중 굽힘 동작에서 강하게 수직 상 방향으로 바벨을 들어 올려 상체와 팔을 동시에 사용하여 바벨을 최대한 수직으로 들어 올려지도록 한다.

상체는 수직 운동에 의한 팔이 들어 올려지는 타이밍을 활용하여 가슴 또는 어깨 수준으로 바벨을 올려주며 팔의 근력과 자세로 바벨을 유지시키며 최대한 바벨이 몸에 가깝게 한다. 역도 용상의 클린 동작과 같은 속도와 기술 및 자세로 2~3회 횟수를 반복하는 동안 클린 의 최대근력 무게 %에 의한 횟수와 세트로 중량을 조절하며 반복 훈련을 한다.

(2) 효과

클린 하이 풀 동작은 클린 데드리프트 동작과 클린 앉아 받기 직전 동작을 연결시키는 기술 강화 훈련이며 역도 종목의 전문근력을 발달시키는 운동으로 클린 풀 구간 동작을 정교하게 만든다. 클린 기술에 필요한 근력의 발달과 강한 풀 동작의 감각을 발달시킨다. 클린 풀 동작의 자세를 수정시키며 무게의 % 운동으로 고중량으로 기술 자세를 트레이닝 시킨다.

22) 클린 데드리프트 투 클린 앤 푸시 저크(Clean Dead lift to Clean & Push Jerk)

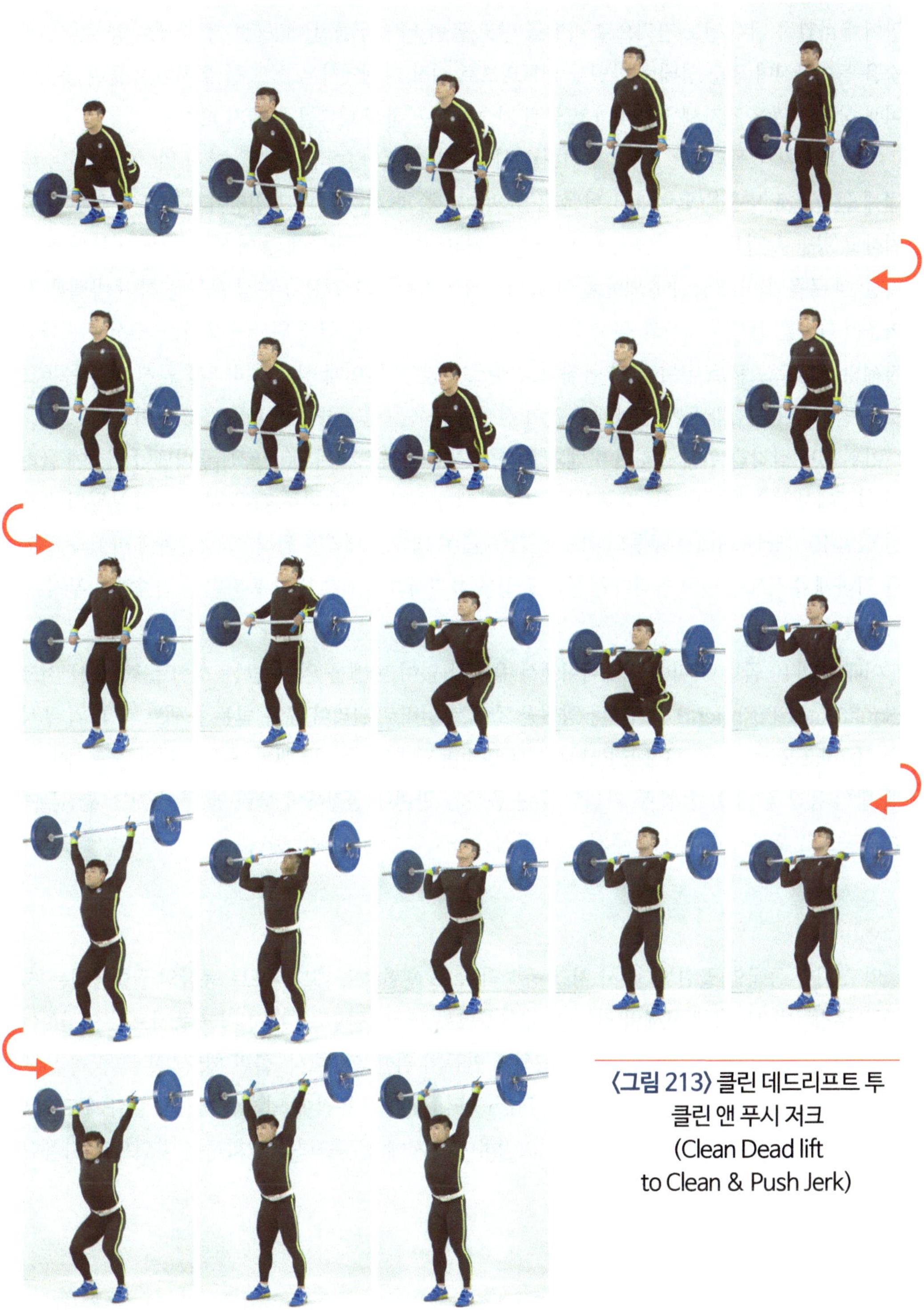

〈그림 213〉 클린 데드리프트 투 클린 앤 푸시 저크 (Clean Dead lift to Clean & Push Jerk)

(1) 방법

클린 데드리프트 투 클린 앤 푸시 저크(Clean Dead lift to Clean & Push Jerk)는 양팔을 벌려 양어깨 바깥쪽 너비 정도 간격으로 바벨을 잡고 골반 너비의 클린 데드리프트 자세로 양발을 벌려 숨을 들이마시며 멈춘 상태로 바벨을 데드리프트 시작 자세에서 라스트 풀 위치까지 들어 올리며 이때 상체와 팔은 정자세를 유지하고 클린 기술과 유사하게 다리를 끝까지 펴준다.

이때 뒤꿈치가 들려서는 안 되며 어깨를 사용하지 않는다. 이후 바벨을 다시 바닥에 내리며 두 번째 동작으로 호흡을 들이마신 뒤 호흡을 멈추며 등과 허리를 펴고 엉덩이를 낮추어 상체를 유지하고 양발로 강하게 지면을 누르며 다리를 펴고 일어서서 바닥에 놓여 있는 바벨이 무릎을 지나갈 때 무릎의 이중 굽힘에 의한 강하고 역동적으로 바벨과 전신이 수직 운동을 하며 바벨을 끌어올려 다리를 끝까지 펴줌과 동시에 팔꿈치를 당기며 바벨을 어깨 위까지 올려준다. 신체는 클린 자세의 프런트 스쿼트 앉아 받기 동작으로 빠르게 앉는다. 이때 상체는 허리를 곧게 펴며 몸통으로 바벨을 고정시킴과 동시에 하체와 같이 전신의 근육을 동원하여 바벨을 들고 일어선다.

이후 전면 삼각근 위에 올려진 바벨과 몸통이 저크의 구르기 자세(Dip, Up) 바벨이 어깨에 올려진 상태에서 무릎과 엉덩이로 무릎을 굽히는 자세가 이루어지며 아주 짧은 시간 안에 몸통의 움직임 없이 10~15cm 아래로 무릎의 각도는 110~120° 내외로 내리는 동작 이후 강하게 바벨과 양팔을 강하게 수직으로 밀어 올리며 몸통의 균형을 유지시키고 저크 받기 동작만을 집중하며 푸시 저크를 한다.

이때 양발은 골반 너비나 어깨너비에서 움직임 없이 바벨을 앉아 받는 스쿼트 렉 푸시 저크(Squat Rack Push Jerk) 동작이나 양발을 스쿼트 너비로 벌리며 앉아 받는 스쿼트 렉 파워 푸시 저크(Squat Rack Power Push Jerk)자세로 벌리며 양팔을 강하게 뻗어 몸통과 양발을 동시에 바벨 받기 동작을 해야 한다. 두 가지의 훈련 종목을 한번에 연결하며 클린 앤 푸시 저크 훈련무게 % 중량으로 훈련하며 클린 앤 푸시 저크 동작을 정확하게 실시해야 한다.

(2) 효과

역도 시합 종목인 클린 앤 푸시 저크 동작의 보조 훈련으로 데드리프트 동작의 끌어올리는 자세를 수정하며 상, 하체 자세의 정교한 데드리프트 동작을 클린 앤 푸시 저크 동작으로 연결하여 클린 동작과 푸시 저크 받기 동작을 정교하게 만들기 위한 훈련이다. 클린 데드리프트 투 클린 앤 푸시 저크 (Clean Deadlift to Clean & Push Jerk)세 가지 동작에 의해 개개인의 클린 데드리프트 동작과 푸시 저크 받기 기술 동작을 교정하며 동시에 전문근력을 강화하는 훈련으로 사용한다.

23) 프런트 스쿼트(Front Squat)

〈그림 214〉 프런트 스쿼트(Front Squat)

(1) 방법

프런트 스쿼트(Front Squat), 하프 프런트 스쿼트(Half Front Squat)는 스쿼트 렉을 활용하여 렉 위에 올려진 바벨을 양손으로 팔꿈치 너비 또는 어깨너비보다 넓게 바벨을 잡은 자세로 바벨을 가슴 위 쇄골 부위와 전면 삼각근 위치에 올려놓고 일어서서 호흡을 들어 마시며 호흡을 정지하고 등과 허리를 펴 어깨를 아치 상태로 유지하며 양발로 강하게 지면을 누르며 바벨을 들고 일어선다.

이후 한걸음 거리 뒤로 이동하여 다시 호흡을 가다듬으며 양발을 어깨너비로 벌린 뒤 유지하며 스쿼트 시작 자세에서 다시 호흡을 들이마신 뒤 호흡을 정지하고 엉덩이를 낮추어 무릎과 고 관절을 동시에 굽히며 아래로 천천히 등이 굽어지지 않도록 복부를 앞으로 내밀며 허리를 편 상태를 유지하여 깊게 클린 스쿼트 앉아 받기 또는 하체 길이의 1/2 수준으로 무릎 관절 높이에 엉덩이가 수평으로 위치하는 자세의 높이까지 바벨을 내리며 앉는 동작을 반복한다. 앉거나 일어설 때 고관절과 무릎 및 발의 앞 꿈 치 각도가 같도록 유지해야 한다. 프런트 스쿼트 최고중량으로 무게 %로 훈련을 해야 하며 2~3회 횟수로 반복하는 동안 고중량의 무게를 사용한다.

(2) 효과

프런트 스쿼트(Front Squat), 하프 프런트 스쿼트(Half Front Squat)는 클린 앉아 받기 동작과 기립 동작을 위한 하체 근력 강화 훈련이며 역도선수에게 가장 필요한 하지 근력 발달 운동이다. 고중량을 사용할 수 있는 훈련이며 스쿼트 동작에 의한 근육의 등장성과 신장성 및 등척성 근 수축을 동시에 자극하며 강화시킨다. 역도선수의 전문근력을 발달시키는 운동이며 하프 프런트 스쿼트(Half Front Squat)의 경우 스쿼트 자세에서 가장 무게 자극이 강한 구간에서 다시 일어나는 동작에 의해 상, 하체 근력 강화를 좀 더 증가시키며 프런트 스쿼트(Front Squat)는 깊은 스쿼트 동작에 의한 관절의 유연성과 전반적인 상, 하체 관절을 발달시킨다.

또한 클린 앉아 받기 및 기립 동작에서 나타나는 하체 및 전면 상체 근육의 발달을 강화하며 클린의 전문근력을 발달시킨다.

24) 밀리터리 프레스(Military Press)

〈그림 215〉 밀리터리 프레스(Military Press)

(1) 방법

밀리터리 프레스(Military Press)는 스쿼트 렉을 사용하여 바벨을 양손으로 어깨너비보다 넓게 잡은 자세로 가슴 위 쇄골 부위와 전면 삼각근에 위치에 올려놓고 호흡을 들어 마시며 호흡을 정지하고 등과 허리를 펴 어깨를 아치 상태로 유지하며 양발로 강하게 지면을 누르며 바벨을 들고 일어선다.

이후 한걸음 거리로 뒤로 이동하여 다시 호흡을 가다듬으며 양발을 골반 너비 또는 어깨너비로 벌린 뒤 복부에 힘을 주어 몸통을 고정시킨 자세에서 강하게 바벨을 머리 위로 밀어 올리며 프레스를 실시한다. 손목과 팔 동작은 저크의 밀어 올려 받기 자세 동작과 동일하게 유지해야 하며 바벨의 위치는 턱 아래 목까지 내리며 다시 들어 올린다.

이때 호흡을 들어 마시며 호흡을 정지하고 가슴을 펴고 몸통을 유지하며 양다리로 지면을 누르며 바벨을 가슴과 허리 및 팔 힘으로 밀어 올리며 양팔을 곧게 편다. 양팔이 완전히 펴진 상태에서 호흡을 내쉬며 다시 호흡을 들이마신 뒤 호흡을 정지하고 바벨을 아래로 천천히 내려 턱 바로 아래 목까지 바벨을 내려야 하며 가슴까지 내리지 않도록 주의하며 동작을 반복한다. 5~6회 횟수로 반복하는 동안 밀리터리 프레스 최고무게 %를 활용한 중량 무게를 사용한다.

(2) 효과

역도의 밀리터리 프레스(Military Press)는 저크 받기 동작을 위한 상체 근력 강화 훈련으로 가슴 위 프레스 동작에 의한 삼각근의 발달과 상체 근육의 등장성 근 수축을 자극하는 운동과 신장성을 동시에 자극시키며 역도 용상의 상체 전문근력을 발달시킨다. 저크 받기 동작에 필요한 삼각근 부위와 삼각근 중간부위의 발달을 강화한다.

25) 푸시 프레스(Push Press)

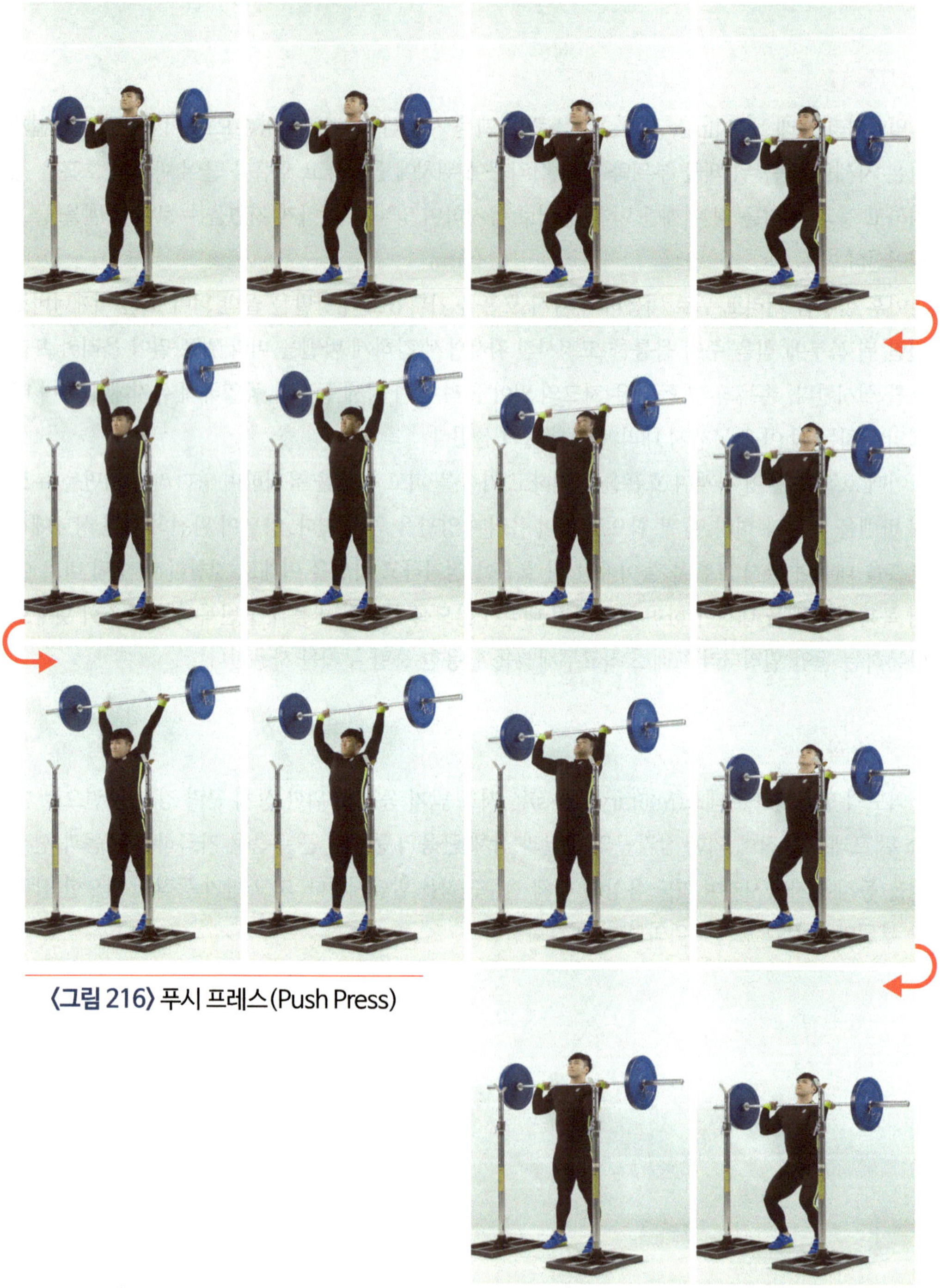

〈그림 216〉 푸시 프레스(Push Press)

(1) 방법

푸시 프레스(Push Press)는 스쿼트 렉을 사용하여 바벨을 그 위에 올려놓은 상태에서 바벨을 양손으로 어깨너비보다 넓게 잡은 자세로 가슴 위 쇄골 부위와 전면 삼각근에 위치에 올려놓고 호흡을 들어 마시며 호흡을 정지하고 등과 허리를 펴 어깨를 아치 상태로 유지하며 양발로 강하게 지면을 누르며 바벨을 들고 일어선다.

이후 한걸음 거리 뒤로 이동하여 다시 호흡을 가다듬으며 양발을 골반 너비 또는 어깨너비로 벌린 뒤 복부에 힘을 주어 몸통을 고정시킨 자세에서 가슴 위에 올려진 바벨과 몸통이 저크의 구르기 자세(Dip, Up) 바벨이 어깨에 올려진 상태에서 무릎과 엉덩이로 무릎을 굽히는 자세가 이루어지며 아주 짧은 시간 안에 몸통의 움직임 없이 10~15cm 아래로 무릎의 각도는 110~120° 내외로 내리는 동작 이후 강하게 바벨과 양팔을 수직으로 밀어 올리며 몸통의 균형을 유지시키고 프레스를 실시한다. 손목과 팔 동작은 저크의 밀어 올려 받기 자세 동작과 동일하게 유지해야 하며 바벨의 위치는 가슴 위 쇄골 부위와 전면 삼각근에 위치에 올려놓고 들어올린다.

이때 호흡을 들어 마시며 호흡을 정지하고 가슴을 펴고 몸통을 유지하며 양다리로 지면을 누르며 바벨을 가슴과 허리 및 팔 힘으로 밀어 올리며 양팔을 곧게 편다. 양팔이 완전히 펴진 상태에서 호흡을 내쉬며 다시 호흡 을이 마신 뒤 호흡을 정지하고 바벨을 내려야 하며 가슴 위 쇄골 부위와 전면 삼각근에 내려놓으며 동작을 반복한다. 5~6회 횟수로 반복하는 동안 푸시 프레스 최고 무게 %를 활용한 중량 무게를 사용한다.

(2) 효과

푸시 프레스(Push Press)는 저크 받기 동작을 위한 상체 근력 강화 훈련으로 가슴 위 쇄골 부위와 전면 삼각근에 올려진 바벨을 구르기 동작과 동시에 프레스 동작을 하며 전반적인 상체 근력을 증가시킨다. 삼각근의 발달과 상체 근육의 등장성 근 수축을 자극하는 운동으로 역도 용상의 전문근력을 발달시킨다. 저크 받기 동작에 필요한 삼각근 부위와 삼각근 중간부위 및 상체발달을 강화한다.

26) 프레스 인 스플릿(Press in Split)

〈그림 217〉 프레스 인 스플릿(Press in Split)

(1) 방 법

프레스 인 스플릿(Press in Split)은 스쿼트 렉을 활용하여 저크 동작을 집중훈련하는 훈련 종목으로 양팔을 벌려 양어깨 바깥쪽 너비 정도 간격으로 바벨을 잡고 숨을 들어 마시며 멈춘 상태로 바벨을 가슴 위 쇄골 부위와 전면 삼각근에 위치에 올려놓고 일어서서 한걸음 거리로 뒤로 이동하여 다시 호흡을 가다듬으며 양발은 주로 사용하는 편한 발을 앞으로 90°정도 구부린 상태로 나가주고 반대 발은 뒤로 벌린 스플릿 저크 하체 자세를 취한다.

다시 호흡을 들이마신 뒤 호흡을 정지하고 등과 허리를 곧게 펴고 스플릿 저크를 했을 때 하체 모션 그 상태에서 양발을 고정하고 복부에 힘을 주어 몸통을 고정시킨 자세에서 강하게 바벨을 위로 밀어 올리며 프레스를 실시한다. 손목과 팔 동작은 저크의 밀어 올려 받기 자세 동작과 동일하게 유지해야 하며 바벨의 위치는 턱 아래 목까지 내려 다시 들어 올린다.

이때 호흡을 들어 마시며 호흡을 정지하고 가슴을 펴 몸통을 유지하며 양다리로 지면을 강하게 누르며 바벨을 가슴과 허리 및 팔 힘으로 밀어 올려 양팔을 곧게 편다. 양팔이 완전히 펴진 상태에서 호흡을 내쉬고 다시 호흡 을이 마신 뒤 호흡을 정지하고 바벨을 아래로 천천히 내려 턱 바로 아래 목까지 바벨을 내려야 한다. 가슴까지 내리지 않도록 주의하며 동작을 반복한다. 5~6회 횟수로 반복하는 동안 밀리터리 프레스 최고 무게 %를 활용한 중량무게를 사용한다.

(2) 효 과

프레스 인 스플릿(Press in Split)은 저크 받기 동작을 위한 상체 근력 강화 훈련으로 가슴 위 프레스 동작에 의한 삼각근의 발달과 상체 근육의 등장성 근 수축을 자극하는 운동과 신장성을 동시에 자극시키며 역도 용상의 전문근력을 발달시킨다. 저크 받기 동작에 필요한 삼각근 부위와 삼각근 중간부위의 발달을 강화한다. 밀리터리 프레스 최고 중량의 % 횟수 훈련이 가능하다.

27) 프레스 인 스쿼트(Press in Squat)

〈그림 218〉 프레스 인 스쿼트 (Press in Squat)

(1) 방법

프레스 인 스쿼트(Press in Squat), 프레스 인 하프 스쿼트(Press in Half Squat)는 역도 스쿼트 렉을 사용하여 저크 보강훈련을 집중하는 훈련 종목으로 양팔을 벌려 양어깨 바깥쪽 너비 정도 간격으로 바벨을 잡고 숨을 들이마시며 멈춘 상태로 바벨을 가슴 위 쇄골 부위와 전면 삼각근에 위치에 올려놓고 일어서서 한걸음 거리 뒤로 이동하여 개개인의 프런트 스쿼트 앉아 받기 자세 바벨 높이 위치에 따라 앉아 받기 자세를 조절하며 가슴 위에 바벨을 올려놓은 상태에서 스쿼트 렉 프런트 하프 스쿼트 또는 풀 스쿼트를 실시한 후 자세를 유지하고 멈춘 상태에서 다시 호흡을 들이마신 뒤 호흡을 정지하고 등과 허리를 곧게 펴고 밀리터리 프레스를 실시한다.

복부에 힘을 주어 몸통을 고정시킨 자세에서 강하게 바벨을 위로 밀어 올리며 프레스를 실시한다. 손목과 팔 동작은 푸시 저크의 밀어 올려 받기 자세 동작과 동일하게 유지해야 하며 바벨의 위치는 턱 아래 목까지 내리며 다시 들어 올린다.

이때 호흡을 들어 마시며 호흡을 정지하고 가슴을 펴고 몸통을 유지하며 양다리로 지면을 누르며 바벨을 가슴과 허리 및 팔 힘으로 밀어 올려 양팔을 곧게 편다. 양팔이 완전히 펴진 상태에서 호흡을 내쉬며 다시 호흡을 들어 마신 뒤 호흡을 정지하고 바벨을 아래로 천천히 내려 턱 바로 아래 목까지 바벨을 내려야 한다.

가슴까지 내리지 않도록 주의하며 동작을 반복한다. 5~6회 횟수로 반복하는 동안 밀리터리 프레스 최고 무게 %를 활용한 중량무게를 사용한다.

(2) 효과

역도 시합 종목인 푸시 저크의 받기 동작의 근력 보조 훈련이며 푸시 저크 자세 어깨 위에 바벨이 올려진 스쿼트 앉아 받기 상태에서 양발을 움직임 없이 고정하여 푸시 저크 받기 동작으로 양팔을 강하게 뻗는 동작의 안정성을 강화하기 위한 훈련이며 저크 앉아 받기 자세를 보완하는 훈련이다.

상체 근육의 등장성 근 수축요인을 자극하는 운동으로 상체 자세의 정교한 받기 동작을 수정하며 균형감각과 근력을 발달시키다. 저크 받기 동작을 정교하게 만들기 위한 훈련이다. 프레스 인 스쿼트 동작에 의해 개개인의 푸시 저크 받기 기술 동작의 불안요소를 교정하며 수정하는 훈련으로 사용한다.

VII.
기록표

2019년 100회 전국체육대회 기록

여자 고등부

체급	성명	소속	인상	용상	합계
49kg	박아현	대구체육고교	69	78	147
	김혜민	김해영운고교	60	79	139
	노지영	강남영상미디어고교	61	76	137
55kg	김기쁨	강원체육고교	73	96	169
	이예림	원주여자고교	70	97	167
	박아현	충북체육고교	70	89	159
59kg	김연지	충북체육고교	86	104	190
	반서현	충북체육고교	83	102	185
	이은화	상일여자고교	79	101	180
64kg	김한솔	청명고교	83	111	194
	김지영	경북체고	87	106	193
	박소희	원주여자고교	85	105	190
76kg	김이슬	안산공업고교	96	122	218
	이화진	경북체육고교	95	112	207
	손아라	경남체육고교	86	121	207
87kg	황보영진	포항해양고교	98	115	213
	신은비	경남체육고교	88	121	209
	최가희	다향고교	87	120	207
+87kg	박수빈	광주체육고교	96	127	223
	김효언	대구체육고교	97	125	222
	임정희	경기체육고교	101	109	210

남자 고등부

체급	성명	소속	인상	용상	합계
61kg	신록	고흥고교	124	148	272
	최한주	충남체육고교	110	143	253
	이규석	충남체육고교	101	125	226
67kg	정동민	인천체육고교	115	151	266
	전해준	대전체육고교	120	145	265
	소지섭	온양고교	114	146	260
73kg	박형오	경남체육고교	130	161	291
	소태섭	충남체육고교	126	162	288
	최승환	대성일고교	125	151	276
81kg	이성원	경북체육고교	136	175	311
	강민우	완도고교	140	168	308
	최행남	한국한방고교	134	171	305
89kg	손현욱	부산체육고교	142	186	328
	전병현	온양고교	136	175	311
	강성림	경기체육고교	140	170	310
96kg	김유신	영동고교	150	183	333
	박승균	충북체육고교	144	174	318
	김경빈	정광고교	141	173	314
109kg	장혜준	인천체육고교	160	201	361
	이형민	김해영운고교	147	181	328
	이승훈	서울체육고교	146	176	322
+109kg	송영환	홍천고교	173	210	383
	이승헌	전남체육고교	155	192	347
	오세찬	평택고교	160	186	346

2019년 100회 전국체육대회 기록

여자 일반부

체급	성명	소속	인상	용상	합계
49kg	신재경	대전광역시체육회	78	96	174
	이한별	한국체육대학교	74	96	170
	문정선	광주광역시청	74	95	169
55kg	장은비	공주시청	81	104	185
	박다애	원주시청	79	105	184
	최유림	울산광역시청	82	95	177
59kg	서정미	울산광역시청	90	112	202
	김소희	김해시청	84	113	197
	함은지	원주시청	87	107	194
64kg	박다희	울산광역시청	101	121	222
	한소진	대전광역시체육회	102	119	221
	문유라	보성군청	99	118	217
76kg	이민지	울산광역시청	107	137	244
	강윤희	경상남도청	106	136	242
	김수현	인천광역시청	104	138	242
87kg	정소영	대전광역시체육회	106	131	237
	정아람	인천광역시청	105	131	236
	장현주	공주시청	101	130	231
+87kg	손영희	부산광역시체육회	118	157	275
	박시현	충청북도청	121	153	274
	이선미	강원도청	120	151	271

남자 일반부

체급	성명	소속	인상	용상	합계
61kg	노국기	부산광역시체육회	120	160	280
	임창윤	국군체육부대	124	155	279
	김선영	충청북도청	120	156	276
67kg	이상연	강원도체육회	142	180	322
	한명목	경상남도청	147	167	314
	이창호	양구군청	130	172	302
73kg	박주효	고양시청	146	189	335
	원정식	울산광역시청	147	184	331
	최규태	강원도청	143	174	317
81kg	김광훈	울산광역시청	150	195	345
	양지웅	아산시청	151	190	341
	김성민	경상남도청	145	186	331
89kg	유동주	진안군청	165	199	364
	임영철	경상남도청	161	195	356
	염다훈	한국체육대학교	155	197	352
96kg	박한웅	경상남도청	168	210	378
	원종범	강원도청	171	200	371
	한정훈	수원시청	160	211	371
109kg	진윤성	고양시청	183	218	401
	김철민	강원도청	170	219	389
	서희엽	수원시청	171	217	388
+109kg	함상일	인천광역시청	181	229	410
	이양재	국군체육부대	178	232	410
	황우만	국군체육부대	187	222	409

2019년 100회 전국체육대회 기록

International Weight Lifting Federation World Standard Records

Senior Men's World Standard Records

Weight	Name	Nation	Event Date & Place	Record		
				Snatch	Clean & Jerk	Total
55kg	World Standard	World Standard	01.11.2018, World Standard	135 kg	161 kg	293 kg
61kg	World Standard	World Standard	01.11.2018, World Standard	144 kg	173 kg	312 kg
67kg	World Standard	World Standard	01.11.2018, World Standard	153 kg	184 kg	331 kg
73kg	World Standard	World Standard	01.11.2018, World Standard	160 kg	194 kg	348 kg
81kg	World Standard	World Standard	01.11.2018, World Standard	170 kg	206 kg	368 kg
89kg	World Standard	World Standard	01.11.2018, World Standard	179 kg	216 kg	387 kg
96kg	World Standard	World Standard	01.11.2018, World Standard	185 kg	225 kg	401 kg
102kg	World Standard	World Standard	01.11.2018, World Standard	191 kg	231 kg	412 kg
109kg	World Standard	World Standard	01.11.2018, World Standard	196 kg	237 kg	424 kg
+109kg	World Standard	World Standard	01.11.2018, World Standard	210 kg	250 kg	453 kg

Senior Women's World Standard Records

Weight	Name	Nation	Event Date & Place	Record		
				Snatch	Clean & Jerk	Total
45kg	World Standard	World Standard	01.11.2018, World Standard	85 kg	108 kg	191 kg
49kg	World Standard	World Standard	01.11.2018, World Standard	90 kg	115 kg	203 kg
55kg	World Standard	World Standard	01.11.2018, World Standard	99 kg	124 kg	221 kg
59kg	World Standard	World Standard	01.11.2018, World Standard	104 kg	131 kg	232 kg
64kg	World Standard	World Standard	01.11.2018, World Standard	110 kg	138 kg	245 kg
71kg	World Standard	World Standard	01.11.2018, World Standard	117 kg	147 kg	261 kg
76kg	World Standard	World Standard	01.11.2018, World Standard	122 kg	153 kg	272 kg
81kg	World Standard	World Standard	01.11.2018, World Standard	127 kg	158 kg	283 kg
87kg	World Standard	World Standard	01.11.2018, World Standard	132 kg	164 kg	294 kg
+87kg	World Standard	World Standard	01.11.2018, World Standard	143 kg	177 kg	320 kg

Junior Men's World Standard Records

Weight	Name	Nation	Event Date & Place	Record		
				Snatch	Clean & Jerk	Total
55kg	World Standard	World Standard	01.11.2018, World Standard	122 kg	146 kg	264 kg
61kg	World Standard	World Standard	01.11.2018, World Standard	132 kg	158 kg	285 kg
67kg	World Standard	World Standard	01.11.2018, World Standard	141 kg	169 kg	305 kg
73kg	World Standard	World Standard	01.11.2018, World Standard	149 kg	179 kg	323 kg
81kg	World Standard	World Standard	01.11.2018, World Standard	158 kg	190 kg	344 kg
89kg	World Standard	World Standard	01.11.2018, World Standard	166 kg	200 kg	362 kg
96kg	World Standard	World Standard	01.11.2018, World Standard	172 kg	207 kg	376 kg
102kg	World Standard	World Standard	01.11.2018, World Standard	177 kg	212 kg	385 kg
109kg	World Standard	World Standard	01.11.2018, World Standard	181 kg	217 kg	394 kg
+109kg	World Standard	World Standard	01.11.2018, World Standard	186 kg	221 kg	407 kg

Junior Women's World Standard Records

Weight	Name	Nation	Event Date & Place	Record		
				Snatch	Clean & Jerk	Total
45kg	World Standard	World Standard	01.11.2018, World Standard	78 kg	99 kg	176 kg
49kg	World Standard	World Standard	01.11.2018, World Standard	84 kg	105 kg	188 kg
55kg	World Standard	World Standard	01.11.2018, World Standard	92 kg	114 kg	203 kg
59kg	World Standard	World Standard	01.11.2018, World Standard	96 kg	120 kg	213 kg
64kg	World Standard	World Standard	01.11.2018, World Standard	102 kg	126 kg	225 kg
71kg	World Standard	World Standard	01.11.2018, World Standard	109 kg	135 kg	240 kg
76kg	World Standard	World Standard	01.11.2018, World Standard	114 kg	140 kg	250 kg
81kg	World Standard	World Standard	01.11.2018, World Standard	118 kg	145 kg	259 kg
87kg	World Standard	World Standard	01.11.2018, World Standard	122 kg	150 kg	269 kg
+87kg	World Standard	World Standard	01.11.2018, World Standard	129 kg	158 kg	285 kg

Youth Men's World Standard Records

Weight	Name	Nation	Event Date & Place	Record		
				Snatch	Clean & Jerk	Total
49kg	World Standard	World Standard	01.11.2018, World Standard	94 kg	116 kg	206 kg
55kg	World Standard	World Standard	01.11.2018, World Standard	107 kg	132 kg	236 kg
61kg	World Standard	World Standard	01.11.2018, World Standard	119 kg	147 kg	263 kg
67kg	World Standard	World Standard	01.11.2018, World Standard	129 kg	160 kg	286 kg
73kg	World Standard	World Standard	01.11.2018, World Standard	138 kg	171 kg	306 kg
81kg	World Standard	World Standard	01.11.2018, World Standard	148 kg	183 kg	327 kg
89kg	World Standard	World Standard	01.11.2018, World Standard	155 kg	191 kg	342 kg
96kg	World Standard	World Standard	01.11.2018, World Standard	159 kg	195 kg	350 kg
102kg	World Standard	World Standard	01.11.2018, World Standard	162 kg	197 kg	353 kg
+102kg	World Standard	World Standard	01.11.2018, World Standard	162 kg	196 kg	352 kg

Youth Women's World Standard Records

Weight	Name	Nation	Event Date & Place	Record		
				Snatch	Clean & Jerk	Total
40kg	World Standard	World Standard	01.11.2018, World Standard	61 kg	75 kg	135 kg
45kg	World Standard	World Standard	01.11.2018, World Standard	70 kg	87 kg	156 kg
49kg	World Standard	World Standard	01.11.2018, World Standard	77 kg	96 kg	172 kg
55kg	World Standard	World Standard	01.11.2018, World Standard	86 kg	107 kg	192 kg
59kg	World Standard	World Standard	01.11.2018, World Standard	91 kg	113 kg	203 kg
64kg	World Standard	World Standard	01.11.2018, World Standard	96 kg	120 kg	214 kg
71kg	World Standard	World Standard	01.11.2018, World Standard	102 kg	126 kg	225 kg
76kg	World Standard	World Standard	01.11.2018, World Standard	104 kg	128 kg	229 kg
81kg	World Standard	World Standard	01.11.2018, World Standard	106 kg	129 kg	231 kg
+81kg	World Standard	World Standard	01.11.2018, World Standard	106 kg	128 kg	230 kg

International Weight Lifting Federation

2019 IWF World Championships (Men's Total)

Weight	Rank	Name	Nation	Body Weight	Record		
					Snatch	Clean & Jerk	Total
55kg	1	OM Yun Chol	PRK	54.95	128 kg	166 kg	294 kg
	2	SON Igor	KAZ	55.00	120 kg	146 kg	266 kg
	3	AL SALEEM Mansour Abdulrahim M	KSA	55.00	118 kg	147 kg	265 kg
61kg	1	LI Fabin	CHN	60.80	145 kg	173 kg	318 kg
	2	IRAWAN Eko Yuli	INA	60.95	140 kg	166 kg	306 kg
	3	MOSQUERA VALENCIA Francisco Antonio	COL	61.00	130 kg	172 kg	302 kg
67kg	1	CHEN Lijun	CHN	66.95	150 kg	187 kg	337 kg
	2	FENG Lyudong	CHN	66.80	153 kg	180 kg	333 kg
	3	PAK Jong Ju	PRK	66.95	142 kg	188 kg	330 kg
73kg	1	SHI Zhiyong	CHN	72.90	166 kg	197 kg	363 kg
	2	O Kang Chol	PRK	72.85	154 kg	193 kg	347 kg
	3	ANDREEV Bozhidar Dimitrov	BUL	73.00	157 kg	189 kg	346 kg
81kg	1	LYU Xiaojun	CHN	80.75	171 kg	207 kg	378 kg
	2	LI Dayin	CHN	80.90	171 kg	206 kg	377 kg
	3	RODALLEGAS CARVAJAL Brayan Santiago	COL	80.85	167 kg	196 kg	363 kg
89kg	1	MKRTCHYAN Hakob	ARM	88.75	167 kg	208 kg	375 kg
	2	MIRI Ali	IRI	88.95	167 kg	207 kg	374 kg
	3	DAVITADZE Revaz	GEO	88.50	172 kg	199 kg	371 kg
96kg	1	TIAN Tao	CHN	95.75	180 kg	230 kg	410 kg
	2	ELBAKH Fares Ibrahim E. H.	QAT	95.95	178 kg	224 kg	402 kg
	3	PLIESNOI Anton	GEO	96.00	181 kg	213 kg	394 kg
102kg	1	TSIKHANTSOU Yauheni	BLR	100.00	180 kg	218 kg	398 kg
	2	JIN Yunseong	KOR	101.90	181 kg	216 kg	397 kg
	3	DEHDAR Reza	IRI	97.65	175 kg	219 kg	394 kg
109kg	1	MARTIROSYAN Simon	ARM	108.95	199 kg	230 kg	429 kg
	2	ARAMNAU Andrei	BLR	108.85	198 kg	228 kg	426 kg
	3	YANG Zhe	CHN	108.95	197 kg	223 kg	420 kg
+109kg	1	TALAKHADZE Lasha	GEO	168.65	220 kg	264 kg	484 kg
	2	MINASYAN Gor	ARM	150.85	212 kg	248 kg	460 kg
	3	ALEKSANYAN Ruben	ARM	153.85	192 kg	245 kg	437 kg

2019 IWF World Championships (Women's Total)

Weight	Rank	Name	Nation	Body Weight	Record		
					Snatch	Clean & Jerk	Total
45kg	1	ERDOGAN Saziye	TUR	45.00	77 kg	92 kg	169 kg
	2	MONTERO RAMOS Ludia Marguiela	CUB	44.95	76 kg	91 kg	167 kg
	3	SETIAWATI Lisa	INA	44.35	70 kg	95 kg	165 kg
49kg	1	JIANG Huihua	CHN	48.95	94 kg	118 kg	212 kg
	2	HOU Zhihui	CHN	48.85	94 kg	117 kg	211 kg
	3	RI Song Gum	PRK	48.75	89 kg	115 kg	204 kg
55kg	1	LIAO Qiuyun	CHN	54.80	98 kg	129 kg	227 kg
	2	ZHANG Wanqiong	CHN	54.80	99 kg	123 kg	222 kg
	3	DIAZ Hidilyn	PHI	54.90	93 kg	121 kg	214 kg
59kg	1	KUO Hsing-Chun	TPE	58.55	106 kg	140 kg	246 kg
	2	CHOE Hyo Sim	PRK	58.95	107 kg	138 kg	245 kg
	3	CHEN Guiming	CHN	58.95	101 kg	132 kg	233 kg
64kg	1	DENG Wei	CHN	63.40	116 kg	145 kg	261 kg
	2	RIM Un Sim	PRK	64.00	114 kg	137 kg	251 kg
	3	TOMA Loredana-Elena	ROU	63.95	112 kg	128 kg	240 kg
71kg	1	NYE Katherine Elizabeth	USA	70.75	112 kg	136 kg	248 kg
	2	ROGERS Martha Ann	USA	70.75	106 kg	134 kg	240 kg
	3	KIM Hyo Sim	PRK	65.85	110 kg	120 kg	230 kg
76kg	1	RIM Jong Sim	PRK	75.90	124 kg	152 kg	276 kg
	2	ZHANG Wangli	CHN	73.95	118 kg	153 kg	271 kg
	3	DAJOMES BARRERA Neisi Patricia	ECU	75.80	110 kg	135 kg	245 kg
81kg	1	SOLIS ARBOLEDA Leidy Yessenia	COL	76.85	105 kg	142 kg	247 kg
	2	VALENTIN PEREZ Lidia	ESP	78.80	108 kg	138 kg	246 kg
	3	ARTHUR Jenny Lyvette	USA	80.95	106 kg	139 kg	245 kg
87kg	1	WANG Zhouyu	CHN	83.50	120 kg	158 kg	278 kg
	2	KIM Un Ju	PRK	86.50	115 kg	154 kg	269 kg
	3	SALAZAR ARCE Tamara Yajaira	ECU	85.15	108 kg	144 kg	252 kg
+87kg	1	LI Wenwen	CHN	147.95	146 kg	186 kg	332 kg
	2	KASHIRINA Tatiana	RUS	108.25	140 kg	178 kg	318 kg
	3	MENG Suping	CHN	120.65	137 kg	174 kg	311 kg

참고문헌

김기영(2011). **경기력 향상을 위한 트레이닝의 이론과 실제,** 북코리아

김동희(1999). **여자 역도선수들의 생리가 심리적 자각증상 및 운동수행에 미치는 영향,** 韓國體育大學校 大學院, 석사학위 논문

김상철(1995). **서킷트 웨이트 트레이닝이 갱년기 여성들의 건강관련체력에 미치는 영향,** 體育研究所論文集.

김용재(1998). **남·여 역도선수의 인상·용상동작에 관한 생체역학적 연구.** 부산대학교. 박사학위논문

남상남, 안정훈, 김일곤, 이종호, 김승석, 차진(2010). **경기력 향상과 건강증진을 위한 과학적 트레이닝.** 도서출반 대선

신동철(1986). **역도경기 인상 동작에 관한 생체역학적 분석.** 국민대학교. 석사학위논문

문영진(2004). **역도 인상동장의 운동학적 분석.** 한국운동역학회지, 14/(2), pp.41-55

박영민(2000). **역도선수들의 근력과 경기기록간의 관련성 분석,** Korea Sport Research. 제11권 제4호 통권65호 (2000. 12) pp.207-217

신동철(1986). **역도경기 인상 동작에 관한 생체역학적 분석.** 국민대학교. 석사학위논문 스포츠 과학연구소(1984)체력. 대한체육회

양무신(1990). **과학적인 역도기술.** 대학연도연맹

예종이(1994). **바벨 인상동작시 바와 인체의 중심변화에 대한 운동학 및 운동역학적 분석.** 世宗大學校 大學院, 박사학위논문

윤진환, 김영표, 김종오, 지용석, 이창규(2002). **중량트레이닝 선수에 있어 골밀도와 IGF-I, Calcitonin 의 상관관계.** 한국체육교육학회지, 7(3), pp.256-263.

주명덕(1996). **역도 경기의 인상 동작시 인체 분절의 기여도 대한 생체역학적 분석.** 한국체육학회지, 제35권, 4호, pp.279-290.

주명덕(1998). **역도 경기의 인상과 용상 종목의 풀 동작에 대한 운동학적 비교분석.** 한국운동역학회지, 8(2), pp.57-79.

황덕호(1974). **力道競技의 動作分析.** 스포츠 科學研究報告書. 11('74.12), pp.99-106, 대한체육회

ANDREW C. FRY, WILLIAM J. KRAEMER, MICHAEL H. STONE, L. PERRY KOZIRIS, JOHN T. THRUSH, AND STEVEN J. FLECK(2000). *Relationships Between Serum Testosterone, Cortisol, and WeightLifting Performance.* Journal of Strength and Conditioning Research, 2000, 14(3), pp.338-343

Baumann. W, V. Gross, K. Quanda, P. Galbierz & A. Schwizz(1988). *The Snatch Technique of world class Weight Lifting at the 1985 World championships.* Internation Journal of Sport Biomechanics. 4, pp.68-89.

Bompa, Tudor O.(1996) *"Variations of periodization of strength."* Strength and Conditioning 18 : 58-61.

Dvorkin, L. S.(1983). *Technique of executing weight Lifting exercises technical preparation of young weightLifters.* Soveit Sports Review, 19(2), pp.85-90.

F Rauch, H Sievanen, S Boonen, M Cardinale, H Degens, D Felsenberg, J Roth, E Schoenau, S Verschueren, J Rittweger(2010). *Reporting whole-body vibration intervention studies: recommendations of the International Society of Musculoskeletal and Neuronal Interactions.* Journal of Musculoskeletal and Neuronal Interactions. pp.193-201, ISSN 1108-7161

Fricke O, Sumnik Z, Tutlewski B, Stabrey A, Remer T, Schoenau E(2008). *Local Body Composition Is Associated with Gender Differences of Bone Development at the Forearm in Puberty.* Horm Res 2008;70:105-111. doi: 10.1159/000139153

Fry AC, Kraemer WJ, Stone MH, Warren BJ, Fleck SJ, Kearney JT, Gordon SE. (1994). *Endocrine response to overreaching before and after 1 year of wdightLifting.* Can J Appl Physiol. 19(4):400-410.

Hori, Naruhiro; Newton, Robert U; Nosaka, Kazunori; McGuigan, Michael R.(2006). *Comparison of Different Methods of Determining Power Output in WeightLifting Exercises.* Strength and Conditioning Journal; Lawrence Vol. 28, Iss. 2, (Apr 2006): 34-40.

Ishiko, T.(1970). *Reexamination of grip strength measurements, In Reports on Reexamination of Performance.* Tesrs by ICSPFT Members, 252.

LARSON, Leonard August(1951). *Measurement and evaluation in physical, health, and recreation education.* Mosby.

Macqueen(1954). *The effect on muscle strength of maximum isometric and isotonic contractions at different repetition rates.* 1955 Oct 28; 130(1): 109–113. J Physiol.

Lane, Charity L | Hardwick, Dustinc | Janus, Thomas P.c | Chen, Heniand | Lu, Yuanyuand | Mayer, John M(2019). *Comparison of the firefighter candidate physical ability test to weight Lifting exercises using electromyography.* Work, vol. 62, no. 3, pp. 459-467, 2019

NICKS, D. C.; FLEISHMAN, E. A(1962). *What do physical fitness tests measure. A review of factor analytic studies, Educational and Psychological Measurement,* 1962, 22: 77-94.

Nilsson BE, Andersson SM, Havdrup T, et al(1978). *Ballet-dancing and weightLifting-effects on BMC.* Am J Roentgen 1978: 13: 541-542

O'shea, J. P. (1979). *Super quality strength training for the elite athlete-Shot put, discus, javelin and hammer throwers.* Track and Field Quarterly Review, 79(Winter), pp.54-55.

Paoli, A., Marcolin, G., Petrone, N.(2009). *The Effect of Stance Width on the Electromyographical Activity of Eight Superficial Thigh Muscles During Back Squat With Different Bar Loads.* HUMAN KINETICS PUBLISHERS, INC. JOURNAL OF STRENGTH AND CONDITIONING RESEARCH. Vol.23, No.1

Rauch F, Schoenau E. (2001). *Changes in bone density during childhood and adolescence: an approach based on bone's biological organization.* J Bone Miner Res. 16(4), pp.597-604

Wolfgang Baumann, Volker Gross, Karl Quade, Peter Galbierz and Ansgar Schwirtz(1988). *The Snatch Technique of World Class WeightLifters at the 1985 World Championships.* pp.68-89. in Journal of Applied Biomechanics

근력 향상을 위한
생활체육 Weight Lifting
가이드북

1판 1쇄 펴냄 — 2021년 3월 12일

저자 사)대한체력코치협회 천우호
발행처 디자인21
발행인 이경화

등록번호 제1-1128호
등록일자 1991. 2. 12

주소 04560 서울특별시 중구 퇴계로 293-1
(쌍림동 원진프라자 3층)
전화 02-2269-6561(대)
팩스 02-2269-6568
홈페이지 www.21publish.co.kr

ISBN 978-89-6131-066-6 93690
정가 30,000원

* 본 도서는 저작권법에 따라 보호받는 저작물이므로 무단전재와 복제를 금지하며 책 내용의 전부 또는 일부를 이용하려면 반드시 **사단법인 대한체력코치협회**의 동의를 받아야합니다.
* 잘못 만들어진 책은 교환하여 드립니다.